TEXTE VON
50 POETRY-SLAMMERINNEN

# LAUTSTÄRKE IST
# WEIBLICH

CLARA NIELSEN,
NORA GOMRINGER (HRSG.)

SATYR
VERLAG

1. Auflage September 2017

© Satyr Verlag Volker Surmann, Berlin 2017
www.satyr-verlag.de

Cover: Sarah Bosetti
Korrektorat: Luise Giggel
Druck: CPI Books | Clausen & Bosse, Leck
Printed in Germany

Die Deutsche Nationalbibliothek verzeichnet diese Publikation in der Deutschen
Nationalbibliografie; detaillierte bibliografische Daten sind im Internet abrufbar
über: http://dnb.d-nb.de

Die Marke »Satyr Verlag« ist eingetragen auf den Verlagsgründer Peter Maassen.

ISBN: 978-3-944035-91-8

# INHALT

## 3. KÜMMERN

## 4. BEKENNEN

## 5. ABSTRAHIEREN

# LAUTE FRAUEN

Laute Frauen. Da denken viele an Xanthippe, die berühmte Frau des Philosophen Sokrates, der man die Streitsucht nachsagt. Mancher denkt an die Furien und allerhand Shakespear'sches Damendebakel à la »Viel Lärm um Nichts«, oder es wird sich gar der Mordkomplizin Lady Macbeth erinnert. Lautstärke ist in Verbindung mit Weiblichkeit negativ konnotiert. Frauen, noch dazu »schöne Frauen«, sind still, lächeln viel, haben und zeigen genau so viel Humor, dass sich das männliche Gegenüber in seiner Lustigkeit bestätigt sieht.

Bestes Beispiel für ein genau nach diesen Maßstäben konzipiertes Frauenzimmer ist die Nebenfigur in E.T.A. Hoffmanns Erzählung »Der Sandmann«: die Mensch-Automatin Olympia, die »ach, ach« sagen kann, viel nickt und lächelt, was dem Protagonisten Nathanael allein Gewissheit genug ist: Die ist toll, die passt zu mir. Er verliebt sich in eine so schöne, stille Frau, ohne wirklich zu begreifen, dass sie kein Mensch ist.

Ich denke beim »Topos der lauten Frau« an die italienische Schauspiellegende Anna Magniani, von deren Filmproduktion *Die Tätowierte Rose* ich ein Foto in meinen Wohnungseingang gehängt habe. Das ganze DIN-A4-große Foto zeigt das Gesicht dieser schönen Frau, die offensichtlich laut lacht. Es ist in seinem Einfrieren und Bewahren des Moments eines kehligen, expressiven Lachens ein köstliches, mächtiges Zeugnis einer selbstsicheren, selbstbestimmten, »ich«-sagenden Frau. Gerade so eine ist ein Monster und Schreckensbild für viele. Nicht nur für Männer, nein, auch das Lager der Frauen ist gespalten darin, was Frauen dürfen, sollen, müssen und was nicht.

Das Recht auf Lautstärke scheint Frauen von anderen zuge-
messen zu werden. Männer nehmen es sich wesentlich selbstver-
ständlicher, besitzen sie es doch einfach, da ihnen gespiegelt wird,
dass allein ihr »Hoppla, jetzt ich«-Verhalten reicht, alle Aufmerksamkeit auf sie zu binden. Was nach der Introduktion kommt, ist
da fast schon egal.

Ich beschäftige mich mit Frauenrechten ziemlich genau seit
ich sechs Jahre alt war. Da bekam ich zum Nikolaustag *Mary Pop-
pins* auf VHS-Kassette geschenkt und war seitdem fasziniert, nicht
nur von der seltsamen, dabei liebreizenden und fliegenden Nanny
mit Riesentasche, sondern in gleichem Maße von der Mutter, die
ständig streitend für das Recht der Frau auf Wahl außer Haus war
,mit reizender Schärpe über dem engen Mantel. Eine singende
Suffragette in London. So fing das an. Ein Lied dann mitten im
Film zeigt besagte Mrs Banks mit leuchtenden Augen die Welt
herbeirufen, die ihre Tochter und ihr Sohn erhalten sollen, nachdem das Engagement der lauten Frauen Früchte getragen hat. Der
Schwenk von Mrs Banks auf meine Mutter war nicht weit.

Mit der Zeit habe ich verstanden, dass die Erwartungen anderer
an Frauen in wesentlicher Diskrepanz zu dem stehen, was Frauen
eigentlich vermögen, wofür sie gepriesen und hochgehalten sein
sollten. Eine laute Frau ruft in deutschen Kinosälen zur Werbung
vor dem Film derzeit ihren »Kevin Pascal« durch die ganze Nachbarschaft aus, um ihn nach Hause zu beordern. Der Gerufene
allerdings sitzt Chips essend samt Freundin auf einer Schaukel.

So oder so ähnlich geht es zu, wenn man nur dem Rauschen an
der Oberfläche weiblicher Volume-Pegel lauscht, hört man tiefer,
können einem die Stimmen der Frauen in diesem Buch begeg-
nen. Fünfzig an der Zahl hat Clara Nielsen versammelt.

Als ich mit dem Slam – sowohl veranstaltend als ausführend
= auftretend als Slammerin – begann im Jahr 2001, gab es genau
sechs weibliche, in deutschsprachigen Ländern bekannte Aktive
der Szene: Tracy Splinter, Nina Sonnenberg alias FIVA, Xóchil A.
Schütz, Etta Streicher, Lydia Daher und in Wien Mieze Medusa.
Diesen tollen, viel-beraunten Frauen, mittlerweile näher oder fer-

ner der Slamszene positioniert, aber fast alle noch künstlerisch tätig (!), trat ich bei und ohne es ahnen zu können, noch viel mehr Männern in erster Riege am Mic. Die Slamszenen aller Länder waren und sind hauptsächlich männlich besetzt, zunehmend jedoch sind es einzelne Stimmen und größere kollektive Chöre von Frauen, die sich durchsetzen, hörbar werden.

Lautstärke – und das sollten die dem Feminismus als Krawallnudeltum abschwörenden Damen und Herren langsam begreifen – ist relativ. Dass sie auch strategische Stille, beschwörerisches Braggadocio, flüsterndes Verführen wie auch prahlendes Parolen-Dreschen einschließt, muss vielen erst aufgehen. Laute Frauen sind bereichernd, denn faktisch betrachtet, ist die eine, sind die zwei, drei weiblichen Stimmen an einem Slamabend mit hauptsächlich männlicher Besetzung eine Wohltat. Ein anderes Timbre, ein anderes Tempo, nicht zu vergessen: andere Themen! In diesem Buch sind sie versammelt: die Sprecherinnen, Dichterinnen, die Personalunionen der aktiven Slamszenen der deutschsprachigen Länder im Jahr 2017.

Das Vorwort lassen sie eine schreiben, die von 2001 bis 2006 leidenschaftliche, doch nicht unkritische Lautsprecherin auf Slambühnen im In- und Ausland war und heute fast nur noch beobachtet und über das Slammen in all seinen Facetten sinniert, hin und wieder veranstaltet oder moderiert und sich manchmal aus der Saurierecke locken lässt, um einen Auftritt unter den amtierenden Charismatinnen und Charismaten zu wagen.

Im Poetry Slam ist Raum für Ausdruck und Aussprache, Themen werden künstlerisch-akustisch behandelt, und Literatur kann auch am Ausschlag des Lautstärkepegels sichtbar werden. Am Mikrofon, in exponierter Situation, steht eine Frau und macht den Mund auf, der gefüllt ist mit Worten zu Gedanken und Themen, die ihr über die Lippen drängen. Oft politisch, sozial orientiert, nah am Sprechen und damit der gesprochenen Sprache sind die Texte sehr »im Leben«.

Im Ganzen will mir die Auswahl der Slam Pieces der Kolleginnen poetisch, weitläufig, welthaltig scheinen. Darin liegt ihre

Kraft: im Überblick, im Übergefühl, im Detailblick bei gleichzeitiger weiter Blende.

In meinen aktiven Slamjahren gaben mir die Praxis des Slams und der Slamily, der sich lose zum Verbund rund um den Slam formierten »Family«, viele Rätsel auf. Diese hielt ich fest in einem Text, der aus dem Sprechen kommt und selbstironische Slam-Poetologie à la »Kasperl-Theater« ist.

### Seid ihr alle da

Wir sind alle da, sitzen oder stehen
Wir sind alle am Hoffen
Wir sind alle wartend
Wir sind alle hier, weil in der Glotze nichts läuft und
       Dichter nun mal nicht Anatomie pauken müssen
Wir sind alle so wach
Wir sind alle dabei
Wir sind alle ganz gespannt
Wir sind alle so ungeduldig
Wir sind alle in diesem einen Boot
Wir sind alle so Spione
Wir sind alle spitze
Wir sind alle schadenfroh und elitär
Wir sind alle was wert
Wir sind alle ganz hellhörig
Wir sind alle vernetzt
Wir sind alle nachtragend
Wir sind alle Vegetarier und Volvic-Trinker
Wir sind alle bahn.comfort-Kunden
Wir sind alle underpayed, overworked, underfucked
Wir sind alle unterschätzt
Wir sind alle Superhelden
Baby, wir sind alle mal entdeckt worden
Wir sind alle selbstgerecht

Wir sind alle schön
Wir sind alle stolz
Wir sind alle Erfinder, Zigeuner, Meuterer und Blender
Wir sind alle so schön
Wir sind alle hier wegen: Geld, Männern und Frauen
 und drei Buchstaben
Wir sind alle hier wegen des Datums, der Datumsgrenze,
 des Zeitenwandels, der Uhrenumstellung
Wir sind alle gläubig
Wir sind alle ganz schön schäumig
Wir sind alle schon mal da gewesen
Wir sind alle mordsmäßig gut drauf, seit Jahren
Wir sind alle älter als wir aussehen, aber sehr schön
Wir sind alle Phobiker und Bluter, haben Glasknochen
 und TB
Wir sind alle unheilbar
Wir sind alle geduscht
Wir sind alle trainiert
Wir sind alle recht wortreich
Wir sind alle begnadet und veröffentlicht
Wir sind alle Gourmets und Clochards, Croissants,
 Closeaus und Gitanes
Wir sind alle zeitgemäß
Wir sind alle süß und haben Superkräfte
Bas kann fliegen
Toby durch Wände sehen
Etta sich blind rasieren
Und Seyfarth kann Sächsisch
Wir sind alle sammelbar
Wir sind alle – wie gesagt – was wert
Wir sind alle auf Karten, Fotos, im Internet ... du solltest
 uns googlen
Wir sind alle echt voll ok
Wir sind alle dabei, um uns dreht sich die Welt, wir
 ordern Frühling, dafür reicht unser Geld

Wir sind alle fesch
Wir sind alle fresh
Wir sind alle einfach noch nicht ganz durch
Wir sind alle davor
Wir sind alle ganz knapp ...
Wir sind alle, wir sind Richter
Wir sind alle, wir sind alle
Dichter

Man merkt dem Text seine gewollt männliche Breitbeinigkeit an, er sollte bestehen können vor seinen unentspannten Kritikern. Die Sprache ist bewusst nicht gegendert. Dass das nie wieder so sein muss, dafür sorgen die starken, expressiven Jetzt-Frauen mit ihren Themen zwischen Ohnmacht und Weltumarmung, Trauer und Transit, Stolz und Vorurteil. Künstlerinnen, die sich Bündnisse schaffen, nach anderen Frauen und Männern suchen, die ihre Ziele verstehen und befördern wollen.

Dieses Buch ist ein feministisches Manifest vieler Stimmen. Von Alpha bis Omega, Sirenensang und Musenschmuserei ist alles drin. Löwinnengebrüll, Hyäninnenlachen, große Geste – alles versammelt. Clara Nielsen hat's mit Raffinesse gebändigt und ins Megafon gebündelt, der Herr Verleger hat sich's gerne gefallen lassen, und ich hab hier und da angestupst, wenn ein paar der Lautsprecherinnen allzu verhalten waren.

Für die Lektüre dieses Buches rate ich zum genussvollen Lauschen und genauen Hinlesen. Es lohnt sich.

*Nora Gomringer, Lautsprecherin*
*(Bamberg, Juli 2017)*

# 1.
# VORSTELLEN

## CARMEN WEGGE
## MÄDELSABEND

Der Korken klirrt, die Gläser knallen, und uns geht es gut. Das Lachen flattert, die Wimpern perlen, und Täuschung ist eine irreführende Einwirkung auf das Vorstellungsbild eines anderen.

Sie sagt:
»Mein Gesicht ist ein Schlachtfeld. Meine Augen haben Krater, mein Nasenrücken hat zwei nach oben stehende Wutschlünde, bald muss ich mich rasieren wie meine Oma, und über meine vier Hüften will ich erst gar nicht reden!
Und überhaupt.
Ich habe Angst davor, mein Examen nicht zu bestehen. ›Und? Was hast du so nach sechs Jahren Studium?‹ ›Ich habe Abitur!‹ Notfallplan 1: Sterben. Notfallplan 2: Sterben.
Ich habe Angst davor, mein Examen zu bestehen. ›Und? Was willst du nach dem Studium mal machen?‹ ›Ich werde Bundeskanzlerin!‹ Das ist der Moment, in dem man mit dem Abschlusszeugnis vor der Arbeitswelt steht und merkt, dass man über die Träume, die man als Zwölfjährige so hatte, nicht hinausgekommen ist. Aber damals fanden das alle süß! Menno!«
Wir trinken das erste Glas Sekt, nicken verständnisvoll und stoßen »auf die Träume« an.

Sie sagt:

»Mein Oberkörper ist ein Schlachtfeld. Meine Brüste ... hängen oder baumeln zwar noch nicht ..., aber ich rechne jeden Moment damit, dass sie den Stifttest nicht mehr bestehen werden (Wer nicht weiß, was der Stifttest ist: Da hält man sich einen Stift unter die Brust, und wenn er runterfällt, dann baumeln die Brüste noch nicht). Mein Bauch ist momentan ein Urlaubs-Weihnachten-bald-sollte-ich-mal-wieder-Sport-machen-Bäuchlein, und über meine vier Hüften will ich ganz sicher nicht reden.

Und überhaupt.

Ich habe Angst davor, ein Kind zu bekommen. Nicht, weil ich es als unrealistisch ansehe, einen im Durchmesser 35 Zentimeter großen Kopf durch meinen zehn Zentimeter geweiteten Muttermund und die untenrum entstandene Geburtshöhle zu pressen und danach noch guten Sex zu haben. Nein. Sondern weil sich die Welt momentan eher rechts- als linksrum dreht. Ich habe Angst davor, Demografiefutter in eine Welt zu gebären, in der Donald Trump und Björn Höcke Präsident und Kanzler sind und es jeder normal findet, Grenzen zu setzen. Ich habe Angst davor, kein Land mehr zu finden, in das ich dann flüchten kann!«

Wir trinken das erste Glas Weißwein, nicken verständnisvoll, und eine sagt: »Ich verstehe total, wie du das meinst!«

Sie sagt:

»Mein Unterkörper ist ein Schlachtfeld. Mein Popo war immer schon mehr Ananas als Mango, und über meine vier Hüften will ich definitiv nicht reden.

Und überhaupt.

Ich habe Angst davor, alles planen zu müssen. Erst zwei Jahre arbeiten, dann das Kind kriegen. Im Vorstellungsgespräch dann aber auf keinen Fall sagen, dass man in zwei Jahren ein Kind kriegen will, weil man sonst den Job nicht bekommt. Am besten hätte man das Kind während des Studiums geworfen, dann würde es in die Schule kommen, wenn man anfängt zu arbeiten. Wobei die sich dann auch fragen, ob man zu blöd zum Verhüten war, und dann bekommt man den Job auch nicht. Wenn man gar kein Kind will, ist man eine kalte Karrierefrau, und keine Kinder kriegen ist auch keine Option; irgendwie sind die ja auch ganz süß. Verdammt, ich weiß wirklich nicht, wie ich das alles planen soll!«

Ich stelle die Flasche Tequila auf den Tisch und brülle:
»BERUHIGT EUCH!
Beruhigt euch und atmet alle mal tief durch.
Ich weiß, die Lage ist ernst. Unsere Hormone haben uns ange- tickt. Und ich, ich bin wütend. Wütend darüber, dass wir uns als Frauen heute noch solche Gedanken machen müssen. Dass dort Menschen sitzen, die mir einen Job nicht geben oder mir weniger zahlen, weil ich eine potenzielle Mutter bin.
Wütend darüber, dass wir unsere Körper wirklich zu Schlacht- feldern machen, während sich gleichzeitig Personaler genüsslich die Eier kraulen.
Aber hey, ich will nicht nur meckern und dann nichts ändern. Also Ladys, es ist an der Zeit, den Aufstand zu planen!«
Ich recke die Flasche Tequila in die Luft.
»Wir lecken jetzt das Salz aus den Wunden unserer Großmütter, beißen in die Zitronen unserer Urgroßväter, erheben unsere he- rausragenden Abschlüsse und bekommen ungeplant Kinder!
Und wenn uns dabei irgendwer blöd kommt, dann wirst du Bundeskanzlerin und änderst das!
Denn Bundeskanzlerin wird man sowieso erst ab 40.«
Alle johlen, eine ruft »Mach kaputt, was dich kaputtmacht«, und darauf stoßen wir an.

Die Spülmaschine lüftet, das Fenster läuft, und uns geht es sehr gut. Der Bus passt, der Schlüssel fährt, ich habe mich beruhigt. Und Mut ist die Bereitschaft, angesichts erwarteter Nachteile etwas zu tun, weil man es für richtig hält.

*Diesen Text anhören (Liveversion):*
*http://satyr-verlag.de/audio/lautstaerke_maedelsabend.mp3*

ANNA-LENA OBERMOSER
# VOM AUFHÖREN, VOM ANFANGEN

Der Morgen liegt noch tief im Schlaf
und die Vögel reiben sich ihn schon aus ihren Schnäbeln
Kalter Tabakgeruch beißt sich an meine Fingerkuppen
Der November beißt noch an meinem Knochenmark
während alle anderen schon vom Frühling reden
und gen Sommer laufen
und ich komm nicht hinterher
denn ich, ... denn
Seit Wochen warte ich auf ein Morgen, das anders wird
auf einen Neuanfang
darauf, endlich Haltung zu bewahren

Endlich zeigen, dass ich was kann
Endlich Gewicht verlieren
Endlich mit dem Kiffen aufhören
Endlich etwas Sinnvolles machen
Mit dem Kratzen aufhören
Endlich Routine finden
Endlich Trott durchbrechen
Endlich
Endlich sagen, dass ich gern habe
Endlich das Schweigen aufhören
Endlich –
Aufhören! Aufhören! AUFHÖREN!

Neu anfangen
Neu
anfangen

Als Kind hatte ich immer Angst
mit meinen Fingern
einen noch glimmernden Kerzendocht
auszulöschen
Es tut nicht weh, hat man mir gesagt
Mach einfach Spucke drauf
Aber ich glaubte nicht
Immerhin: Schmerz fühlt doch jeder selbst
Also misstraute ich
Denke ich an meine Kindheit
erinnere ich mich ans Alleinsein
und ans Baumhausbauen mit meinen Brüdern
Denke ich an meine Volksschulzeit
dann denke ich ans Alleinsein und an Mamas gesunde Jause[1]
Paprikasticks und Vollkornbrot
Kinder sind gemein
Denke ich an meine Hauptschulzeit
erinnere ich mich ans Alleinsein
daran, wie Mama weint, die anderen spuckten auf mich
sie schubsten mich
Denn Jugendliche sind gemein
Denke ich an die Schule, an der ich meine Matura holte
dann erinnere ich mich an Einsamkeit
Ich erinnere mich an alles geben
um irgendetwas zurückzubekommen
Wenigstens war so niemand gemein
zu mir
Also misstraute ich
Mein Atemzug erlosch die Flamme
und ich wartete bloß, bis der Docht von selbst aufhörte
der Qualm in sich brach
Manchmal möchte ich meinen Kopf gegen ein Fenster schlagen
und dabei sehen, wie jemand anderes blutet

---

1 Österreichisch: Zwischenmahlzeit

Gib mir ein Feuerzeug
und ich zünde damit all die Kerzen
und auch meinen Mut an
Ich empfinde keine Wehmut
Es war, wie es war
es war doch alles gut

Aufhören! Aufhören!
Neu anfangen
Ehrlich sein
Diese Dinge taten weh
Wachsen auch Gräser drüber
Wenn man immer nur an mir reißt und zerrt
bleibt nicht viel Ganzes

Eingestehen
Seit Wochen laufe ich weg
vor meinen Träumen davon
und die Zeit gleitet aus meiner Hand
Ich habe Sehnsucht und weiß nicht, wonach
Ich rege mich über Arschlöcher auf und merke dabei nicht
wie ich selbst zu einem werde
Funktionierend, aber emotionslos, hoffnungslos
Los! Los, sag mir, was du denkst, du sagst nur, ich
soll nicht so viel nach Großem streben, dafür sei ich doch zu klein
Du sagst mir, ich soll mich mehr zufrieden geben
Oh ja, Zufriedenheit!
Normal, bei anderen klappt's doch auch
Aber du hörst nicht, wie meine Stimme noch zittert
Du siehst nicht, wie sich meine Füße nach innen drehen
wenn ich geh
Du spürst nicht meinen krummen Rücken
Gebücktheit war viel zu lange da
Aber ich mag nicht länger in Deckung gehen
Warum scheinst du nicht zu verstehen
dass ich viel zu lange allein war, viel zu lange stumm, viel zu leise

viel zu müde, viel zu unruhig, unmutig, unentschlossen und unnütz
Ich muss los, hier hält mich nichts
Spar dir die Fesseln, Ketten halten mich nicht zurück!
Ich habe keine Angst mehr vor glühenden Kerzendochten
Ich habe bloß Angst, den Schmerz nicht mehr zu spüren

Ich habe Angst
zu enttäuschen
zu versagen
und fehlzuentscheiden

Ich hab auch Angst vor der Dunkelheit
Ich habe Angst vor Menschen mit Hass
Ich habe Angst vor meinem eigenen Hass
Ich habe Angst, Mietzinsrechnungen nicht zu verstehen
Ich habe Angst, Bankangestellte nicht zu verstehen
Ich habe Angst, die unglaublich tiefsinnige Bedeutung
hinter deinem Lieblingssong nicht zu verstehen
Ich habe Angst, die Art deines Humors nicht zu verstehen

Ich habe Angst
zu enttäuschen
zu versagen
fehlzuentscheiden

If only my mother would know of all the horrors I have in my head
If only you would know that I adore you
I just struggle to let someone in
I just struggle to get out of my bed

Seit Wochen warte ich auf ein Morgen, das anders wird
Seit Wochen ignoriere ich, dass das Morgen ein neues Morgen birgt
und ich mich zu sehr an Gestern gewöhnen möchte

halte ich das ganze Warten nicht aus
Ich warte und warte und warte
aber ich weiß nicht, worauf

Ich sollte endlich Gewicht verlieren
Endlich mit dem Kiffen aufhören
Endlich mit dem Kratzen aufhören
Endlich mit dem Schweigen aufhören
Denn der Morgen wird zum Tag
Der Tag legt sich wieder zu Schlaf
und die Vögel schließen ihre Schnäbel
Ich sollte endlich aufhören zu warten
und anfangen
vom Frühling zu reden

*Diesen Text anhören:*
*http://satyr-verlag.de/audio/lautstaerke_aufhoeren.mp3*

# NINIA LAGRANDE
## DAS TATTOO

Ich habe jetzt ein Tattoo. Das ist natürlich nicht einfach so passiert. Eine Tattookünstlerin hat es mir gestochen. Im bösen Berlin. Dort, wo alle bösen Verrohungen herkommen. Ich hab Tattoo-
urlaub gemacht. Über Ostern bin ich mit dem Mann und meinem
Arm nach Berlin gefahren. Das Tattoo sollte auf den Arm, deshalb
musste er mit.

Das Tattoostudio lag an einer Hauptstraße. In Berlin liegen eigentlich alle Geschäfte an einer Hauptstraße, ich weiß gar nicht,
ob es dort überhaupt Nebenstraßen gibt, ich war zumindest noch
nie in einer. Selbstverständlich war das Tattoostudio im Keller. Da
sind die ja immer. Der Mann und ich waren vorher noch einen
Kaffee trinken, und ich habe die ganze Zeit überlegt, wie sehr es
wohl weh tun wird. So ein bisschen oder doch dolle oder ganz arg
doll. Ich bin im Kopf Situationen durchgegangen, die sehr weh
getan haben, körperlich. Wachstumsschmerzen. Davon hatte ich
nicht wirklich viel. Einmal bin ich im Spanien-Urlaub die Treppe am Pool hochgefallen. Davon habe ich heute noch eine Narbe. Und ein anderes Mal ist nach zwölf Jahren Ballettunterricht
meine Kniescheibe rausgesprungen. Ich habe eine Übung an der
Stange gemacht, wie ich sie schon hunderte Male gemacht hatte,
und genau in diesem Moment hat die Kniescheibe sich gedacht
»Nee, danke«, und das war's. Das war schon sehr schmerzhaft.
So, dass mir auch ein bisschen düselig wurde und ich erst mal
sitzen bleiben musste.

Ein Mädchen hat mir dann einen Schokoriegel gebracht, für
den Zucker. Es war das Mädchen, das immer dreißig Kilometer

mit dem Rad zum Training fuhr, um schlank zu bleiben. Komisch, dass ausgerechnet die einen Schokoriegel dabei hat, dachte ich. Außerdem war es ein Lion, und ich mochte eigentlich nur Twix. Ich hab ihn trotzdem gegessen.

Danach sprang meine Kniescheibe immer wieder raus, einmal angefangen, konnte sie nicht mehr damit aufhören. Bis ich zur Kniesprechstunde im Uniklinikum lief. Ja, so ist das heutzutage. Ich war letztens wegen des anderen Knies (lange Geschichte) beim Orthopäden und sagte, dass ich auch etwas an der Schulter hätte. Da schaute mich die Sprechstundenhilfe sehr böse an. So ginge das aber nicht, sagte sie, heute sei Donnerstag und donnerstags ist Kniesprechstunde. So. Und deshalb dürfe ich heute nur über das Knie sprechen.

Damals wurde dann also das eine Knie operiert. Das schlimmere von beiden. Und das war wirklich schlimm. Danach durfte ich fünf Tage nicht aufstehen, und alles war noch schlimmer. Erzählen Sie es keinem, aber einmal musste ich so viel Pipi, dass die Schüssel überschwappte und die Krankenschwester alles neu beziehen musste. In dem Moment war meine Würde endgültig im Urlaub. Ganz weit weg auf so einer einsamen Insel.

Meine Mutter holte mich aus dem Krankenhaus ab. Besonders praktisch war, dass ich direkt gegenüber vom Krankenhaus wohnte. Im dritten Stock, ohne Aufzug. Meine Mutter packte mich in einen Rollstuhl und überquerte mit mir die Straße. Dann schob sie mich sehr schwungvoll gegen den Bordstein, sodass ich fast rauskippte und direkt wieder hätte umkehren können. Wir schrien uns ein bisschen an, und dann war gut. Ich robbte die Treppen zu meiner Wohnung hoch. Auf dem Hintern, alle Stufen bis in den dritten Stock. Am Ende zog die Ärztin meine Fäden, und das gehört auch zu den schlimmsten Schmerzen, die ich bis jetzt hatte.

Also, vielleicht so wie Fädenziehen, vielleicht so, als würden mir ganz viele Fäden am Unterarm gezogen werden, dachte ich und sagte zum Mann: »Ich glaube, es wird so schlimm wie Fäden-ziehen.« »Das wirst du ja dann sehen«, sagte der Mann und hatte, wie immer, recht.

Neben uns im Café saß ein junges Pärchen mit einem anderen jungen Pärchen. Das eine sah aus wie Geschwister, und das ande-re hatte ein Kind. Das Geschwisterpärchen hatte rote Haare und sehr runde Gesichter, mit ganz roten Wangen, so Bayerisch-roten-ich-bin-arg-fit-Wangen. Den Liebkosungen nach zu urteilen, war es auf jeden Fall ein Pärchen. Bei dem Teil mit den Geschwistern bin ich mir nicht so sicher. Das Baby war noch sehr jung, ein Baby eben, und es hatte großen Durst. Die Mutter packte alles aus und hielt sich das Kind an die Brust. Dit is Balin, wa? dachte ich.

Die Eltern erzählten von ihrem Urlaub. Wobei das nicht ganz richtig ist. Sie erzählten eigentlich nur von dem, was das Kind im Urlaub gemacht hatte. Und welche Leute das Kind mochten. Alle. Alle auf Mallorca mochten das Kind. Und dann folgte eine Aufzählung, welche Kuscheltiere das Kind von welchen Mallor-quinern geschenkt bekommen hatte und welche Namen diese Ku-scheltiere erhalten haben. Das andere Pärchen lachte, streichelte sich über die geschwisterlichen Beine und war immer noch rot im Gesicht und auf dem Kopf.

Und dann lag ich bei der Tätowiererin auf der Liege und kam mir ein bisschen vor wie beim Arzt. Und ja, es war ungefähr so wie beim Fädenziehen. Nur mit tausend kleinen Fädchen. Es war okay. Im Gegensatz zu Dingen, die mit Käse überbacken sind, möchte ich das aber nicht jeden Tag haben. Am besten war es, als die Tätowiererin sagte: »So.« Und ich wusste, das war's. Da waren der Mann und ich und der Arm ganz beschwingt.

Meine Mama findet es doof. Das muss sie, weil sie schon im-mer gegen Tattoos war und ja jetzt nicht einfach zugeben kann, dass es vielleicht doch ganz schön ist. Mein Vater hat zu meiner Mama gesagt, dass das klar gewesen sei, dass sowas passiere, und ich wollte gern dazwischen gehen und auf mein Alter hinweisen, weil sich die ganze Situation so entwickelte, als wäre ich noch in der Grundschule und jemand hätte mich aus Versehen auf dem Pausenhof tätowiert. Ein bisschen später schrieb mein Vater mir heimlich per WhatsApp, dass er das total gut finde, aber selbst keines habe, weil er nie Lust gehabt hätte, sich mit der Familie darüber auseinanderzusetzen. Das beschreibt meine Familie insgesamt sehr gut.

Ich möchte die Chance nutzen und erklären, dass diese Püppchen, eins ist nun auf meinem Arm, Matroschka heißen, manchmal auch Piroschka – je nachdem, wo man sich aufhält. Falsch sind die Bezeichnungen Babuschka und Mamuschka – Oma und Mama. Und jetzt haben Sie durch diese Geschichte sogar etwas gelernt.

Nein, mein Arm klappert nicht, weil da noch mehr Püppchen drin sind.

Und ja, das bleibt so. Ja, für immer. Ja, auch wenn ich mal hundertsieben bin.

Der Mann will jetzt natürlich auch. Er hat schon einen Termin. Und auch er hat seiner Mama davon am Telefon erzählt. Und nach einer kurzen Pause seufzte er und sprach: »Nein, Mama, man muss heutzutage nicht mehr im Gefängnis gewesen sein, um ein Tattoo zu haben.«

Und vielleicht lasse ich mir diesen Satz auf den anderen Arm schreiben. Ich weiß ja jetzt, dass es nicht so doll weh tut.

## MARIE SANDERS
# NACHTSCHWÄRMER

ich bin Nacht
breite meinen Mantel aus
glätte Unebenes, wo eben noch Leben war
viel zu oft ist das Schönste am Ausgeh'n das Heimgeh'n
schlimmer wird es mit jedem Jahr
es ist eine Lüge zu sagen, die Nacht wäre schwarz
sie wandet sich in Königsblau
breitet ihren Mantel aus
glättet Unebenes, wo eben noch Leben war
du bist immer noch derselbe nur dunkler
Hände vor Augen nicht
aber Leuchtreklame
stehst du hilflos, hungrig, haltlos am Büfett des Lebens
weil dir jeder vom Gewicht des Gebens erzählt hat
doch keiner vom richtigen Nehmen
die mit den vollen Tellern und zu viel Parfüm
die Lachspaste immer zu dick auftragen
die in der Ecke, die keiner sieht
die sich für jeden Schritt zu entschuldigen suchen
anderswo hängt ein königsblauer Mantel
an der dunklen Garderobe
die Stadt schwimmt in Nacht
nur ein Licht über einem Schreibtisch

mein Block ist kariert
deiner voll Streifen...wagen
mein Block ist gelocht

dein Block wird eingelocht
mein Block hat achtzig Blatt, mit Ausreißhilfe
für die einzelnen Seiten
dein Block hat achtzig Bloods, mit Ausreißerhilfe
für die Zartbesaiteten
dein Block erstickt unter Graffiti
meiner trägt Narben von Graphit

die Nacht breitet ihre Robe aus
glättet Unrecht zu Pathos
und du bist stolz auf deinen Block, nur du vergisst
dass das ganze Herz Europas noch Komfortzone ist
der Schichtwechsel schickt bleiche Seelen mit
den Bahnen durch die Stadt
die Schlaflosen stehen am Fenster Spalier
ein Mädchen spielt leise Violine
auf den Nerven ihrer Nachbarn
viel zu oft ist das Schönste am Ausgeh'n das Heimgeh'n
Blaulicht pulsiert durch die Milchglasscheiben der Bar
in blauem Licht sucht ein Verlorener seine Adern
das blaue Licht des Morgens
ist noch ein paar Länder weit weg
als das Büfett des Lebens die Tore schließt
und wir unseren Mantel holen
wir werden ihn zu Hause ausbreiten
nichts, was wir zu glätten imstande wären
nur, er riecht nach fremden Kippen

der Schlaf nimmt sich zurück, was ihm gehört
ausgesperrt hinter dicken, staubigen Vorhängen
lauert der Morgen
kitzelt mit einsamen Lichtstrahlen bleiche Gesichter
wirft die Welt wieder in Falten
über uns, unter uns eifrige Schritte der anderen
das Aspirin reibt sich die Hände

wir liegen noch wie Perlen geborgen
wir sind Schuldner der Nacht

wir sind Nachtschwärmer
breiten unsere Flügel aus
stehen an Haltestellen
nur um des Wartens willen
mit dem Glas zu viel in der Hand
Nachtschwärmer
schwirren eng um
Leuchtreklame zieht uns an
irren hilflos wie geblendet
wenn wirklich jemand kommt
der uns mitnehmen will
wechseln wir die Straßenseite

FRANZISKA WILHELM

# PUMPKIN PIE PENNY PECKERS

Im Prinzip waren wir sechs, aber meistens nur vier. Indie-Torsten, Checke Vara, Petra Schranzer und ich. Manchmal kamen noch die Koffler-Zwillinge dazu, aber nur, wenn sie kein Training hatten, und Training hatten sie ziemlich oft. Zusammen waren wir die »Pumpkin Pie Penny Peckers, die erste Nachwuchsband, die es geschafft hatte, beim Stadtteilfest weder ausgebuht, noch mit Bierflaschen beworfen zu werden. Das lag vor allem daran, dass an diesem Tag die Koffler-Zwillinge mit auf der Bühne waren, die besten Boxer des Viertels. »Aber vielleicht hat denen die Musik ja auch wirklich gefallen«, sagte Indie-Torsten, unser Leadsänger, nach dem Auftritt. Indie-Torsten hatte von Natur aus wasserstoffblondes Haar und von Geburt an einen stark ausgeprägten Hang zu ausgeleierten Wollpullovern, vor allem mit Ringeln. An seinem zwölften Geburtstag hatte er beschlossen, der einzig legitime Nachfolger von Kurt Cobain zu werden. Die alte Wandergitarre seiner Mutter, die aus unerfindlichen Gründen einen Aufkleber des *VEB Traktorenkombinats Thomas Müntzer* trug, war von da an sein ständiger Begleiter. Bei jeder sich bietenden Gelegenheit spielte er darauf »Come As You Are«. Er machte das hauptsächlich im Park und um Mädchen zu beeindrucken, doch da Indie-Torsten noch nicht im Stimmbruch und für sein Alter ziemlich klein war, weckte er vor allem die Aufmerksamkeit der umherspazierenden Omas. Sobald sie ihn sahen, stellten sie ihre Entenfüttertüten ab, hockten sich im Kreis um ihn herum auf die Wiese und klatschten enthusiastisch bei den Refrains mit. Wir anderen vermuteten, dass er sie irgendwie an den jungen Heintje erinnerte. Aber das sagten wir Indie-Torsten lieber nicht.

Da der Park direkt an ein Seniorenheim grenzte, erlangte Indie-Torsten dort schnell große Bekanntheit. An einigen Sonntagen versammelten sich volksfestartige Menschentrauben weißhaariger Lockenköpfe um ihn herum, die »Torsti, Torsti« riefen und ihm selbst gestrickte Ringelpullover zuwarfen. Er freute sich darüber. Stratege wie er war, dachte er an die vielen hübschen Enkelinnen, die ihre Omas ja auch hin und wieder besuchen kamen und bei denen er sich hervorragende Chancen ausrechnete. Das überzeugte auch Checke Vara, unseren Bassisten. Auch wenn sein Bass im Park nicht besonders kräftig klang, waren die Omas begeistert.

Petra Schranzer behauptete, das läge daran, das Checke sie an den jungen Rex Gildo erinnere. Ich hatte meine Zweifel, dass Rex Gildo jemals zwölf gewesen war. Meiner eigenen Theorie nach war er kurz vor dem »Fiesta Mexicana«-Song in irgendeinem Forschungslabor aus verschiedenen Einzelteilen zusammengesetzt worden. Aber egal.

Weil wir ja nun mal eine Band waren, besorgte sich Petra Schranzer, die bei uns das Schlagzeug spielte, eine mittelgroße Bongo, und ich schnappte mir eine zweite Gitarre, und wir zogen ebenfalls in den Park. Mit unserer Ankunft erhöhte sich die Großväterquote auf unserer Wiese spürbar. Keine zwei Wochen später buchte uns die Leiterin des Seniorenheims auf Druck der Bewohner für ihr Sommerfest. Jeder von uns sollte eine Gage von 50 Mark erhalten, selbst die Koffler-Zwillinge, die eigentlich kein Instrument spielen konnten und niemals sangen. Allerdings erklärten sie sich für einen Showkampf im Vorfeld des Musikprogramms bereit.

Der Auftritt wurde bombastisch. Eine elektrisierte Menge ließ uns vierundzwanzig Zugaben geben, obwohl wir eigentlich nur fünf Songs im Repertoire hatten. Bei »Come As You Are« bildete sich eine Polonaise nie gekannten Ausmaßes. Senioren, die eigenständig gehen konnten, Senioren an Krücken, Senioren an Rollatoren und in Rollstühlen reihten sich ein und zogen durchs

Heim. Ganz hinten schoben die Zivis die Bettlägerigen im Konvoi. Indie-Torsten und Checke Vara wurden zwölf Büstenhalter in den Größen Doppel-D bis Doppel-F zugeworfen. Außerdem wurden ihnen die Kontaktadressen von vierundsiebzig Enkelinnen im Alter zwischen fünf und dreiundvierzig Jahren zugesteckt. Petra Schranzer und ich waren die meiste Zeit von einer jubelnden Gruppe älterer Galane umringt, die uns Blumen schenkten und ihre Kriegsverletzungen zeigten.

Nach dem Auftritt kam ein hochgewachsener Mann mittleren Alters auf uns zu, der sich als der Leiter eines anderen Seniorenheims vorstellte und uns gleich für sein eigenes Sommerfest buchte. Diesmal sollte jeder sogar 75 Mark erhalten. Es war klar: Der Ruhm hatte uns erreicht. Über Nacht – oder besser gesagt, in der Zeit zwischen 14 und 17 Uhr, in der unser erstes Sommerfest stattfand – waren wir zu Stars geworden. Was folgte, war eine Mammuttour durch die Alten- und Pflegeheime der Umgebung. Nach drei Monaten des Tourens konnten wir uns jeder neue Nike-Turnschuhe, G-Shock-Uhren und Fruit-of-the-Loom-Pullis kaufen. Selbst Indie-Torsten verfiel dem Shopping-Fieber. Er besorgte sich einen original Fruit-of-the-Loom-Strickpulli mit Ringeln irgendwo aus einem geheimen Grunge-Outlet in New York.

Unser Erfolg schien einfach nicht abzureißen. Nach den Sommerfesten wurden wir für die Herbst- und Halloween-Feiern gebucht. Wir beschlossen, unser Repertoire zu erweitern und unserem Publikum dabei entgegenzukommen. Checke Vara und ich übernahmen die Leadstimmen bei einer Grunge-Version von »Schön ist es, auf der Welt zu sein«. Indie-Torsten wählte ein unbekannteres Werk von Heintje aus und sang es auf die Melodie von »Don't Look Back In Anger« von *Oasis*.

Insgesamt verlief die Herbstsaison finanziell äußerst erfolgreich. Altenheime in Bayern und Baden-Württemberg waren auf uns aufmerksam geworden. Damit wurde unser Einzugsgebiet noch größer und noch spendabler. Beim Erntedankfest des Heiligengeist-Spitals im bayerischen Bischofswiesen fragte uns ein untersetzter Mann mit Halbglatze, ob wir nicht auch Interesse an Christenrock hätten. Ob katholisch, evangelisch oder Ökumene – er könne uns da interessante und lukrative Auftrittsangebote vermitteln.

Eine Woche später saßen wir bei Herrn Heribert Kingsstein im Büro. »Das Musikgeschäft an sich ist tot«, erklärte er uns, doch im Christenrock sei noch etwas zu holen. Nicht nur über Auftritte und CDs, sondern auch über gebrandete Rosenkränze, Kerzen und Konfirmantenkleidung. Deshalb sei es an der Zeit, unsere Texte spirituell umzudeuten. Er gab jedem von uns eine CD von Xavier Naidoo, in die wir uns als Hausaufgabe schon einmal reinhören sollten.

Wir verließen das Bürogebäude mit einem seltsamen Gefühl im Magen.

Indie-Torsten war der erste, der etwas sagte: »Je mehr Erfolg wir im Musikbusiness haben, desto mehr kann ich verstehen, warum Kurt Cobain sich umgebracht hat.«

Checke Vara und ich nickten.

»Lasst uns doch mal wieder im Park spielen«, schlug Petra Schranzer vor. »Genau wie damals, als wir noch keine 500 Mark im Monat verdient haben.«

»Scheiß Kohle«, sagte ich.

»Scheiß kapitalistisches System«, sagte Checke Vara und warf die Xaiver Naidoo-CD in die nächste Grüne-Punkt-Tonne.

Dann liefen wir zu unserem alten Platz im Park und spielten »Don't Look Back In Anger« mit dem Text von »Don't Look Back In Anger«, und wenn uns jemand eine Münze zuwarf, dann warfen sie ihm die Koffler-Zwillinge sofort wieder zurück. Ohne Erbarmen und zwar so, dass es jedes Mal richtig zwiebelte.

PAULINE FÜG

# DIE WELT IST EIN NACHTFALTER

I

die welt ist ein nachtfalter, wir schlagen die lider,
wir wirbeln nur staub auf, hier landen wir nicht,
wir sind unsicher, der wind treibt uns,
wir sind so flattrig im herzen,
wir wollen nicht schlafen, nie.

die welt ist ein nachtfalter,
da ist noch etwas glitzer auf den lidern,
wir hatten doch alles weggewischt,
da war doch schon alles weg.
auch du plötzlich.
obwohl ja auch nie einer davon gesprochen hatte zu bleiben.
und du fragst mich jetzt,
ob die welt vielleicht doch die glühbirne ist
und wir die falter, nachts.
wir drängen uns um die spiegelkugeln in den clubs,
die all unser leuchten reflektieren,
das wir stolz in der iris tragen, bis alles verläuft.
bis wir uns verlaufen haben.
ich seh das in deinen augen, bleib doch noch ein bisschen,
bleib doch noch, bleib. vielleicht, meine ich.

II

in diesem winter laufen wir durch die städte
und wissen nicht, wohin.
manchmal sagst du etwas von theatern.

aber wir haben eine schwierigkeit damit, uns rechtzeitig für die
vorstellungen zu entscheiden, und hinter den säulen wollen wir
nicht sitzen, wenn sie uns die letzten plätze anbieten.

in unseren händen verblühen die federboas vom sommer.
oder die federböen, sagst du,
und ein wind taucht auf zwischen zwei geparkten autos,
die gleichzeitig losfahren,
und streift dir die hälfte deiner haare ins gesicht.

wir sind zwei wechselwarme tiere,
die sache mit den jahreszeiten ist so eine, sagst du.
unser größtes ziel ist es, einen roadtrip zu machen, achtundvierzig stunden, weißt du, achtundvierzig stunden das meer entlang,
und uns nicht zu hassen danach.

in diesem winter laufen uns die städte fort,
uns zerlaufen die pupillen beim hinterherrennen,
beim fangenspielen auf den autobahnen,
beim jagen der silhouetten der gebäude, die jeder kennt.
alles defragmentiert sich um uns, alles löst sich auf
und wird komprimiert,
sogar die kompromisse, die wir eingegangen sind,
die verschwinden langsam hinter einer linie aus furcht.

wir schreiben uns briefe, wir schicken sie per e-mail,
aber es klingt so seltsam,
wenn wir uns versuchen zu beschreiben, was wir nicht sind.

in unsere jackentaschen haben wir tulpen gesteckt,
wir bekommen sie importiert,
wenn wir halt machen an den zwischenstationen.
wenn unsere nägel einreißen, weil wir nichts greifen können
von unserem weg.

was willst du tun, frage ich,
ich habe immanuel kant nicht verstanden,
ich versuche noch immer, alles zu beantworten
und würde trotzdem lügen für dich.
wenn wir ein gefühl entdecken, lügen wir für uns.
eine neue lieferung pathos frei haus,
und wir unterschreiben, dass wir sie angenommen haben.
für die nachbarn haben wir nichts,
so viel ist es dann doch nicht, in diesem karton.


III – exkurs
als einer fragt, wer wir sind, weiß ich es nicht.
es ist ein namenloses wir, ein mensch, nach dem sich einer sehnt.
eine sehnsucht, von der man seit jahren träumt.
wir halten ab und zu in den kleinen nebenstraßen.
wer hat denn hier was von geheimnissen gesagt? niemand.
siehste.


IV
die welt ist ein nachtfalter, wir schlagen die lider,
wir wirbeln nur staub auf, hier landen wir nicht,
wir sind unsicher, der wind treibt uns,
wir sind so flattrig im herzen,
wir wollen nicht schlafen, nie,
aber wenn wir es einmal tun, dann wachen wir nicht mehr auf,
auch nicht beim ton der welt,
wenn die befahrenen straßen an unsere fenster klopfen.
es ist alles ein rhythmus, ein takt der lichter,
stehen, bleiben, weiterziehen,
es ist alles ein rhythmus, ein versuch von helligkeit, lux,
die anzahl der leuchten auf unserem lid.
es ist alles ein fallen, wenn dann einer schläft
und im traum nicht mehr greift, greifen kann, was er jetzt noch sieht.
die welt ist ein nachtfalter, wir flooreszieren im schwarzlicht,
wir haben gesagt, dass es ewig so bleibt.

## DOMINIQUE MACRI
# WER BRAUCHT SCHON EIER

ich kann die stille nicht mehr hören
die zwischen uns entsteht
wenn hinter scheibenwischern worte
schweigend ihre runden drehen

es sind immer noch die gleichen
die ungesagt vergehen
es ist ein sprich mit mir ich hör dich
bin bereit das zu verstehen

was in meiner welt nicht wichtig ist
für mich nicht klar zu sehen
möcht dir lieber sagen
lass mich hier im wattenebel stehen

weil – ich mag es gerne salzig
fühl mich frei wenn einer geht
ich zähl die zeit
die ich einbeinig pfützen hüpfe wipfel seh

ich führ das steuer mit der rechten
in der hand 'nen rohen fisch
und der darf flattern mit dem fahrtwind
'nen schwarm möwen mit zu tisch

und auch wenn die kalten tropfen
meinen augenblick erfrieren
besser als mein herz zu stopfen
dass es schweigt und sich nicht ziert

in der enge zu erstarren
das geschrei auf sich zu nehmen
nichts ist kälter als verharren
artig sein und sich benehmen

doch heut schweigt der zweifel still
ich hab die segel hoch gesetzt
wenn man mit den stürmen reisen will
ist wackligkeit gesetz

also lausch ich blind den augen
die da aufgerissen stehen
den müden blick auf mich gerichtet
schon bereit leinen zu ziehen
bereit den popo zuzukneifen
und den leicht'ren weg zu gehen

nur weg
von tripptrapptrott und enge
von immergleichem tagverlauf
von hand im brei im ohr gemenge
windelweich und warm gedränge

weg von was man eben tun muss
und zu wenig leerer zeit
weg von was aus uns geworden
und von zweisamkeit allein

ich will am liebsten sagen
schau mich doch mal gerade an
ich kann mich gut alleine tragen
jede menge muskeln dran

ich häng am rockzipfel der winde
also lass mich gerne ziehen
ich kann alleine leichter atmen
im widerwort nur gerade stehen

mit meinen füßen in den wolken
bei minus 50 grad und mehr
ich hab mir abgewöhnt zu frieren
trag 'nen mantel als gewehr

brauch keine stütze mehr
heut weiß ich woher die wackeligkeit stammt
früher wähnte ich's als schwäche
fahlen willen faule hand

doch heut schweigt der zweifel still
ich hab die segel hoch gesetzt
wenn man mit den stürmen reisen will
ist wackligkeit gesetz

also lasst euch nichts mehr sagen
geht gerade – krumm und schief
genauso wie man euch getragen
vierzig wochen stumm und tief

geht genau wie ihr gewachsen
knorpeliges körnchen gold
kleeblatt mit nur einem kleeblatt
das sich selber achtung zollt

es wird nie leichter mit mir werden
ich werd alt und klein und stur
ich gehe woher ich gekommen
bin aufmüpfig wild und im grunde meines herzens völlig aus der reihe

also zieh mit mir die leine
weg aus krustenkraterland
das ist doch unser schiff ich meine
wir haben die fische in der hand

mach die augen auf
und wisch dir diese enge vom gesicht
ich verspreche auch gewichtig
ich nehm ein stückchen davon mit

ich werde meine teller waschen
nehm ein brettchen unters brot
halte mich an anfangszeiten
bring das steuerrad ins lot

ein kleines bisschen schiefe aber
muss da immer rein
lass mir mein regenmantelloses
regentänzerinnensein

dann reiß ich mich auch mal zusammen
koche brei und wisch den flur
denn wen auch immer ich statt deiner
früh beim duschen pupsen hör

es gibt für immer grund zu meckern
die kuh ist dick und schnarcht für zwei
die ziege hat vergilbte zähne
und dem panther fehlt ein ei

doch heute schweigt der zweifel still
ich hab die segel hoch gesetzt
wenn man mit den stürmen reisen will
ist wackligkeit gesetz

also reiß ich mich zusammen
versuch der stille zuzuhören
wo hinter scheibenwischern worte
schweigend ihre runden drehen

es sind immer noch die gleichen
die ungesagt vergehen
es ist ein sprich mit mir ich hör dich
bin bereit das zu verstehen

was in meiner welt nicht wichtig ist
für mich nicht klar zu sehen
darf in deiner welt so bleiben
muss in meiner nicht bestehen

hausschweine tun es nicht im fliegen
zugvögel sehen sich niemals um
eine kuh wird nie zur ziege
und der panther – sei es drum
er hat spiegelblanke zähne

wer braucht schon eier ...
danke schön.

*Diesen Text anhören:*
*http://satyr-verlag.de/audio/lautstaerke_eier.mp3*

KADDI CUTZ
# WAS ICH NICHT BIN

Ich bin Sozialpädagogin. Da lernt man, gleich mit als Erstes, dass man Klienten immer ressourcenorientiert betrachten soll. Heißt: Man schaut: Was kann der oder die besonders gut? Da setzt man an. In der realen Welt allerdings passiert genau das, was es in der Sozialarbeit tunlichst zu vermeiden gilt: Es wird nach den Defiziten geschaut. Worin ist jemand besonders scheiße? Da setzt man dann an. Ob nun bei der Jobsuche, im Haifischbecken zwischenmenschlicher Gefühle, oder auch so generell. Alltagseinerlei, Befindlichkeiten, dies das. Aus all diesen Ecken prasseln Erwartungen auf mich ein wie Steinschläge. Konkret formulierte, schlampig als Wünsche getarnte Forderungen, wie ich zu sein habe, wenn ich *diesen* Job will, den heißen Typen da an der Bar oder einfach mal ein bisschen mehr Ruhe in meinem Leben. Schön muss ich sein. Schlank. Jung und schlau und versiert im Umgang mit Technik und Zahlen. Interessiert an Mode- und Lifestyle-Blogs und an Schminktutorials bei YouTube. Abgesichert mit diversen nützlichen Versicherungen und einer Altersvorsorge. Wenigstens alle paar Monate mal nicht am Rande des Dispos. Regelmäßig irgendwo im Urlaub, gern auf den Seychellen, Veganerin oder wenigstens vegetarisch lebend, obwohl, das kollidiert irgendwie wieder mit häufigen Flugreisen. Außerdem mag ich Grillen. Aktiv gegen alles, was schlecht ist, im Untergrund und an der Front. Auf geistiger Höhe nach durchzechten Nächten, schlagfertig, eloquent und witzig, auch wenn ich gerade einfach nur heulen möchte. Ich bin ja schließlich Poetry-Slammerin. Und gut im Bett. Was ich nicht bin. Ich bin nicht auf den Mund gefallen, aber sprachlos angesichts all dessen, was in meinem Wahlbundesland Sachsen so abgeht. Wenn der Dezember in Köln für Hetze missbraucht wird, und wenn es gleichzeitig für deutsche Männer offenbar völlig okay ist, mich anzufassen, obwohl ich sage, dass ich das nicht will, oder mir mit ihrer Zunge unaufgefordert den Nacken zu pflügen. Obwohl ich offensichtlich mit einem Mann unterwegs bin, an dem mir was liegt. »Ach, komm schon, du fandest das doch geil!« Nein. Ich fand das übergriffig und unangebracht, du Arschloch! Ich bin nicht gut darin zu sagen: »Du Arschloch.« Weil das ja Leute verletzt, und man immer nett sein soll und um Konsens bemüht. Aber man muss das machen, und zwar ohne sich dafür schlecht zu fühlen. Ich bin ganz gut darin, mich schlecht zu fühlen. Ich bin nicht depressiv, aber ich habe ein Wochenend-Down-Syndrom. Ich bin völlig unromantisch. Schon immer. Mit achtzehn sagte mir ein Typ, den ich gut fand, nachts auf einer einsamen Brücke: »Kuck mal, die Sterne! Die leuchten nur für uns!« Das Beste, was mir auf die Schnelle darauf einfiel, war: »Ja. Sonst ist hier ja auch keiner.« Vermutlich sollte ich öfter mal einfach die Klappe halten, aber das wär' dann vielleicht auch nicht mehr ich. Ich bin nicht empfänglich für Kitsch und Valentinstag und überall Rosenblüten, und die inflationäre Verwendung von »Du bist wunderschön« in Filmen kotzt mich an. Vielleicht, weil das zu mir nie jemand sagt. Ich bin nicht gut darin, Männer zu daten. Mein letztes Date ist ewig her. Also eigentlich nicht, aber das Date war toll, deswegen war das wahrscheinlich kein Date und deswegen zählt das nicht. Ich will mal jemanden daten, der nicht sagt: »Ich will aber nicht in einer deiner Geschichten landen!« und denken: Dann benimm dich halt. Ich bin unfähig, das selber so auf den Punkt zu bringen, deswegen ist dieser Satz von Sabrina Schauer geklaut. Ich bin nicht leichtgläubig, aber eigentlich möchte ich an so vieles glauben: an Wunder, und dass der Montag in Dresden irgendwann wieder einfach nur ein ganz normaler Montag ist und nicht länger eine Art Casting für den Lutz-Bachmann-Preis. Ich will wieder an den Weihnachtsmann glauben und an dich und mich und an mich selbst und dass alles gut wird, irgendwann.

Ich bin selber in vielen Sachen nicht gut, zum Beispiel im Aufpassen. Letzten Sommer trug ich ein fesches Veilchen und ein Schleudertrauma mit mir herum, bloß weil ich nach einem Klobesuch mitten in der Nacht feststellte, dass ich noch total lange schlafen kann, im Halbschlaf vor Begeisterung einen Hechtsprung ins Bett gemacht und dabei den Abstand falsch eingeschätzt habe. Mein erster Gedanke, als ich auf dem Boden aufschlug war: Geil! Jetzt hast du dir das Genick gebrochen, und keiner wird je erfahren, wie du das geschafft hast! Ich bin nicht besonders masochistisch, trotzdem schaue ich seit Jahren den *Bachelor* und denk mir jedes Mal: Du solltest das dringend lassen. Mehr Sexismus und verqueres Frauenbild schafft nicht mal Heidi Klum. Ich bin auch eigentlich kein schadenfroher Mensch, aber es war schon eine verdammt witzige Idee von RTL, einen lispelnden Muskel-Klaus für eine Show zu casten, in der er dann pro Folge mindestens achtmal das Wort »Rose« sagen muss.

Ich bin auch nicht faul, ich hab nur keine Lust zu arbeiten. Ich möchte mal wissen, wann ich endlich mal das machen kann, worauf ich wirklich Lust habe. Ich bin nicht sicher, worauf ich wirklich Lust habe. Ich bin nicht mutig. Wenn ich mutig wäre, dann würde ich einfach sagen: »Scheiß drauf. Ich lass das mit den ganzen Jobs, die immer befristet sind, und die ich oft nur mache, weil ich meine Miete von irgendwas bezahlen muss.« Vielleicht wär' das aber auch gar nicht mutig, sondern nur leichtsinnig. Ich bin schließlich keine zwanzig mehr, und ich bin da eigentlich auch nicht traurig drüber. Manchmal frage ich mich, wann eigentlich der Moment gewesen wäre, mir eine richtig gute Antifaltencreme zuzulegen und warum ich den verpasst habe. Wenn das so weitergeht, dann muss ich mein Make-up bald im Baumarkt kaufen. Ich bin gar nicht so unzufrieden mit mir, aber ich würd gern mehr Sport machen. Ich bin aber nicht sportlich. Wenn ich joggen gehe, dann renne ich erfolglos dreimal um einen Baum und geh wieder nach Hause. Ich bin auch nicht dick. Ich bin nicht mehr so dünn wie vor zwei Jahren. Das ist okay. Aber ich fühle mich verarscht, wenn ich nach langer Suche endlich eine Jeans finde, in der ich vor die Tür gehen kann. Und die dann MOLLY heißt. Ich bin kein Fan von Diäten, kenne ich alle, mag ich nicht. Ich bin keine, die sagt: »Nach 18 Uhr esse ich nix mehr, hihihi!« Ich esse nachts. Wenn man im Dunkeln frisst, wird man von den Kalorien nicht so leicht gefunden. Ich bin nicht voll schön. Ich bin aber auch nicht megaeitel. Das beste an der Dresdner Neustadt ist, dass ich hier mit Jogginghose und Party-Make-up von gestern in den Konsum schlappen kann und es keine Sau interessiert. Zum Glück bin ich auch nicht berühmt. Höchstens F-prominent. Also in meiner Hood. Da kann man schon mal aussehen wie 'ne Karre Mist, wenn man nur Wein und Nudeln kaufen geht. Ich bin keine perfekte Hausfrau. Putzen deprimiert mich, weil das ewig dauert und am Ende nie so aussieht wie in der Meister-Proper-Werbung. Außerdem brauche ich dazu laute Musik, mit Musik geht nämlich alles leichter, aber dazu muss man die halt auch im Bad noch gut hören können. Als ich das letzte Mal geputzt habe, kam die Polizei. Die Punks von nebenan mögen keine laute Musik. Seitdem putz ich nicht mehr. Ich bin nicht verklemmt, aber der Geburtsort meines Opas ist mir bis heute immer irgendwie ein bisschen peinlich. Dabei kommen wir doch alle – irgendwie – aus Mösen.

Ich bin nicht doof, aber dumm genug, die gleichen Fehler immer wieder zu machen. Und noch mal. Einfach, weil's so schön blöd war.

Ich glaube, ich bin manchmal zu wenig ich selbst. Aber wenn ich nicht ich selbst sein kann, wer bin ich denn dann? Ich bin nicht perfekt, aber ich hab auch keinen Bock mehr, mich dauernd irgendwie unzulänglich zu fühlen, weil ich für irgendwen immer irgendwas sein soll, das ich gar nicht bin. Ich bin keine Ansammlung von Defiziten. Und das mag manchem vielleicht zu wenig erscheinen. Aber seht das mal ressourcenorientiert: Was kann der oder die besonders gut? Ich weiß, was ich nicht kann. Und da kann man einfach mal ansetzen.

*Diesen Text anhören (Liveversion):*
*http://satyr-verlag.de/audio/lautstaerke_ich.mp3*

## ANKE FUCHS
# ÄLTER WERDEN ANDERE

Lukas war spät zurück. Heute hatte ich gewartet. Ich hatte nicht mitgehen wollen zu seinem Klassentreffen. Lukas polterte wacklig, aber zielstrebig ins Wohnzimmer, er rechnete wohl damit, dass ich wach war, baute sich im Türrahmen auf und begrüßte mich – ein wenig zu laut für halb vier am Samstagmorgen im Mietshaus – frech mit: »Du bist alt!«

Ich kenne Lukas seit zwanzig Jahren, wir waren beide einundzwanzig gewesen, ich wusste, da kam noch was. Ich musste lachen.

Lukas setzte sich neben mich, holte tief Luft und zur Erklärung aus: »Ich bin auch alt. Wir sind alle alt. Sooo alt geworden. Ich mein, ich fühl mich nicht so, aber guck mal: Doppelhaushälfte, Jahresurlaub in den Schulferien und mit dem Rauchen aufgehört wegen der Polstermöbel.«

»Lukas, wir sind doch gar nicht so«, sagte ich, aber noch bevor ich ihm den Gegenbeweis liefern konnte, hauchte er mir »Aber bald, Spatz, bald« ins Ohr.

Lukas ist so ein Spatz-und-Maus-Mann, schon immer gewesen. Ich hasse das, weil ich finde, dass ich rein gar nichts mit Spatzen und Mäusen gemein habe und eher mit einem etwas größeren Tier in Verbindung gebracht werden sollte, wenn schon so'n Tiernamenscheiß.

Lukas sagt dann: »Spatz, sei doch einfach froh, dass die Tauben mich nicht interessieren. Ich will nur dich in meinen Händen.« Und für den Plural würde ich ihn gern irgendwann mal heiraten. Vielleicht. Wenn wir alt sind.

»Wir müssen was unternehmen, so geht das nicht weiter!« Lukas haute auf den Tisch: »Pass auf!«

Ich passte auf, musste aber warten, bis Lukas mit zwei Bieren aus der Küche zurückkam.

»Wir wären alt, wenn du Gläser mitgebracht hättest oder einen Öffner«, sagte ich und kramte nach dem Feuerzeug in seiner Jackentasche, während Lukas noch seine Jacke hinterm Sofa suchte. »Jaja, ich weiß, ich bin betrunken. Aber die Idee hatte ich vorhin schon, jetzt pass doch auf!«

»Ich pass ja auf.«

»Gut. Wir machen jetzt was dagegen. Weißt du, wir haben langes Wochenende und Zeit bis Montagabend. Die anderen da,« – er meinte wohl seine alten Klassenkameraden – »die müssen Rasen mähen und Kinder hüten oder arbeiten. Wir packen!«

»Wir packen? Willst du auswandern? Umziehen? Zurück ins Kinderzimmer?«

»Nee, pass doch au-hauf, wir zelten. Ab morgen. Zwei Tage am Meer. Wie früher. Wir fahr'n einfach los und gucken, wo wir bleiben. Und wir sind die ganze Zeit so wie damals.«

Lukas grinste mich erwartungsvoll an, als habe er das Rezept für Weltfrieden und eine Medizin gegen alle Krankheiten auf einmal erfunden.

»Okay«, sagte ich. »Okay«, sagte Lukas. Dann schlief er ein.

Ich weckte ihn um zehn. Schließlich reichten ihm vor zwölf Jahren fünf Stunden Schlaf locker nach solchen Nächten. Er ließ sich nichts anmerken. Wir packten erst dann, wie früher, das Nötigste zusammen: Handtuch, Wein, Zahnbürste, Autan, ein Schweizer Messer. Als Lukas nach seinem Handy griff, sagte ich: »Nö.«

»Wie ›nö‹?«

»Du wolltest oldschool, also halt dich dran. Wie früher. Wir schreiben höchstens 'ne Postkarte.«

Lukas war noch ein bisschen langsam an diesem Morgen. Am besten fuhr ich erst mal. Wir hielten an der Tankstelle hinter der Grenze.

»Ich hol uns 'nen Kaffee«, sagte Lukas.

»Nix da«, rief ich ihm hinterher. »Vanille-Vla und zwei Bier!«

Als Lukas zurückkam, gab er mir den Literpack Flüssigpudding und machte sich ein Bier auf.

»Hallo? Fahrbier!«, fauchte ich ihn an. »Der Rest ist für später.«

Lukas grinste: »Auch kein Radio, was?«

»Genau«, sagte ich und deutete aufs Handschuhfach. Lukas nahm die alten Kassetten, und wir hörten *Adorable* und *Screaming Trees*. »Die haben früher aber noch nicht so geleiert«.

»Doch, bestimmt«, sagte ich. »Du hast nur früher noch mitgesungen, da ist das nicht so aufgefallen.«

Wir spielten eine Stunde »Tiere mit A«, dann B und so weiter, und Lukas gewann, wie damals, natürlich jede Runde. Als wir bereits einen Campingplatz nach dem anderen passierten, fragte Lukas ahnungsvoll: »Haben wir Geld?«

»Natürlich nicht«, antworte ich.

»Okay«, sagte Lukas.

Wir verbrachten den Nachmittag am Strand und hielten immer Ausschau nach einem geeigneten Platz zum Schlafen. Als es dämmerte, duschten wir neben der Rettungsstation, zogen uns im Auto um und gingen in den Ort, um etwas zu essen. Der Junge in der billigen Pizzeria sprach natürlich deutsch: »Was möchten Sie?« Lukas antwortete: »Zwei Bier, zwei Margherita, und sag bitte ›du‹!«

»Alsjeblieft«, antwortete der Kellner und ging. Ich legte meine Hand unterm Tisch auf Lukas' Knie und musste lachen, als er sich vorsichtig umsah.

Schweigend, aber entschlossen kramte er eine Stunde später seinen Schlafsack aus dem Kofferraum. Wir hielten den Atem an, als die erste Strandpatrouille zum Glück an unserer Kuhle vorbeileuchtete. Es war kalt und ungemütlich. Und es raschelte im Dünengras.

»Spa-hatz«, flüsterte er. »Ich will nicht mit jungen Tauben schlafen, aber auch nicht hier bei den Möwen. Der Sand im Pulli nervt. Können wir uns jetzt die Freiheit nehmen und ein Bett im Hotel?« Ich nickte, die Nacht war noch jung genug.

Ein halbes Jahr später kam Lukas mit zu meinem Klassentreffen. Ich fuhr hin, er hatte versprochen, zurückzufahren. Als ich das Radio einschalten wollte, hielt er mir eine alte Kassette hin: *L7*, ich konnte noch mitsingen.

»Wenn jetzt gleich irgendwer sagt, du hast dich kein bisschen verändert, gehen wir. Sofort.«

»Okay«, sagte ich.

»Okay«, sagte Lukas.

LISA CHRIST

# HOLLYWOOD VS. REALITY

Meine Vorstellung von einem romantischen Wiedersehen nach den Ferien sieht ungefähr so aus:

Ich steige braungebrannt und perfekt gestylt aus dem Flugzeug, gehe mit meinem Minirollkoffer, welcher die passende Farbe zu meinen Schuhen hat, Richtung Gepäckausgabe, hole dort den gleichfarbigen, etwas größeren Koffer mit all meinen Ferienerrungenschaften und laufe, ohne kontrolliert zu werden, durch die Zollkontrolle. Nach dieser öffnet sich die automatische Milchglastür, und ein absolut toller Mann, der sehnsüchtig mit einem Strauß roter Rosen direkt vor dem Ausgang steht, erblickt mich. Durch den Luftstoß, der durch die Tür strömt, werden meine Haare wie in Zeitlupe nach hinten geföhnt, ich mache den typischen Haare-über-die-Schulter-Werf-Move, und mein sommerliches Kleid wirbelt verführerisch um meine glatt rasierten Beine.

So stelle ich mir das vor. So und nicht anders.

Aus diesem Grund befinde ich mich nun auf dieser lächerlich kleinen Flugzeugtoilette und versuche, meine Schweißfüße im Lavabo zu waschen. Schweißfüße passen nicht in meine Vision, genauso wenig wie in das viel zu wenig tiefe Lavabo. Nach etlichen muskelzerrenden Versuchen habe ich es geschafft und mein Fuß befindet sich auf Hüfthöhe neben dem Wasserhahn aus Plastik. Drunter passt er nicht, das ist mir jetzt aber egal, besser wird's nicht. Ich greife mit meiner rechten Hand nach dem Seifenspender, der links an der Wand hängt, und haue drauf. Die Seife schießt horizontal aus der Öffnung und trifft meine rechte Brust. Scheiße! Na, wenigstens nicht aufs Kleid, denke ich und wasche mir den Fuß notdürftig mit Wasser. In diesem Moment klopft es an der Tür, und eine Stimme fragt: »Is it going to take you a long time?« Ich schreie: »Ja, Mann!«, trockne meinen Fuß mit dem schmirgelähnlichen Papier ab und zwänge mich in eine meiner hochhackigen Stöckelsandalen. Dann setze ich mich auf den WC-Deckel und verschnaufe kurz. »How long?«, fragt die neugierige Stimme weiter, und ich kapituliere. Schnell putze ich die Seife in meinem Ausschnitt mithilfe des steinharten WC-Papiers weg, das eine rot aufgewetzte Stelle hinterlässt, und verlasse den kleinen, stickigen Raum. Ich humpele auf einem High Heel durch den Gang, ziehe einen wütenden Schmollmund und quetsche mich dann auf Flügelhöhe, dort wo die Flugzeuge – wenn sie brechen – immer als erstes brechen und man keine Aussicht hat, auf meinen Platz in der Mitte.

Links neben mir schnarcht ein älterer Herr so laut, dass er als Bass auf einer Dubstep-Party engagiert werden könnte, rechts neben mir ein extrem gut genährter Teenager, der ununterbrochen Spiele spielt. Was für ein Gerät er da hat, weiß ich nicht, ich weiß nur, dass es nicht im Entferntesten so aussieht wie mein alter Gameboy und bestimmt viermal so laut ist. Die Person vor mir hat es sich anscheinend ebenfalls gemütlich gemacht, ihre Sitzlehne ist jedenfalls so weit nach hinten gelehnt, wie's geht, und jemand aus der Großfamilie hinter mir drückt mir gerade ein Knie tief in meinen Rücken. Perfekte Voraussetzungen also, um mein Projekt weiterzuverfolgen und mich zu schminken. Ich lehne mich vor und drücke mein Gesicht an die Sitzlehne vor mir, um meine Tasche unter dem Sitz zu erreichen. Will gar nicht wissen, wie viele Pickel das gibt. Mühselig ziehe ich sie hervor und richte mich wieder auf. Dann stelle ich meinen kleinen Minispiegel und diverse Kosmetikprodukte unter dem interessierten Blick des Fettsacks neben mir auf die aufgeklappte Tischplatte und beginne damit, Make-up aufzutragen, was sich mit eng anliegenden Ellenbogen ziemlich schwierig gestaltet. Die nervtötende Musik rechts neben mir verstummt, und mir wird bewusst, dass ich – sehr zur Belustigung meines Sitznachbarn – Grimassen schneide, wenn ich mich schminke. Ich werfe ihm meinen aller allerbösetesten Blick zu, woraufhin er sich beschämt abwendet. In dem Moment verlangt der Pilot über Lautsprecher, dass alles verräumt, die Tischplatten nach oben geklappt und alle elektrischen Geräte abgeschaltet werden müssen.

Was? Hallo? Ich habe gerade mal die Grundierung fertig, ich sehe aus wie eine leere Leinwand! Verzweifelt versuche ich, mir mit Kajal eine Augenkontur aufzumalen, als die Stewardess erscheint und mich bittet den Tisch hochzuklappen. »ICH KANN DEN TISCH NICHT ZUKLAPPEN, MANN, DAS SEHEN SIE DOCH!«, schreie ich aufgelöst, werfe meinen zweiten Schuh nach ihr, und Tränen steigen mir in die Augen.

Die Frau mit der Hochsteckfrisur entfernt sich, und ich wähne mich gerettet.

So weit entfernt von meiner Vorstellung bin ich gar nicht, rede ich mir ein, während ich mich der Schiebetür aus Milchglas nähere.

Ich trage ein Sommerkleid, ich trage ein Sommerkleid, ich trage ein Sommerkleid.

Die Tür geht auf, der erhoffte Luftstoß bleibt aus. In der Tür stehe ich. Mein Gesicht ist, abgesehen von einem schwarz umrundeten und verschmierten Auge, schneeweiß. Ich trage einen von zwei High Heels, links ein etwas klumpiges Accessoire von einem Polizisten am Oberarm und rechts einen sehr unförmigen Koffer, von der Zollbehörde unsanft durchstöbert und lieblos mit Klebeband zusammengeklebt.

Ich starte den allerletzten Versuch zu retten, was zu retten ist, und puste mir unelegant eine Strähne aus dem Gesicht. Na toll. Der Polizist führt mich aus dem Bereich der Ankommenden und setzt mich auf eine Bank. »Wartet hier jemand auf sie?«, fragt er mich.

»Wissen Sie was?«, sage ich und werfe einen letzten Blick über die Schulter. Dann wende ich mich an den uniformierten Typen und antworte: »Nein, es wartet niemand auf mich. Denn das Leben ist kein Hollywoodfilm – wenn es einer wäre, dann würden Sie nämlich wesentlich besser aussehen.« Mit diesen Worten stehe ich auf, entledige mich meines übrig gebliebenen Schuhs, fasse meinen Koffer und verlasse erhobenen Hauptes das Flughafengebäude.

FRANZISKA WILHELM
# LILA BÄNKE, LILA ZEHEN

*für Urs*

Die Kaufhalle ist jetzt Kampfsportclub. Aber das ist okay. Sie hat sich noch am längsten gehalten. Nach den Achtzigern waren die Läden hier nie von Dauer. In den Neunzigern haben sie noch einmal Hand angelegt, an den Platz, haben einen ganzen Schwung lila Bänke aufgestellt und Vulkansteinbrocken einbetoniert. Drei davon haben Springbrunnendüsen, der Rest liegt rum. Auch das ist okay. Nicht mehr und nicht weniger. Der Johannesplatz ist nicht Lanzarote. Er ist einfach da, seit den Siebzigern ungefähr. Die erste Großwohnsiedlung Erfurts, klein im Vergleich zu den späteren Neubaudschungeln am Stadtrand. Fünf Punkthochhäuser, drei Wohnscheiben, siebzehn versprenkelte Fünfgeschosser. Umhüllt von einer dicken Schale aus Vorstadtaltbau. Irgendwo vergessen im vergessenen Erfurt Nord.

Mir selbst ist nie aufgefallen, dass ich in einem Plattenbauviertel aufgewachsen bin. Vielleicht weil es ein so kleines ist. Vielleicht auch, weil man sich als Kind um so etwas nicht kümmert und als Teenager andere Dinge im Kopf hat. Mit sechzehn waren wir sehr damit beschäftigt, normal zu sein. Es waren die Neunziger, und alles veränderte sich. Wir setzten uns auf die neuen lila Bänke und fragten uns, wie man zu sein hat. Niemand hatte eine Ahnung. Zu anderen Zeiten hätte man sich einfach gegen das stellen können, wofür die Eltern standen. Aber die Eltern standen für nichts Konkretes. Sie versuchten hauptsächlich zurechtzukommen. Im neuen System.

Ich kann mich nicht erinnern, dass es jemals jemand aussprach, aber wir wussten alle, dass wir nicht besonders weit oben waren. Eher so kurz vor unten, um genau zu sein. Wenn jemand kein Fahrrad bekam oder nicht mit zur Klassenfahrt durfte, weil das Geld nicht reichte, dann schwiegen wir. Wir saßen auf unseren leuchtenden lila Bänken, um uns herum bröckelte der Putz, und wir hatten keinen besonderen Plan.

Wir waren vermutlich der unspektakulärste Abi-Jahrgang, den unsere Schule je hervorgebracht hat. Wir hatten keine bunten Haare. Wir trugen keine Springerstiefel. Nicht einmal Hip-Hopper waren wir. Bei uns ging es darum, sich anzupassen. Das zu tun, was die Mehrheit tat. Aufzupassen, nirgendwo rauszufallen. Das war oberstes Mantra. Zumindest bis Urs kam.

Urs aus Bayern. Schon sein Name war für uns wie eine Kulturrevolution. Dazu noch die Sache mit den Latschen. Urs kam im September damit zu uns in die elfte Klasse, und er trug sie durch den Oktober in den November hinein und den ganzen Winter hindurch. Weiße Birkenstocks. Ohne Socken, denn Socken lehnte Urs ab.

Wir hatten noch nie jemanden getroffen, der Socken ablehnte. Socken waren eine der wenigen unverrückbaren Selbstverständlichkeiten gewesen, vor und nach '89. In der Hofpause schauten wir – verblüfft und beeindruckt – hinunter auf Urs' nackte Zehen. Es war Anfang Januar, und sein großer Onkel fast so lila wie die neuen Bänke. Urs stand ganz ruhig da. Die meisten von uns zitterten vor Kälte. Noch in diesem Monat erfanden wir den Pinguinkreis. Man stellt sich dabei ganz dicht zusammen und macht schnelle, winzige Kniebeugen. So durcheinander wie möglich, denn das wärmt am besten. Der Pinguinkreis rettete uns in den Frühling hinein. Obwohl er niemals fror, machte Urs meistens mit.

Nicht mitmachen wollte er dagegen bei der Musterung. Obwohl die Pflicht war damals, ging er einfach nicht hin. Vielleicht weil er nicht zur Armee wollte. Vielleicht weil er Ärzte nicht mochte. Vielleicht weil er sich in keine Güteklasse mit T am Anfang stecken ließ. Wir verstanden es nie so ganz, um ehrlich zu sein.

Und so wie wir im Winter auf seine lila Zehen geschaut hatten, schauten wir nun zur Klassenraumtür, als das erste Mal ein Trupp Feldjäger eintrat, um Urs abzuholen und in Verwahrung zu nehmen. Wir lernten, dass es einen Preis hat, eine Meinung zu haben, dass es einen Preis hat, stur zu sein, und dass es Anwälte gibt, die im Hintergrund dafür sorgen können, dass man ein paar Tage später wieder in der Klasse sitzt.

»Mach doch Zivi«, schlugen wir Urs vor, und Urs sagte, dass er Zivildienst okay fände, aber die Musterung eben nicht, und die kam davor. Wir seufzten. Und wir schlugen die Hände über dem Kopf zusammen über so viel Sturheit. Und wir lachten ein wenig. Und Urs wurde ein bisschen so etwas wie unser Held. Und wir ließen Urs sein, wie er war. Und Urs ließ uns sein, wie wir sein wollten. Und wir feierten Partys zusammen, von denen Urs schon immer um elf Uhr nach Hause ging, weil es ihm dann reichte und er müde wurde, aber auch das war für uns alle okay.

Wir hatten eine gute Zeit. Und es war auch okay, dass wir danach in alle Richtungen auseinandergingen, dass wir uns aus den Augen verloren und nur gelegentlich wiedertrafen.

Die lila Bänke stehen immer noch am Platz, ich habe nachgesehen. Andere sitzen jetzt darauf und die Farbe wirkt schon lange nicht mehr neu. Das Viertel ist grüner geworden. Und nicht so leer, wie man befürchtet hatte. Kein Punkthochhaus, keine Wohnscheibe und kein Fünfgeschosser musste zurückgebaut werden. Abends ist immer noch viel Licht in den Fenstern. Vielleicht merken die Leute bis heute nicht, dass sie in einem Plattenbauviertel wohnen, einem ganz kleinen, umhüllt von einer dicken Schale aus Vorstadtaltbau, weit genug weg von den Neubaudschungeln an den Rändern der Stadt.

Soweit ich es verstanden habe, ist Urs nie zur Musterung gegangen. Hat sich durchgekämpft mit allen Mitteln, bis er für den Wehrdienst zu alt war. Jedes Jahr, wenn es Winter wird, denke ich an seine lila Zehen. Es ist komisch, sage ich heute, dass ein so sturer Mensch ein so schwaches Herz haben kann. Anfang des Jahres ist es stehen geblieben. Einfach so, während er mit seinem

Bruder telefoniert hat. Es heißt, er habe es immer noch abgelehnt, zu irgendwelchen Ärzten zu gehen. Auf das Grab haben sie ihm seine Latschen gestellt, die weißen von Birkenstock. Und wir haben geweint um ihn. Und die Hände über dem Kopf zusammengeschlagen über so viel Sturheit. Und ein bisschen gelacht haben wir auch wegen der Latschen. Und Urs ist ein bisschen unser Held geblieben. Und wir haben gemerkt, dass wir immer noch dieselben sind und gleichzeitig verändert. Und wenn wir irgendwann mal alle wieder zusammenkommen sollten, dann werden wir eine Party feiern, und Urs wird vielleicht auch irgendwie mit dabei sein. Und wenn er dann gegen elf gehen will, weil es ihm reicht, und weil er müde ist, dann wäre das für uns alle okay, absolut in Ordnung wäre das.

*Diesen Text anhören:*
*http://satyr-verlag.de/audio/lautstaerke_lila.mp3*

# CÄSIUM 137. ODER: WIE DIE ZEIT VERGEHT, WENN MAN SICH AMÜSIERT[2]

Endlich:
Die neue Kreditkarte ist da und ab jetzt gültig bis August 2008.
Quatsch, das war die vorletzte, aber wie den Überblick bewahren
in diesem Morgen, dass heute schon gestern ist?
Falsche PIN? Mann, vor einem Jahr hätte die noch gestimmt.
Falscher Mann?
Komm, vor fünfzehn Jahren hätte der noch gestimmt,
und außerdem war ich damals noch Single.
Wie die Zeit vergeht, wenn man sich amüsiert.
Ich hab mich grad versehentlich auf *MySpace* eingeloggt.
Ich habe schon den dritten Pass.
Ich hab tausend Paar Sneakers durchgetanzt.
Ich habe alles vergessen, was ich in der Schule gelernt hab,
außer vielleicht, wie es sich anfühlt,
wenn man in den Pausen über dich lacht.

Seit ich fünfzehn bin – Jahre nicht Kilos –
hab ich mich unwohl gefühlt und zu dick,
und seit ich es bin,
fast neunzig – Kilos, nicht Jahre – stell ich fest,
es ist gar nicht so schlimm:
gar nicht so wichtig, was die anderen denken,
wenn sie dich anschau'n,
gar nicht so wichtig, was sie seh'n, was sie dir zutrau'n,
solang deine Knie dich tragen, dorthin,

---

2 Der Text handelt von meiner Midlife-Crisis, aber weil ich Dichterin bin, tu ich
so, als ginge es um einen Super-GAU. Das ist die Macht der Sprache.

wo du deine Träume siehst und darüber hinaus ...
Was ist wichtiger, ob du über dich rauswächst,
oder wie du im Bikini ausschaust?

Die Welt macht mir Knieschmerzen.
Sie haben gesagt: »Trink kein großes Bier,
das gehört sich nicht für ein Mädchen,
und weil wir schon reden, bloß kein Sex vor der Ehe!«
Sie haben gesagt: »Studieren Sie nicht Deutsch auf Lehramt,
machen Sie gleich den Taxischein.«
Sie haben gesagt: »Atomkraft ist eine billige und sichere Alternative.«
Sie haben gesagt: »Glaub an mich, ich bin über Wasser gegangen.«
Sie haben gesagt: »Iss keinen Mohnstrudel,
das ist eine Einstiegsdroge.«
Sie haben gesagt: »Unser Nachbarland heißt Jugoslawien,
dort spricht man Serbokroatisch und lebt in Frieden.«
Sie haben gesagt: »Du bist ein ganz besonderer Mensch,
gemma ficken.«
Sie haben gesagt: »Pluto ist ein Planet.«
Sie haben gesagt: »I did not have sex ...
mit Monika Wiehießdienochmal.«
Sie haben gelogen, immer wieder gelogen,
und ums wirklich kompliziert zu machen,
haben sie zwischendurch die Wahrheit gesagt.

Ich sage meistens die Wahrheit, aber selten die ganze.
Ich steh häufig still, doch verspreche, ich tanze
im Kopf, zwischen Zeilen, auf Bühnen und Bergen.
Ich ärger mich oft, wir stehen mit dem Rücken zur Wand
und auf den Schultern von Zwergen.
Die geben ganze Befehle, aus Minimundus-Perspektive,
speisen uns dann ab mit Halbwahrheiten,
treffen ganze Entscheidungen, hoffend,
dass der Umsatz stiege und bei ihnen bliebe,
kennen von den Folgen nicht einmal die Halbwertzeiten,

und alles zerfällt, Länder, Lieben, Kerne, die sich spalten,
alles zerfällt, Gutes wie Schlechtes,
doch halt nicht in vergleichbaren Geschwindigkeiten.

Und ich bin müde davon, mich aufzuregen,
ich ertapp mich dabei, heute wieder keine Zeitung zu lesen.
Es fällt mir leichter als früher,
Ungerechtigkeiten schnell beiseitezuschieben,
denn ich hab so viel und Angst zu verlieren.
Ich verliere auch ständig:
die Haustürschlüssel,
den Geduldsfaden,
die Lust, dir zuzuhören,
wenn du schon wieder nur über dich sprichst,
während ich gerade über mich sprechen möchte.
Es gibt Gespräche,
die sind so blutleer, wie es das Ende von *The Shining* nicht ist.
Es gibt Tage, an denen denken wir alle:
»Ja, Zombie? Ist auch eine Möglichkeit, was aus sich zu machen,
und außerdem: Schau dich doch um in der U-Bahn!«
Und ja, vielleicht ist Jesus über Wasser gelaufen,
aber deswegen kauf ich mir auch keine Flossen im Ausverkauf.
Und ich hab einiges erreicht:
Es gibt Leute, die grüßen mich nicht
und weichen mir auf der Straße aus.

Wie die Zeit vergeht, wenn man sich engagiert.
Ich leb in einem Heute, dass morgen schon retro ist,
in einer Natur, die meistens in vitro ist,
in einer Welt, in der viel los ist, was ziellos und friedlos ist.
Alles gibt's, nur Stillstand nicht,
eben grad hab ich im Sandkasten gespielt,
Matura gemacht und mich verliebt,
in einen Mann und in ein Event,
das vor uns beiden in Österreich fast niemand gekannt hat,

nennen wir es Poetry Slam,
und diese beiden großen Lieben
nehmen mir seit fünfzehn Jahren den Atem,
und es fühlt sich an, als wären keine fünf Minuten vergangen.

Doch Zeit ist relativ, nur der Zerfall ist sicher.
Du isst vielleicht grad keinen Fisch,
weil Fukushima dich an deine Endlichkeit erinnert.
Ich hab ein Jahr lang im Zimmer gespielt,
als Tschernobyl die Wolke in unsere Richtung trieb,
und länger keine Pilze gegessen.
Und neulich schlage ich im Pilzbuch nach, ob mich,
was ich da in der Hand hab, tödlich krank macht,
und fühle mich veranlasst,
nachzudenken, wie lang das
her ist mit dem Jod, dem Strontium
und dem Big Bad Motherfucker Cäsium 137.

Als Tschernobyl sich einen Super-GAU erlaubt hat, war ich elf,
seitdem hab ich ein halbes Leben gelebt, mich häufig verliebt, tausend Sneakers durchtanzt und auf Demos getragen. Ich hab mir den Traum vom Schreiben erfüllt und jede Menge Bühnen für mich und andere gebaut und vom Cäsium 137, Marke Tschernobyl, ist nicht einmal die Hälfte abgebaut.

Und wenn ich mich jetzt manchmal alt fühl, ein bisschen zu verbraucht für die ganz große Revolution, dann schau ich mich um in der U-Bahn, bei den anderen Zombies, und da sitzt er schon, der junge Mann mit Kopfhörern und Füßen auf dem Sitz gegenüber, und ich stell mich hin und ich sag: »Will der junge Mann nicht auch einmal ein bisschen aufsteh'n?«
Er schaut mich an, als wäre ich ein Buch,
und er würd mich lieber nicht lesen.
Er will eigene Wege, eigene Fehler.
Ich denk:

Ist okay, denn ich bin auch nur ein Zwerg,
und auf meinen Schultern werden Riesen steh'n.
Und deshalb, meine Damen und Herren, mach ich jetzt:
Frührückentraining.

*Diesen Text anhören:*
*http://satyr-verlag.de/audio/lautstaerke_caesium.mp3*

# SIRA BUSCH
# MATHEMATIK

Meine Mutter hat immer gesagt: »Im Mathematikstudium lernt man, wie man Besserwisser wird. Und du weißt: Schon früher wurde dir immer das Pausenbrot geklaut.«

Als ich im ersten Semester war, antwortete ich: »Nee, wir beschäftigen uns mit der Limes-Betrachtung iterativ definierter, additiver Funktionale auf vollständigen Vektorräumen.«

Sie sagte: »Opfer«.

Ich sagte: »Manno.«

Sie fragte dann, wozu man das brauche und was man damit macht.

Ich sagte: »Weil man es kann! Und deshalb will man es! Aus Neugier!«

Sie sagte: »Aha.«

Seitdem haben wir nicht mehr miteinander geredet. An Feiertagen muss ich mich verkleiden, um nicht von den Verwandten erkannt zu werden. Sie erzählt dann, dass ich ausgewandert bin, um Babynilpferde in Uganda zu retten. Alle sagen dann, wie selbstlos ich bin und wie stolz sie auf mich sind. Seitdem find ich Feiertage nur noch so mittel.

An meinem Geburtstag brachte ich zu meinem Analysis-Tutorium einen Kuchen mit.

Zwanzig Mitstudenten saßen bereits im Raum als ich reinkam. Zehn gratulierten mir mit einem Nuscheln und schauten dabei auf ihre Schuhe. Ein extrovertierter schaute auf meine. Ich erhielt starke Kritik dafür, dass ich den Kuchen nicht zuvor in Stücke geschnitten hatte, und dass das Volumen überhaupt nicht durch die Teilnehmerzahl zu teilen sei. Nach zwei Stunden nahm ich das Blech wieder mit nach Hause. Jetzt sagte auch mein Vater: »Opfer.«

In den nächsten Minuten saß ich in meinem Zimmer und zählte Kalorien, bis der Kuchen in mir verschwunden war. Ich errechnete, dass ich schon nächste Woche zehn Kilogramm schwerer sein würde, wenn die nächsten Tage ähnlich verlaufen würden. Kuchen gleich Glück klappt nicht, wenn man dabei nachdenkt. Ich Opfer, denk ich und male melancholisch ein paar Loser L in ein Koordinatensystem. Ich wollte doch nur eine Detektivin sein. So ein krasser Mensch mit Hut und Mantel, der leidenschaftlich versucht, Dingen auf den Grund zu gehen und nach getaner Arbeit »quod erat demonstrandum« vermerkt. Ich wollte logische Zusammenhänge verstehen und aneinander puzzeln, denn Puzzeln ist schon fast so cool wie Lego bauen, und wer kann schon behaupten, das wäre sein Beruf! Ich wollte die krasseste Kante der Coolness-Pyramide erklimmen, kinoreif zur Spitze springen und fragen: »Wisst ihr, wieso ich so schnell hierauf gekommen bin? Ich bin die Hypotenuse gerannt!« Und dann würden alle anderen Ahs und Ohs mit ihren Mündern formen, weil sie so geflasht wären, und ich würde sagen: »Bäm!«, und in der Ferne würden Luftballons zum Himmel steigen und ein Streichorchester spielen, und ich würde sagen: »Freunde, lasst mich in die Zukunft sehen: In exakt zwei Minuten werden die Ballons fünf Meter weitergeflogen sein.« Und dann, dann würden mich alle beneiden und mir ihre Pausenbrote schenken, und ich würde meinen Enkeln sagen, dass sie niemals hungern müssen, weil ich so ein heftiger Sherlock Holmes war.

Und das ergibt doch auch Sinn. Ob ich nun frage, warum ich Sterne am Himmel sehen kann, oder wieso überhaupt die reellen Zahlen existieren. Ob ich frage, wie das Herz Blut durch die Adern pumpt, oder wieso ich mit Pi einen Kreis berechnen kann, und wie das geht, dass die Zahl unendlich viele Nachkommastellen hat. Ob ich frage, wo die Babys herkommen, was der Sinn des Lebens ist, oder warum ich etwas Dreidimensionales auf eine Fläche abbilden kann. Es gibt so unfassbare Dinge. Man kann eine Konstruktion einer Menge angeben, die größer ist als unser Universum, auf einem 196.883-dimensionalen Raum, und sie wird »Monster« genannt, einfach weil sie so groß ist! Man kann durch eine Funktion einen Donut zu einer Tasse machen, als wär man der mächtigste Magier, und das ist einfach furchtbar cool! Ich wartete auf meinen Immatrikulationsbescheid wie manche auf einen Brief aus Hogwarts. Ich sage nicht »Heureka!«, ich sage »Simsalabim!«.

Und ich glaube, in jedem Menschen steckt ein kleiner Detektiv mit Hut. Nur andere Detektive finden eben andere Fragen gut. Das ist so ein bisschen wie Ostern. Ich suche nur nach den Nougat-Eiern, weil ich gerne Nougat mag. Andere suchen nach Marzipan, weil sie gern Marzipan mögen. Das heißt aber nicht, dass Nougat besser ist als Marzipan oder Marzipan besser als Nougat. Viele haben eine Nussallergie. Manche sind sogar Diabetiker.

Und vielleicht mag auch ich einfach die Fragen am liebsten, deren Antwort man kaum noch anzweifeln kann, wenn man sie einst fand. Einfach, weil mein Detektiv vielleicht aussieht wie ein kleines Mädchen, was gerne Lego mag und sonst eh niemals ernst genommen werden würde. Adorno hat mal geschrieben: »Die fast unlösbare Aufgabe besteht darin, weder von der Macht der anderen, noch von der eigenen Ohnmacht sich dumm machen zu lassen.« Und deshalb sollte jeder den Fragen nachforschen, die seiner Geschmacksrichtung entsprechen. Egal, wie außergewöhnlich und wirr sie ist.

Und deshalb gilt: »Mutter. Wenn du meinst, ich sei ein Opfer. Selber!«

*Diesen Text anhören (Liveversion):*
*http://satyr-verlag.de/audio/lautstaerke_mathematik.mp3*

## MONA HARRY
# RAUSCHEN

»Ich hör die Bächlein rauschen
Im Walde her und hin
Im Walde in dem Rauschen
Ich weiß nicht, wo ich bin«

Denn meine Sinne sinken
Sie finden keinen Halt
Orientierung droht zu schwinden
Wo Rauschen mich umschallt

Weil stets und ständig Rauschen
An meine Sinne drängt
Durch Straßenzüge laufend
Hör ich nicht, was ich denk

Rauschen
Das Stöhnen des Busses, das Stöhnen des Busfahrers
Schnitt
Kreischen, Rattern, U-Bahn, U-Bahngespräche
Schnitt
Ein Bild, ein Bild, ein Bild, eine Bild, ein Bildaus-
schnitt
Verkehr, Verkehrslärm, Rauschen, Tür auf, Tür zu
Schnitt
Suchen, Finden, Fernbedienung
Schnitt
Bildflimmern, Bildrauschen, Bild

Schnitt
Neues Bild, Kauf diesen neuen Auf-
schnitt
Neues Bild, nackte Haut, ein Ausschnitt
Neues Bild, es war ein großer Ein-
schnitt
Im Leben der drolligen Drogeriefachverkäuferin Dörte (45), als sie
nach Hause kam und sah, wie ihr Mann, der dickliche Dachde-
cker Dieter, in ihre beste Freundin rein-
glitt

Dörtes Sohn – der fickfidele Fabio (15) – nahm die *Betrugsfälle* in
seiner *Familie im Brennpunkt* eher entspannt und naiv. Er machte
einfach weiter *Party Bruder* schließlich ist *Berlin Tag und Nacht
explosiv.* »Und mal *unter uns, alles, was zählt,* sind doch meine *X-
Diaries, Love, Sun and Fun«,* sagte er.

Die drollige Drogeriefachverkäuferin Dörte dagegen versuchte ihr
Glück mit ihrem Supertalent, reden zu können, ohne dass es nach
Sprache klingt. Zwar ist alles, was sie zu sagen schafft, tatsächlich
wie sagenhaft zerhackter Sprachersatz, doch ihre Schicksalsschlä-
ge waren nicht *brisant* genug, und so wurde sie nur zum *Biggest
Loser.*

Man hat sie dann eine Weile schwer verliebt mit ihrem beeindru-
ckenden Beinfett beim Baden begafft, und endlich berichtete auch
*Taff* über sie, leider nahm sie kaum etwas ab, doch seitdem man
sie bei einer fernsehfinanzierten Schönheits-OP auf-
schnitt
ist sie nun endlich *extrem schön* und seit ihrem letzten Auftritt
mit Peter Zwegat sucht sie nun einen Weg *raus aus den Schulden*
und nach ein bisschen Restwürde.

Und so liegen wir rum
Und verlieren uns stumpf
Nach Belieben in verschiedenen Trieben des Gaffens
Immer nach der Devise:
Der ist immerhin noch dümmer als ich, über den kann ich lachen
Lassen wir uns berieseln
Bis Bilder wie Nieselregen Gedankengänge mit Schlieren
                                                durchziehen

Und dann ist das Rauschen
Wie ein Schleier, der auf meinen Sinnen liegen blieb
Oder ein beruhigendes Wiegenlied
Ein »Schhhhh, Schhhhh«

Wo Wald- und Wiesenflächen
In Städte übergeh'n
Wo wir von Fortschritt sprechen
Und Rauschen sich ausdehnt

Wo dauerhaft Beschallung
Bildbände immerzu
An meine Sinne prallen
Da komm ich nicht zur Ruh

Ich hör den Rechner rauschen
In Zerstreuung mich versenk
Informationsmüllhaufen
Ich hör nicht, was ich denk

Dank Internet ist für mich fast jedes Wissen jederzeit greifbar
Ich weiß das zwar, doch erreich da meist gar nichts von
Schweif da meist leicht mal ab
Vergess bereits bei der Suchbegriffeingabe meine eigentliche Frage
Ich kann einfach kaum einen Bruchteil des Wissens erfassen
Weil ich mich einfach so unfassbar leicht ablenken lasse

Man verliert einfach schnell mal den Faden
Zwischen all den exklusiven Experteninterviews über Promi-Po-
                                                    Implantate
Den zigtausend Top-Ten-Rankings der tapsigsten Tierbabyarten
Wenn ich einfach zu müde bin
Um weiter durch diesen abartigen Spammailmüll zu waten, dann
Setz ich mich auf eine Datenbank
Füttere Zeitungsenten, bis sie im Datenmeer versinken
Der Versuch, alle Facebook-Status-Updates zu lesen, ist
Wie einen Wasserhahn leer zu trinken

Und ich löse den Blick vom Smartphone
Weil ich mir das Bild der »hottesten Singles in deiner Umgebung«
                                                    ersparen will
Neben mir sitzt ein Obdachloser und spielt Farmville

Und dann ist das Rauschen
Wie ein Schleier, der auf meinen Sinnen liegen blieb
Oder ein beruhigendes Wiegenlied
Ein »Schhhhh, Schhhhh«

Rauschen ist eine faktische Überreizung der Sinne
Weil eine zu große Datenmenge auf uns einströmt
Wir verlieren die Gabe, uns auf etwas Bestimmtes zu konzentrieren
Konturen verschwimmen, Orientierung erschwert
Es hat eine lähmende Wirkung
Ob das Rauschen der Blutbahnen im Mutterleib
Oder das dauerhafte mediale Begleitrauschen

Es beruhigt uns
Und hält uns beschäftigt
Es durchdringt dumpf
Und im Rauschen vergesse ich
Was mich eben noch so wütend gemacht hat

Ich echauffier mich höchstens ein paar Minuten
Bis Informationsmüllmassen mich erneut reizüberfluten
Da erscheint es ganz leicht
Denkende Köpfe zu kontrollieren
Es zeigt sich, dass es reicht
Sie mit Rauschen zu füttern, bis sie fast nichts mehr spüren

Es auferlegt bequeme Lähmung
Jeder Aufruhr wird gedämpft
Und noch die kleinste Regung
Mit Ritalin bekämpft

Mir scheint, als seien Köpfe
In Dämmerschlaf versenkt
Im Rauschen mich erschöpfend
Hör ich nicht, was ich denk

Denn das Rauschen wirkt wie ein Schleier
Der auf meinen Sinnen liegen blieb
Oder ein beruhigendes Wiegenlied

*Diesen Text anhören (Liveversion):*
*http://satyr-verlag.de/audio/lautstaerke_rauschen.mp3*

# 2.
# RUFEN

## SARAH BOSETTI
# FEMINISMUS

Feminismus macht mich wahnsinnig. Er quält mich. Er geht mir so sehr auf die Nerven, dass ich wünschte, ich hätte einen Sack, auf den er mir gehen könnte. All die politische Korrektheit, die Humorlosigkeit, die Sätze, die immer länger und länger werden, weil man überall ein *innen dranhängen muss. Er ist so unpoetisch, so unsexy, so anstrengend. Und er hat einen doofen Namen. Gendern ist hässlich und umständlich und verwandelt die Schönheit eines jeden Satzes in Scheiße. Nicht mal »man« darf man noch sagen. Überhaupt darf man überhaupt nichts mehr sagen, vor allem nichts über Frauen, egal, wie tautologisch es auch sein mag. Wenn ein Mann sagt: »Frauen sind, wie Frauen sind«, kommt bestimmt hinter irgendeinem Busch eine Feministin hervorgesprungen und ruft, was für eine unverschämte, verallgemeinernde und sexistische Äußerung das doch sei.

Versteht mich nicht falsch: Ich bin diese Feministin. Aus voller Überzeugung. Es fühlt sich nur seltsam an, einem Ismus anzugehören, von dem man wünscht, es gäbe ihn nicht. Ich glaube nicht, dass zum Beispiel Buddhisten auch wünschten, es gäbe keinen Buddhismus. Oder Kapitalisten, es gäbe keinen Kapitalismus. Aber ich wünschte, es gäbe keinen Feminismus. Er ist ein Kampf, und Kämpfe sind immer kacke. Aber leider sind nicht alle Kämpfe grundlos.

Niemand muss Feminismus toll finden. Er ist ja kein Hobby. Wenn du ein Hobby suchst, kauf dir ein schnelles Auto. Also, wenn du ein Mann bist. Wenn du eine Frau bist, lern stricken.

Feminismus ist wie das Kondom, das man erst noch kaufen gehen muss, obwohl man schon nackt zusammen im Bett liegt: Ohne wär's einfacher, aber langfristig eben nur für den Mann. Er ist ein notwendiges Übel. Also nicht der Mann, sondern der Feminismus. Aber das ist eben der Punkt: Er ist notwendig. Wenn ihr also genervt seid vom Feminismus, und wie gesagt: dafür habt ihr mein vollstes Verständnis, dann entzieht ihm doch seine Notwendigkeit. Der Feminismus hat nämlich neben all den anderen unsympathischen Eigenschaften noch eine weitere: Er hat recht. Er ist der kleine, nervige Streber in der ersten Reihe, den niemand ausstehen kann. Der im Deutschunterricht anfängt, die Grammatik der anderen zu berichtigen, bis ihn sogar der Lehrer hasst. Alle wissen, dass es stimmt, was er sagt, aber niemand hat Lust, ihm zuzuhören. Und natürlich könnt ihr ihn dafür in die Mülltonne stecken, um einen Tag lang Ruhe zu haben. Aber glaubt ihr wirklich, dass er davon weggeht? Oder cooler wird? Ladet ihn lieber mal zu einer Party ein. Sozialkompetenz lernt man nicht in Mülltonnen.

Und natürlich nervt Feminismus. Jede Instanz, die uns sagen will, was wir tun sollen, nervt: Unsere Eltern, Lehrer, die Polizei, morgendliche Radiomoderatoren, die verlangen, dass wir den Tag genießen, Kalendersprüche, die verlangen, dass wir jeden Tag genießen. Das nervt alles.

Aber recht hat der Feminismus trotzdem. Und eigentlich wissen wir das doch alle. Dass wir nur Menschen anfassen sollten, die von uns angefasst werden wollen, dass wir Leute nicht auf ihren Körper reduzieren sollten, egal, wie viel davon sie zeigen, dass man Frauen nicht Fotzen und Kampflesben und Emanzen und Bitches nennen und nicht in separate Zugabteile sperren sollte. Bezahlt Frauen gleich gut wie Männer, haltet euch von ihrer Würde fern, und erniedrigt sie nicht, es sei denn, das ist nun mal ihr Fetisch, dann immer los. Haltet sie nicht für unfähig, ein Unternehmen zu leiten oder Autos zusammenzuschrauben, denn beides tut man meines Wissens nicht mit dem Penis. Und wenn ihr doch mit dem Penis Autos zusammenschrauben könnt, geht nach Hause, dreht YouTube-Videos, und werdet reich. Aber seid trotzdem keine Arschlöcher. Feminismus wird man nicht los, indem man ihn bekämpft. Feminismus wird man los, indem man Sexismus bekämpft. Und wenn der Kampf ausgefochten ist, dann können die Feministen stricken lernen und die Feministinnen schnelle Autos kaufen, die ihr und eure Penisse zusammengeschraubt habt. Und dann können wir uns endlich alle wieder mit anderen Dingen beschäftigen.

# YASMIN HAFEDH
# **TEXTBEISPIEL**

Textbeispiel 1:

Malte wusste, dass er heute die Frau seines Lebens treffen würde, dass er heute den Mann treffen würde, der ihm den einen Job, den er immer schon haben wollte, verschaffen würde, und er wusste auch, dass er dafür aus dem Haus gehen müsste und jetzt wirklich die letzte Folge *How I Met Your Mother* schauen würde.

Textbeispiel 2:

Wie spaltet man ein Atom?
Man gibt es einer Frau und sagt, sie soll es nicht kaputt machen.
Oder:
Wie nennt man das Fettgewebe um die Vagina herum?
Frau.

Textbeispiel 3:

Yasmin Hafedh, sechsundzwanzig Jahre alt, studiert in Wien, ist Rapperin und Poetry-Slammerin und wird gefragt, wie es für sie ist, als Frau auf einer Bühne zu stehen.

Textbeispiel XX:

Ich weiß nicht mehr, ob es gestern oder morgen war,
ich weiß nur noch, dass ich mal dachte, dass es cooler ist, mit den Burschen abzuhängen, weil mich Schminke nicht interessiert hat und ich lieber den *Prinz von Bel-Air* geschaut hab als *Lassie* – ich fand Tiere immer irgendwie doof.

Ich weiß noch,

dass ich immer verwundert war, als ich dann doch mit den Mädchen *Polly Pocket* gespielt hab und mit den kleinen Figuren nur *Party* spielen wollte, sie aber *Märchenprinz findet Prinzessin* spielen wollten, und dass die kleinen Figuren nicht auf meinen Spielzeugtraktor gepasst haben und ich das deswegen eh nicht so interessant fand;

und auf meinem Spielzeugtraktor Ken immer am Beifahrersitz gesessen ist und Barbie gefahren ist, bis mich Tatjana aus der Volksschule darauf aufmerksam gemacht hat, dass Ken fahren sollte, weil sich Barbie die Nägel kaputtmachen könnte beim Fahren – true story.

Ich weiß nicht mehr, ob es gestern oder morgen war,

ich weiß nur noch, dass meine Mutter selbstständig war und mein Vater Geschäftsführer, dass beide gekocht haben und auch beide geputzt haben, obwohl mein Papa durchblicken hat lassen, dass er das nicht so gerne macht, gemacht hat er es aber trotzdem.

Ich weiß noch, dass ich nach der Scheidung manchmal meiner dann alleinerziehenden Mutter böse war, wenn sie nach einem langen Arbeitstag abends fernsehen wollte. Fernsehen war dumm, und ich war dagegen und in der Pubertät.

Ich weiß noch, als mir letztens ein Freund erzählte, dass er finde, dass seine alleinerziehende Mutter, die zwei Jobs hatte, um ihre zwei Söhne durchzufüttern, einiges falsch gemacht habe, weil man als Mutter zu Hause bei den Kindern sein sollte. Dass sein Vater aber einfach abgehauen ist und zehn Jahre später wieder aufgekreuzt ist, das hat ihn nicht gestört.

Ich weiß nicht mehr, ob es gestern oder morgen war,

ich weiß nur noch, dass ich die Frauenquote dumm fand, weil ganz ehrlich, wenn man etwas erreichen will, dann muss man hart dafür arbeiten, dann schafft man das schon.

Dass das ein patriarchalisches Denkmuster ist, hab ich mir nicht gedacht,

ich weiß nur noch, dass mir mein Exfreund gesagt hat, dass es für ihn manchmal schwierig sei, weil in meiner Arbeit, da arbeite ich mit vielen Männern zusammen, und er habe in seiner Abteilung nur eine Frau, also habe er mehr Grund, eifersüchtig zu sein. Dass es meine Entscheidung ist, ob ich ihn betrügen möchte oder nicht und nicht die Entscheidung meiner Arbeitskollegen, daran hat er nicht gedacht.

Ich weiß nur noch, dass ich den Raum verlasse, sobald ich einen Witz über dicke Frauen auf einer Bühne höre, sobald ich in einer Frage höre, wie es für mich ist, als Frau auf einer Bühne zu stehen, und sobald ich eine Geschichte höre, in der Malte rausgeht, um die Frau seines Lebens zu finden und den Mann zu treffen, der ihm den Job geben kann. Weil in den meisten Fällen mich nicht interessiert, wovon jemand spricht.

Denn immer, wenn man etwas sagt, sagt man auch etwas nicht.
Und das, ja, das interessiert mich.
Man kann sich über Randgruppen lustig machen,
man kann Frauenwitze machen,
man kann Klischees hernehmen,
um nichts Neues erfinden zu müssen,
man kann das alles – aber auch nicht!
Ich weiß nicht mehr, ob es gestern oder morgen war,
aber ich weiß, dass es mir reicht.
Ich weiß, wie lange ich manchmal an einem Text sitze, wieder streiche und während des Schreibens nachdenke, ob man das überhaupt so sagen kann,
und vor allem, ob man das überhaupt so denken kann.
Ich zerbreche manchmal an Wörtern und an der Welt,
denn Sprechen und Sagen impliziert Denken und Taten,
und das Wissen darum möchte ich von allen,
aber vor allem von PoetInnen erwarten.
Was der Pinsel beim Maler ist,
ist doch für uns die Sprache,
ist doch Werkzeug, Bindemittel und zugleich Tatsache,
dass wir zivilisiert miteinander kommunizieren können.
Nur, wenn man Vielfalt verliert
und durch Sprache Müll reproduziert

dann weiß ich nicht, ob es gestern oder morgen war,
ich weiß nur: Sprechen und Sagen impliziert Denken und Taten.
Das hier ist kein Gendertext, keine Moralkeule
oder ein lackierter Zeigefinger,
das hier ist ein Text, der ehrlich ist.
Und ich weiß nicht mehr, ob es gestern oder morgen war,
als ich gefragt worden bin, wie es für mich als Frau ist,
auf einer Bühne zu stehen.
Ich hab zurückgefragt,
ob sie einem Mann diese Frage auch stellen würde,
sie sagte dann: »Na ja, bei denen ist es ja eh klar.«
Sprache konstituiert Denken
und eben Gesagtes denke ich nicht. Also sage ich's nicht.
Und in den meisten Fällen interessiert mich nicht,
wovon jemand spricht,
denn immer, wenn man etwas sagt, sagt man auch etwas nicht.
Ich sag euch, wie es sich anfühlt,
als Frau auf einer Bühne zu stehen:
Man betritt die Bühne, ist nervös,
richtet sich den Mikroständer zurecht,
und trägt dann sein Innerstes nach vorne.
Im besten Fall hören offene Ohren einem zu,
und dann geht man wieder.

*Diesen Text anhören (Liveversion):*
*http://satyr-verlag.de/audio/lautstaerke_textbeispiel.mp3*

# WAHRE BILDUNG KOMMT VON AUßEN. ODER: WER SCHLAU SEIN WILL, MUSS LESEN.

Wenn Schlau das neue Schön wäre, würden sich Beautyblogs in etwa so anhören:

»Hallihallo, ihr Süßen! Herzlich willkommen zu meinem Smartyblog! Ihr kennt das alle: Die Party fängt in fünf Stunden an, und ihr wollt noch mal das Superpowersmartnessprogramm durchziehen! Kein Problem mit meinem Brainspecial am Mittwoch!«

Wenn alle immer für alles besonders klug statt immer nur schön sein wollten, würden alte Menschen jungen Akademikerinnen den Platz anbieten: »Doktor vor Alter«, würden sie dann sagen, und die jungen Akademikerinnen würden verlegen kichern und dann bescheiden sagen: »Na ja, Gehirn liegt ja immer auch hinterm Auge des Betrachters.«

Spielerfrauen wären Professorinnen, um den niedrigen akademischen Grad ihrer Männer zu kompensieren, und nachts in den Bibliotheken würden sich verheiratete Fußballfans treffen, um heimlich die Dissertationen der Spielerfrauen zu lesen.

14-Jährige würden in die Poesiealben schreiben: »Meine Hobbys sind Mit-Freunden-Treffen, Recherchieren und Kant.«

Und es wäre richtig uncool, aber verdammt individuell, wenn jemand Spaß am Shoppen hätte. Die Streberinnen wären in der Schule die Coolsten, und alle würden sein wollen wie sie und sich dafür die »Smartyblogs« auf YouTube anschauen:

»Hallo, meine Lieben! Heute zeige ich euch, wie ihr in einer Diskussion sachlich und fundiert argumentieren könnt – in nur fünf Schritten!«

Wenn Schlau das neue Schön wäre, wären Poetry Slams der Hammer, vor allem die Lyrik würde gefeiert werden und in den alternativen Clubs gespielt werden, weil in Mainstreamdiscos die ganze Zeit nur Ingeborg Bachmann und Heinrich Heine laufen würde. Die *TeenieBrain* wäre dann DIE In-Zeitschrift. Und auch Lifestyle-Magazine würden nicht mehr *Brigitte, Tina* und *Wendy* heißen, sondern *Albert, Steven* und *Emma*.

Also ... nicht DIE *Emma*. Die würde dann *Alice* heißen.

Es würde auch nicht der erste Eindruck entscheiden, sondern mindestens der zweite. Wenn man zum Beispiel wen treffen würde, und der hätte was richtig Interessantes studiert und würde total viele Fremdwörter kennen, und außerdem könnte man sich total gut mit dem über die Fassungen und Deutungen von Frank Wedekinds Dramenkomplex »Lulu« und den Prototypen der Femme fatale in kulturwissenschaftlicher Perspektive unterhalten, dann würde man den halt ficken.

Äußerlichkeiten wären dann was für's Näherkennenlernen. Und wenn man den dann auch noch hot fände, könnte man mal über den gemeinsamen Eintritt in den Schachklub nachdenken.

Manche Männer fänden das alles natürlich blödsinnig und würden mehr so auf den natürlichen Typ Frau stehen.

Aber beim Anbaggern würden sie dann trotzdem manchmal genau die Klügsten mit ihren Fragen belästigen und hinterher behaupten, das hätten die ja so gewollt, so belesen wie die rumgelaufen wären. »Wenn Frauen nicht Nachhilfe geben wollen, dann sollen sie sich halt nicht so viel Wissen aneignen. Wenn da eine mit dem Altgriechisch-Buch unterm Arm rumläuft, braucht sie sich nicht wundern, wenn ich ihr meine Mathehausaufgaben hinhalte!«

Das wäre ein richtig dickes Problem, weil viele einfach nicht akzeptieren könnten, dass sich Frauen nur für sich selbst und nicht für irgendwelche Passanten bilden.

Irgendwann würde es allen gehen wie mir: Sie würden genervt davon sein, immer auf ihre Intelligenz reduziert zu werden. Klar, freut man sich über Komplimente wie »Wow, wie du den Bourdieu verstanden hast, das beeindruckt mich wirklich!«

Aber man muss es dann auch kapieren, wenn man als Frau dann sagt: »Sorry, lieb von dir, aber ich hab schon einen Lesekreis.«

Es gäbe noch andere Probleme, aber man würde sie anders lösen.

In den Zeitungen stünde dann zum Beispiel: »Massendiskussion am Friedensengel. München. Am Freitagabend entzündete sich am Friedensengel eine Massendiskussion mit mehreren Vernetzten. Ein 34-jähriger Neonazi, der unabsichtlich in das Gespräch verwickelt wurde, erlitt eine schwere Gehirninfiltration und besucht derzeit ambulant die Grundschule.«

Wenn Schlau das neue Hübsch wäre, würde sich für Männer eigentlich gar nicht so viel ändern. Sie müssten sich eben ihre Spitzenpositionen eher mit Frauen teilen und häufiger selbst abwaschen, weil Mädchen in der Pubertät keine Zeit und kein Geld mehr damit verschwenden müssten, genauso aussehen zu müssen wie die gephotoshopten Models in der Werbung und dann dieselbe Energie darauf verwenden könnten, zu lesen und zu lernen und zu schlafen und nerdig zu sein wie gleichaltrige Jungs, und das würde vermutlich doch einiges ändern.

Wenn Schlau das neue Hübsch wäre, wären jetzt alle ziemlich begeistert von meiner gesellschaftskritischen Wendung und würden denken: »Gott, kann sich diese Frau gut ausdrücken!«

Aber weil hübsch eben im Moment doch wichtiger ist als schlau, verweise ich an dieser Stelle einfach auf mein Dekolleté.

*Diesen Text anhören:*
*http://satyr-verlag.de/audio/lautstaerke_bildung.mp3*

# ICH HASSE FRAUEN UND MÄNNER UND KINDER

Ich mag keine Frauen mit kleinen Männerhüten oder Frauen mit echtem Pelzkragen oder Frauen, die nackt auf der Fernsehzeitung sind und deshalb dann in irgendeine Kochsendung oder so eine Latenight-Talkshow in den dritten Programmen eingeladen werden.

Und dann gehen sie los und haben Sex mit Männern, mit denen ich in diesem Moment gern Sex hätte oder heiraten Männer, die ich gern heiraten würde, und dann kriegen sie Kinder, die ich gern kriegen würde, und dann werden sie alt und hässlich, und dann lache ich richtig laut und böse. Denn ich bin und werde immer schön bleiben, das sieht man manchmal nur nicht so gut.

Frauen gehen zu *Shopping Queen*, nur damit Guido Maria Kretschmer sagt, dass sie gar nicht so hässlich sind, also auch nicht direkt schön, aber er hat schon einmal eine Frau gesehen, die war noch hässlicher. Ich hasse Frauen.

Aber was ich noch mehr hasse, sind die meisten Männer. Und um das gleich zu Anfang zu klären: Ich hasse Frauen und Männer, aber alles dazwischen ist okay. Außer manche Kinder, die sind nicht okay. Die kacken in Lego-Behälter und spielen damit. Mit Lego und mit dem anderen.

Aber es gibt solche und solche Männer. Manche sind echt okay, die klingeln an deiner Tür und fragen, ob du vielleicht einen Staubsauger haben möchtest, aber wenn nicht, dann respektieren sie deine Entscheidung, schließlich sind Staubsauger ja auch eher was für Männer, dann schenken sie dir eine Guido-Maria-Kretschmer-Vodoo-Puppe und sagen, dass du schöne Augen hast und tauchen nie wieder auf. Normale nette Männer. Da fühlt man sich ein bisschen geschmeichelt, aber mit genügend Abstand.

Und dann gibt es »solche« Männer. »Solche« Männer sind irgendwo zwischen vierzig und siebzig oder fühlen sich zumindest so oder sind echt hässlich und stehen zu siebt an der einzigen Treppe, die zur U-Bahn führt, oder fassen dich von hinten auf der Rolltreppe an oder kommen dir auffällig nahe, immer wenn sie mit dir reden. Und man fragt sich halt immer so, ob das irgendein neuer Trend ist, den man nicht mitgekriegt hat: dass man sein Gegenüber immer anfassen muss, wenn man mit ihm redet. Vielleicht haben diese fragwürdigen Experten von *Galileo*, die auch mal meinten, dass der Pazifik der Fluss ist, der zwischen Amerika und Europa fließt, jetzt herausgefunden, dass ältere Männer jüngere Frauen immer mindestens am Arm anfassen müssen, damit das, was sie sagen, überhaupt ankommt. Zur Extremkonversation am besten natürlich an den Brüsten.

Das Schlimmste aber an »solchen« Männern ist, dass sie genau wie Neoneonazis sind, diese Menschen, die halt diesen ganzen Nazistuff cool finden: so Hitler und Flüchtlinge verletzen und Flüchtlinge töten und Schwarze töten und Juden töten und Kommunisten verletzen und so. Ihr wisst schon, was ich meine. Neoneonazis können überall lauern. Sie sind nicht mehr arbeitslos und verzichten ganz selbstlos freiwillig auf Frisuren, das sind jetzt vielleicht Klempner oder Gärtner, oder sie züchten kleine niedliche Katzenbabys. Die wohnen nicht mehr alle nur in Mecklenburg-Vorpommern. Manche auch in Thüringen. Neoneonazis, ihre Freunde nennen sie auch gerne Neonazis im Quadrat oder Kubiknazis, aber um die geht es ja gerade gar nicht, es geht ja um »solche« Männer.

Ich hasse »solche« Männer, weil genau sie immer sagen, sie seien nicht »solche« Männer, und das verwirrt mich total. Was sind die denn jetzt? Im Zweifelsfall ja wohl immer scheiße. Und man könnte jetzt sagen: »Aber Victoria, dich verwirrt auch Frühstück«, und da sage ich ganz klar: »Ja, weil es manchmal süß und manchmal salzig ist. Da blickt doch keiner mehr durch. Liebes Frühstück, positioniere dich doch mal bitte klar!«

Und während ich als Frau jeden Morgen um 6 Uhr im Sonnenschein einen freundlich-sportiven Yoga-Baum mache, dann einen Activia verspeise und dann mit einem großen Ding, mit dem man Seifenblasen macht, durch den Garten laufe und rufe, wie toll meine neuen Slipeinlagen oder die Creme gegen Scheidenpilz ist, sind diese Männer der Grund, aus dem diese Achselschweiß-Entfernungstücher erfunden wurden. Ihre einzige Eigenschaft ist dann stinken, und die einzige Reaktion, die sie bei anderen Menschen hervorrufen, ist kotzen. Warum gibt es sie überhaupt? Und wie heißen diese Plastikdinger, aus denen die Seifenblasen kommen? Und warum habe ich eigentlich so selten Scheidenpilz, wenn die Frauen in der Werbung das scheinbar dreimal im Monat haben? Und wieso arbeiten so viel mehr Frauen als Männer in Apotheken? Liegt es daran, dass sie es praktisch finden, immer gleich vor Ort zu sein, wenn sie neue Cremes gegen Scheidenpilz brauchen? Fragen über Fragen. Ich glaube, mein Schwein hackt.

Warum nehmen Männer sich nicht einfach ein Beispiel an meinem Opa? –

Der nämlich klaut manchmal diesen Hipstermädchen, die neuerdings überall rumlaufen und sich so komisch anziehen, so mit Jeans aus den Neunzigern und zu großen T-Shirts und Tattooketten, ihre selbst gehäkelten Einhorn-Handtaschen, und dann rennt er weg, also wie Opas halt rennen, also nicht. Also dann geht er weg und schreit dabei: »Einfach schwimmen, schwimmen, schwimmen, einfach schwimmen ...«, und dann nimmt die Polizei ihn nicht fest, weil sie denken, er sei nur ein verrückter alter Opi und die selbst gehäkelte Einhorn-Tasche gehört ihm, und man kann sie ihm unmöglich wegnehmen, denn darin sind bestimmt seine Blutdrucksenker und diese Reinigungstabletten für seine Zähne und seine Trillerpfeife, die verrückte Opis mit Socken und Sandalen immer dabei haben, um bei jeder sich bietenden Möglichkeit sagen zu können: »Ich habe die Polizei schon gerufen!«, und dann pfeift er ganz laut. Man kann ihm diese Tasche unmöglich wegnehmen, und diese dummen Tussen mit ihren Tattoohalsketten ... – In welchem Zeitalter lebt ihr? Hört ihr immer nur *Scooter*? Sind Tattooketten eigentlich stabil genug, um damit jemanden zu erwürgen? –, die kann man ja sowieso nicht ernst nehmen.

Aber so einfach ist das nicht. Und so lange es nicht einfach ist, mag ich keine Frauen. Und keine Männer. Und die meisten Kinder auch nicht. Aber bitte, bitte, liebe Frauen, macht euch nicht lächerlich, tragt keine Jeans aus den Neunzigern, (auch wenn ich weiß, dass ich damit bestimmt die Hälfte der Leserinnen und Leser voll beleidigt habe), erzählt nicht allen, wie toll eure neuen Slipeinlagen sind. Aber vor allem bitte, liebe Männer: Egal, wie lächerlich sich irgendwelche Frauen gerade machen, wenn ihr eklig seid und Grenzen überschreitet, die wirklich niemand überschreiten darf, und nicht allen Menschen auch wie Menschen begegnet, dann ist das so viel schlimmer, als sich nur ein bisschen lächerlich zu machen.

MERAL ZIEGLER
# ICH HABE HEUTE VOR, FÜR SIE STRIPTEASE ZU MACHEN

**1996**

Ich bin Kindergartenkind und beginne, Herr meiner Sinne zu werden. Mir fällt das erste Mal in meinem Leben auf, dass es so etwas wie eine Vergangenheit gibt, und deswegen beschließe ich, dass hier meine Erinnerungen einsetzen müssen.

Meine Eltern sind relativ junge Eltern, rebellisch der Generation ihrer Eltern entgegen, »Alles neu, alles besser, alles anders« ist das Motto, welches meinen Weg begleiten soll. Wir ziehen aus Berlin auf eine kleine Nordseeinsel, Amrum, damit ich unbeschwert aufwachsen kann, damit Papa sich erholen kann, wenn er alle zwei Wochen vom Festland zu Mama und mir fährt, um mit mir zu spielen und wieder mal ganz in Ruhe den ein oder anderen Joint zu rauchen.

Ich merke davon nichts.

Ich bin ein braves Mädchen. Ich mache fast nie Ärger, außer ich petze, dass Ole Finn ins Gesicht geschlagen hat. Ole und Finn sind meine besten Freunde. Finn hat eine geistige Behinderung, Ole einen Vater, der trinkt und eine Mutter, die den ganzen Tag *Big Brother* schaut.

Ich merke davon nichts.

Im Sommer fahren wir zusammen in die Schweiz, in den Ort an der deutschen Grenze, in welchem meine Mutter geboren und aufgewachsen ist. In der Wohnung meiner Oma läuft türkisches Fernsehen. Wir essen viel, und ich verstehe nichts, Papa macht Witze, weil es ihm wie mir geht. Mama flucht, weil sie türkisch sprechen muss. Ab und zu denke ich, endlich diese Sprache zu verstehen, heute weiß ich, dass es bloß an den vielen deutschen Füllwörtern liegt.

In meinem Kopf liegen die Grenzen Deutschlands, der Schweiz und der Türkei direkt nebeneinander. Mein Lieblingsessen ist Spaghetti Bolognese und türkische Bohnen.

## 2000

Ich schreibe seit dem ersten von mir niedergeschriebenen Satz in Poesiebücher, dass ich später Schriftstellerin werde. Eines Tages weint ein Mädchen aus meiner Klasse, weil ein anderes zwei Seiten in ihrem Poesiebuch durchgekrickelt hat.

Inga mag mich nicht. Genau wie Ayata, weil ihr Vater aus Jamaika kommt. Das sagt Inga, und ich kapiere gar nichts, außer, dass in Franzis Poesiebuch nun steht, dass ich später einmal Teller werden will.

## 2006

Nach dem Einschulungsritual auf dem Gymnasium kommt eine Frau auf mich und meine Mutter zu, streckt ihr eine Hand entgegen und sagt sehr langsam: »Haaaaallooo meinnn Naaame ist Frauuu Muuusterrrmann, wenn Siiie und Ihre Tooochterrr Sprrrrachprooobleeemeee haaabenn, heeelfeee ich Ihnen gerrrneee.«

Es gibt Menschen mit Helfersyndrom und Menschen, die einfach nur dämlich sind.

## 2007

Meine Lehrerin rät mir, auf die Realschule zu wechseln, da ich eine Fünf in Englisch geschrieben habe. Ich weine, weil ich nicht wusste, dass eine Fünf reicht, um der Schule verwiesen zu werden.

Mein Papa redet mit ihr. Plötzlich ist sie ganz freundlich.

Sie wusste ja gar nicht, was mein Vater für einer sei, sagt sie.

Bei dem Thema Inder in England nennt sie ständig mich als Beispiel, wenn es darum geht, ob Menschen gut integriert sind. Ich koche vor Wut, kann aber nicht in Worte fassen, was mich genau an diesem ständigen Vorgeführtwerden rasend macht.

Ich bin ein verkümmertes Überbleibsel der von uns angeworbenen Arbeitskräfte aus der Türkei. Ich habe einen Großvater, der in Lehmhütten gehaust hat, bis er mit Packeseln loszog, um in die Schweiz auszuwandern und viel zu jung an Lungenkrebs zu sterben.

Meine Oma hin- und hergerissen zwischen zwei Welten, die einfach niemals vollkommen ihre sein würden.

Ich bin der letzte Rest einer Generation, die einen deutschen Großvater hat, der es verweigert, über seine Kriegsvergangenheit zu sprechen. »Da war ein Bunker. Alle tot«, sagte er einmal, und ich wurde sehr traurig; darüber, dass er auf der falschen Seite war, und darüber, dass er viel zu jung war, um in irgendeiner Weise mündig zu sein, geschweige denn, dass er es jemals hätte sein können.

Manchmal lacht Oma, wenn wir essen gehen und ich einen Tisch reserviert habe auf den Namen Ziegler. Darüber, dass ich ihren und Opas Namen trage, obwohl ich doch so anders aussehe.

## 2013

In der Oberstufe bekomme ich einen neuen Deutschlehrer, der mir ziemlich schnell zu verstehen gibt, dass es ihn einen Scheißdreck interessiert, ob diese Sprache und vor allem das Schreiben meine ganze Leidenschaft ist.

Kurz nach dem Abitur besteht er darauf, unseren erfolgreichen Schulabschluss gebührend zu feiern. Bevor er geht, verabschiedet er sich mit großem Brimborium und ruft schlussendlich: »Ach, Meral, was ich dir sowieso noch einmal sagen wollte: Vielleicht hast du Talent, das gebe ich zu, aber den Migrationshintergrund, den kann man einfach herauslesen, wenn du schreibst.«

Ich stehe da, schnappe nach Luft, suche nach Worten, finde sie aber nicht.

## 2015

Ich wohne jetzt in dem kleinen Ort in der Schweiz an der deutschen Grenze. Ab und zu besuche ich meine Oma in dieser kleinen orientalischen Parallelwelt gegenüber vom Migros.

Neulich hatte ich einen Auftritt am Bodensee. Eine ältere Dame kam anschließend zu mir und sagte, dass es ihr gefallen habe. Wo ich geboren wäre. Berlin. Aha, aber wo käme ich ursprünglich her, wegen meines Namens.

»Meral ist ein türkischer Name«, entgegnete ich, und sie: »Ja, weil manche integrieren sich ja nie.«

Die Realität ist so traurig.

Wenn das Komplimente sind, was ist dann von dir übrig, du dreckiges Schland, du kümmerliche Schweiz.

Ich fühle mich frei, meine Meinung zu äußern, zu sagen, dass ich es scheiße finde, dass Oberflächlichkeit immer noch die Norm ist, nach der Menschen klassifiziert werden.

Dass ich es scheiße finde, mir fremdenfeindliche Äußerungen aus unserem eigenen System reinziehen zu müssen.

Dass ich es scheiße finde, dass ich dieses Land, diese Menschen hier manchmal scheiße finde und trotzdem mich dazugehörig fühlen will.

Dass mir das Gefühl gegeben wird, dass es auch immer so bleiben wird. Dass ich es will.

Dass ich es nicht bin.

Nachdem ich euch mein nacktes Selbst offenbart habe, gezeigt, welch sonderbares anderskulturelles Leben ich praktiziere, habe ich noch eine letzte Frage:

Warum ich keine Deutsche sein darf, aber trotzdem eine bin?

## SVENJA GRÄFEN
# FEMINISMUS

»Feminismus? Ich halte das für eine übertriebene Scheißidee. Das ist nichts als egoistisches Rumgeheule und ganz und gar falsch. Mittlerweile sind doch die Männer im Nachteil. Jungs werden in der Schule systematisch ausgestochen. Und was dürfen Männer überhaupt noch? Frauen wollen immer schön sein und immer schön gefunden werden, ganz egal, wie sie aussehen, ob sie jetzt dick sind oder dünn sind, aber sobald man ihnen dann sagt, sie seien schön, ist das gleich schon wieder Objektifizierung! Oder Sexismus! Oder Mansplaining. Für alles gibt es irgendein scheiß Wort! Männer dürfen überhaupt nicht mehr mitdiskutieren, die haben gefälligst den Mund zu halten, still in der Ecke zu sitzen, also wo kommen wir denn da hin? Ich finde das inzwischen wirklich gefährlich, das ist eine Verschwörung, und ich würde jedem davon abraten, sich auf diesen Feminismus einzulassen, ich meine: Wir sind doch alle bloß Menschen, oder? Oder muss ich jetzt schon sagen: Menschinnen?«

Ich seufze und schaue das Männchen an, das mir gerade diesen Vortrag gehalten hat. Wir befinden uns in einer Kneipe und es klinkte sich vorhin in das Gespräch ein, das ich mit einer Freundin führte. Es ging um Brüste, und das fand es wohl irgendwie interessant. Es fragte, ob wir auch welche von diesen Feminazis seien, von denen es ständig im Internet lesen würde, sprang daraufhin auf, installierte seinen Körper auf der wackligen Bank und startete sein Referat. Es war wie ein Unfall: Man musste einfach hinschauen. Der Kellner hinter dem Tresen stellte skeptisch die Musik leiser, die Menschen um uns herum stellten ihre Gespräche ein und hielten mit hochgezogenen Augenbrauen ihre Biere in den Händen.

»Oder muss ich jetzt schon sagen: Menschinnen?«

Ich schließe die Augen. Es ist still in der Kneipe, ungewöhnlich still. Bloß das Summen des Getränkekühlschranks ist zu hören und das leise Knarzen der Bank, auf der das Männchen noch immer steht.

»Also: Im Prinzip hast du's ja erkannt«, ruft plötzlich jemand in die Stille. »Wir sind alle bloß Menschen. Aber Dude: Lass das mit diesem ›Menschinnen‹. Das ist echt ein total bescheuertes Wort.«

Eine Frau in der hinteren Ecke erhebt sich, sie sagt: »Was natürlich nicht heißt, dass das Gendern der Sprache unwichtig ist. Ich meine, ist ja logisch: Was wir sagen, denken wir, was wir denken, sagen wir, was wir sagen und denken formt unsere Realität und so, die Muster und Strukturen, nach denen wir leben und handeln. – Tschuldigung, haben das alle verstanden? Ich bin Psychologin und Sprachwissenschaftlerin, und ich vergesse manchmal, dass das nicht alle studiert haben – ein Beispiel: Wer hätte vor Jahren gedacht, dass wir jemals das Wort ›googeln‹ so selbstverständlich benutzen würden? Und wer könnte sich jetzt ein Leben ohne googeln vorstellen?«

»Niemand!«, ruft meine Freundin neben mir. »Und übertrieben ist all das nicht, ich meine: Frauen werden seit jeher benachteiligt, und nach fünftausend Jahren Patriarchat ist es doch schon okay, wenn man als Mann vielleicht mal kurz die Klappe hält und zuhört.«

»Genau, Privilegien checken!«, ruft jemand anderes. »Das ist das Stichwort! Viele Menschen sind sich ja gar nicht darüber bewusst, dass sie ungeheuer privilegiert sind, weil sie einen Penis haben. Oder weil sie weiß sind.«

»Moment mal, aber wir sind doch alle keine Nazis«, ruft das Männchen auf seiner Bank, »also, ich zumindest nicht!«

»Es geht aber nicht immer nur um dich selbst, Männchen«, sagt der Kellner hinter dem Tresen, »es geht hier um die Gesamtgesellschaft. Die Struktur. Das System!«

»Und systematisch ist auch sexistische Werbung!«, ruft eine Frau von gegenüber. »Ich versteh sowieso nicht, warum Werber so unfassbar unkreativ sind. Die könnten Produkte ja auch einfach mal damit bewerben, wofür sie gut sind. Aber nein! Womit bewerben wir die Autoversicherung? Brüste! Womit bewerben wir den Joghurt? Brüste! Völlig lächerlich.«

»Und wenn du jetzt aber richtig Bock hast, deine Brüste zu zeigen?«, fragt irgendwer, eine andere Frau springt auf: »Genau darum geht's! Selbstbestimmung! Du sollst mit deinem Körper genau das machen können, was du willst.«

»Scheißegal, ob in Hotpants oder mit Hidschab.«, ruft jemand anderes.

»Hidschab?«, fragt das Männchen auf seiner Bank.

»Das ist das, was in der Presse immer als ›Burka‹ auftaucht. Ist aber Humbug. Hidschab ist ein Kopftuch und damit letztlich auch bloß ein fucking Kleidungsstück.«

»Und kein! Kleidungsstück! Dieser Welt! Ist jemals! Ein Freifahrtschein! Zum Antatschen!«, brüllen zwei Frauen im Chor.

Einige Leute erheben sich, sie rufen: »Lasst uns die Rape Culture vernichten!«

»Was, Rape Culture?«, fragt das Männchen auf seiner Bank.

»Das kannste googeln«, sagt die Sprachwissenschaftlerin, und dann sagt sie: »Und wieso versteht eigentlich niemand, dass wir Frauen gern selbst entscheiden wollen, was mit unseren Körpern passiert? Es sind doch immerhin: unsere Körper!!«

»Aber vielleicht weiß das ja irgendwer besser, ein Arzt oder ein Wissenschaftler oder«, setzt das Männchen an, fast die gesamte Kneipe schneidet ihm das Wort ab und brüllt: »NEIN!«

»Wir sind halt nicht alle einfach bloß Menschen.«, seufzt irgendjemand. Der Kellner ballt die Hand zur Faust und sagt: »Und genau deswegen ist es völlig unlogisch, kein Feminist zu sein.«

Das Männchen bäumt sich noch mal auf, es ruft verzweifelt: »Warum nennt ihr es nicht wenigstens Humanismus?« – »Weil das was anderes ist«, setzt irgendwer an, er wird übertönt von Sprechchören, die eine Hälfte der Kneipe brüllt: »Feminismus ist kein dreckiges Wort!«, die andere setzt an mit »This is what a feminist looks like!«

Der Kellner schreit: »Freibier für alle!«

Stürmischer Beifall. Er dreht die Musik auf, es läuft »Girls Just Wanna Have Fun«, aber in der abgewandelten Version, und alle singen mit: »Ohh, Girls just wanna have fundamental rights, fundamental rights.« Wir fallen uns in die Arme, das Männchen klettert von der Bank, es ruft: »Verdammt, ja, fundamental rights, ihr habt recht!«

Wir singen, tanzen, trinken, liegen uns in den Armen, wir sitzen, stehen, klettern auf die Tische, wir sind alt, jung, mittelalt, auf einmal sind auch Kinder da, Babys, Säuglinge, sie schreien, wir haben weiße Haut und schwarze Haut, wir tragen Brillen und keine Brillen, wir sind groß, klein, dick und dünn, mitteldick und mitteldünn, wir haben lange Haare, kurze Haare, rote, braune, blonde, schwarze, grün gefärbte, wir haben große Brüste, kleine Brüste, keine Brüste, wir sind rasiert und unrasiert, wir tragen Stöckelschuhe und Sneakers, wir tragen Lippenstift und Damenbart, wir trinken Bier und Champagner, wir strippen und wir halten uns bedeckt, wir singen: »Girls just wanna have fundamental rights«, das Bier fließt in Strömen, wir grölen, wir tanzen, wir liegen uns in den Armen, wir sind glücklich.

Ich öffne die Augen. Das Männchen, das gerade den Vortrag gehalten hat, klettert von der Bank, kratzt sich am Bierbauch, leckt sich über die Lippen und sagt: »Auf eine von euch beiden Schnecken hätt' ich heute Abend schon noch Bock.«

Meine Freundin und ich stehen auf, zeigen ihm den Mittelfinger und verlassen die Kneipe. Es ist ein Abend wie jeder andere, später werden wir auf dem Heimweg miteinander telefonieren, damit wir uns sicherer fühlen, wir wissen: Das ist nicht übertrieben, das ist verdammt nochmal notwendig, denn wir sind nicht frei. Es ist 2017, und wir sind nicht alle einfach bloß Menschen. Noch nicht.

*Diesen Text anhören (Liveversion):*
*http://satyr-verlag.de/audio/lautstaerke_feminismus.mp3*

# LEONIE WARNKE
# SCHUBLADEN

Der Mensch denkt gerne und viel in Schubladen. Das ist einfach und bequem – wie der platt gesessene Ohrensessel in vierter Generation. Ein bisschen stockfleckig und verstaubt, aber er gehört irgendwie dazu in deutschen Haushalten. Aber – wisst ihr – Schubladendenken ist nicht immer was Schlechtes.

So bin ich zum Beispiel sehr froh, dass mein Gehirn eine Schublade für Tiere mit Fell und tödlichen Krallen und eine Schublade für Tiere mit Fell und niedlich wackelnden Stupsnasen hat. Da weiß ich, ohne lange nachzudenken: »Aha, das ist ein Hase. Darf man anfassen.« »Aha, das ist ein Bär. Ich werde jetzt sterben.«

Ich habe außerdem eine große Familie. Ich brauche Schubladen, um mich auf Familienfesten möglichst unauffällig verhalten zu können. Eine Schublade für Verwandte und eine für Verwandte mit Demenz. Da weiß man direkt: »Aha, die einen kann ich jetzt nur einmal nach Geld fragen. Die anderen den ganzen Abend lang immer wieder mal.« Eine Schublade für Cousins ersten Grades und eine Schublade für Männer, mit denen ich gerne schlafen möchte. Dann versucht man, diese Schubladen auch nach zehn Bier noch fest verschlossen zu halten, damit da auch ja niemand seine Schubladen wechselt und man nicht nachher dem versammelten Stammbaum erklären muss, man würde jetzt wieder zu den Wurzeln zurückfinden.

Allerdings denken wir auch oft in Schubladen, um Menschen einzuordnen, und da wird es dann manchmal kompliziert. Nazis zum Beispiel sind für viele bullige Typen mit ausrasiertem Stiernacken und Glatze. Und das ist natürlich völlig falsch, wie wir alle wissen, denn Trump zum Beispiel trägt ein Toupet.

Natürlich war es noch einfacher, als man Nazis sofort erkannt hat. Glatze, enges Shirt, muskelprotzende Pose. Da wusste man: »Aha, Nazi oder Meister Proper.«

Wir machen Menschen so gerne an Äußerlichkeiten fest. Wir *bewerten* Menschen sogar danach. Ein Nerd ist für uns nicht einfach jemand, der Computer mag, sondern ein pickliger, blasser Lauch, mit einseitig stark trainiertem Bizeps und Haaren, die so fettig sind, dass pubertierende Mädchen Angst haben, von ihnen dick zu werden.

Dabei gewinnen genau diese Nerds inzwischen Millionensummen bei Computerspielmeisterschaften und bumsen deine Freundin im Fünf-Sterne-Hotel, während du noch nicht mal weißt, wie man Solitär installiert.

Sehr wichtig sind auch Schubladen für Männer und Frauen. So wollte das schon Gott, so will das der Papst, und so will das Frauke Petry. Nachher machen wir die ganzen kleinen Jungs noch schwul, wenn sie nicht als Kinder schon mit rostigen Nägeln und Plutonium spielen. Und was gäbe es Schlimmeres als schwule Jungs?

Aber mir helfen die auch. Diese Schubladen. Als Leitfaden, um mich im Alltag zu orientieren. Wie könnte ich jemals ohne genderorientierte Produkte einkaufen gehen?

Da weiß ich bei DM sofort: »Ich hab 'ne Muschi, also kaufe ich das pinke Duschgel mit Aprikosen-Waldzauber-Blütentraum-Sternenstaub-Einhornexplosion-Duft. Woher sollen Leute sonst wissen, dass ich eine Frau bin, wenn ich nicht zehn Kilometer gegen den Wind nach Kaugummiautomat rieche? Ich brauche außerdem ein Duschgel, ein Peeling, ein Shampoo, eine Spülung, eine Glanzkur, eine Aufbaukur, eine Creme und ein Körperöl für meine Cellulite mit Anfang zwanzig. Alles in pink, eventuell noch in Minze.

Männer hingegen brauchen genau ein Produkt. 5 in 1. Damit

kann man sich die Arschhaare einseifen und gleichzeitig die Zähne bleechen.

Es gibt auch nur maskuline Düfte. Sport. Eis. Cool. Granatwerfer. Panzer. Eisenfaust. Düsenjet. Und Blau.

Nach nichts davon möchte ich jemals riechen, vor allem nicht nach Sport.

Frauen wird immer vorgeworfen, sie würden zu viel einkaufen, und dann gleichzeitig schön zwanzig Axe-Deos horten, die alle gleich riechen.

Ein gegenderter Supermarkt ist wichtig. Stell sich mal einer vor, ich vergreife mich im Produkt, und plötzlich wachsen mir Barthaare. Ich bin ein Gurkenmadl, ich bin kein Gurkenbub. Ich bin kein Weltmeister, ich bin eine Spielerfrau. Das wissen sogar kleine beschissene Schokoeier, in denen immer ein verkacktes Puzzle drin war, wenn man das letzte Kroko für seine Sammlung brauchte.

Von Hakle gibt es Lady-Klopapier. Damit auch mein Arsch nach Blütenzauber und nicht nach Sport und Eis riecht. Als wüsste mein Arsch, ob er an einer Frau oder an einem Mann hängt. Als würde meinen Arsch das auch nur im Geringsten interessieren.

Es gibt gegenderte Chips. Männerabend und Mädelsabend. Mädels haben Creamy Paprika, weil alles andere einfach ein bisschen zu hart für uns ist.

Und Männer haben Flamed BBQ. Aber was ist, wenn ich auch Flamed BBQ möchte? Wenn ich will, dass meine Chips nach Rauch, Flammen und totem Tier schmecken und nicht nach Creme und Gemüse: Platzt mir dann ein Adamsapfel aus dem Kehlkopf? Schrumpeln meine Titten zusammen und purzeln wie kleine Rosinen von meiner Brust? Was passiert dann, hm?

Warum sollten kleine Mädchen Prinzessin werden wollen? Prinzessinsein ist voll scheiße! Man hängt den ganzen Tag nur rum, trägt furchtbar unbequeme Kleider und wartet darauf, dass endlich die Eltern abkratzen, um sich in der Karriereleiter nach oben zu schieben.

Warum sollten kleine Jungs Ritter werden wollen? Rittersein ist voll scheiße! Den ganzen Tag in 'ner scheiße heißen Rüstung hocken, von der ich nicht wissen möchte, wie man in ihr pinkelt und irgendein wildfremdes Mädchen irgendwo ungefragt retten, also kidnappen, die einen am Ende doch für jemanden verlässt, der sie ihre eigenen Entscheidungen treffen lässt.

Was ich damit sagen will? Schubladen sind manchmal ganz schön scheiße, wenn du nicht gerade deine Unterwäsche in ihnen verstaust. Und Nazis. Und Donald Trump sowieso.

# DOMINIQUE MACRI
## BIENEN UND REHE

14:53 Uhr, Köln Hbf, Gleis 7, ein Dezembertag. Es ist eng hier oben. Aus den Mündern steigen tausend kleine Wölkchen. In den Städten, vor den Kassen, an den Gleisen. Wir quetschen uns aneinander vorbei. Zwischen klaustrophobischer Panik und verschwimmenden Weihnachtslichtern. Die Rolltreppen hinauf, als gäbe es etwas da oben, das drängt. Da drängt nichts. Notarzteinsatz am einen, Raureif am anderen Gleis zwingen zur Ruhe. Wir haben Zeit. Wupp macht es, als das langsam in die Köpfe sickert. Es gibt nichts zu tun, nichts zu sehen, nur leere Hauthüllen mit kaltem Dampf vor den Mündern am Gleis. Augen werden glasig. Alles ist gut.

Ein Mann neben mir beugt sich unangekündigt herunter. Ich kaufe vor Schreck eine kleine graue Zeitung. Mein Handy-Akku springt in der Kälte von 16 auf 4 Prozent. Ich habe eine große Tüte neben mir, darin eine merkwürdige Keramiklampe für meine Mutter, die aussieht wie ein riesiger, runder, rahmfarbener Schweizer Käse. Da sitze ich nun und denke nicht viel.

Vorgestern Abend kam der Weihnachtsmann in den Kindergarten. Man sah ihn verschwommen durch die alten Scheiben näher kommen – das Rot seiner Mütze immer deutlicher werdend –, und nur in den Augen der Kinder kann ich sie noch spüren wie früher: diese wahnwitzige ängstlich-kitzelige Freude, dieses Klingeln im Kopf wie kurz vorm Kommen. Null Prozent, sagt mein Handy. Also hebe ich den Blick.

»Hast du ein Problem?«

Seine Worte starr an mir vorbei, auf einen unauffällig mittelgroßen Mittelbreiten gerichtet, aus dem Nichts. Ich betrachte diesen Blick, der knapp an meinen Wangen vorbeischlittert wie Granatsplitter. Wäre da nicht dieses unberechenbare Glimmen, die Wut um die Brauen – es läge ein Versprechen darin. Der Unauffällige wendet sich schnell genug ab. Alles ist gut.

Fast kann ich ihn riechen, so nah ist er. Sein Körper schmal und sehnig, ein wenig gebeugt. Ganz nah daneben eine Frau. Eine Katze, ein Reh. Irgendwas dazwischen. Rote Lederjacke. Wild und stark, schmal und ein bisschen gebeugt. Wie der Mann. Ich betrachte ihr Profil. Die Nase ist flach und kurvig wie eine Sprungschanze – sicher schon ein dutzend Mal gebrochen. Ich denke sie mir zügellos und wild, ich weiß, sie kennt Schimpfwörter, von denen ich nur träume, ich möchte sie danach fragen, ihre Haut ist ein bisschen feucht und sicher ganz warm. Vielleicht doch kein Reh. Sicher Boxerin.

Meine Augen schauen durch sie hindurch, und ich stelle mir einen Kampf vor. Genau hier zwischen den Gleisen. Heiße, schweißnass schwingende Fäuste in der blassen Bahnhofslandschaft. Der Boden vibriert unter uns. Die Katze trägt ein Kampfkostüm aus glänzendem Polyester, mit sehr kurzen Hosen und einem roten Umhang. Ein Ring um sie herum aufgebaut, dann geht es los. 1. Runde. Ihre schwarzgefärbten Locken wehen im Wind der einfahrenden Züge, die Leute jubeln, während sie links, rechts, links gezielt Schläge verteilt, sich duckt, springt, sich verwandelt. Ein Bienenschwarm in der Form einer Katze, in der Form eines Rehs mit sanftem Körper und brennenden Augen. Um sie herum fängt die Luft an zu dampfen. Mir wird warm.

Außerhalb meines Kopfes werden gerade zehn Minuten Verspätung angesagt. Es ist alles in Ordnung. Dann plötzlich dreht sich der Mann zum Reh um, kommt ganz nah mit seinem Gesicht an ihres und zischt. In kurzen, hastigen Tritten stößt er gegen ihre Schuhsohlen. Ich verstehe seine Worte nicht, aber ich kenne diesen Blick. Ich kenne die Kurven ihres Profils, das unmerkliche Zucken ihrer Schultern, kein Bienenschwarm mehr in ihren Augen.

Er wird lauter. Sie antwortet nicht. Sein Gesicht ganz nah an ihrem. Sie fixiert seine Augen. Langes Schweigen. Ich habe Angst, dass sie ihren Blick abwendet. Den Blick eines Kindes, das weiß, was folgt, wenn man versäumt, Stand zu halten, versäumt, Respekt zu zeigen; was folgt, wenn du loslässt – hast du auf jeden Fall verloren. Wenn nicht, auch. Aber es geht darum, Zeit zu schinden, Zeit bis das Blut leiser kocht.

Wieder in meinem Kopf ist der Boxring verschwunden. Da ist ein Teppich im Flur, der einmal grau war und jetzt keine Farbe mehr hat. Milchige Fenster zum Hof. Grauer Boden, graue Kinder. Draußen graue Bäume. Der Flur ist lang und eng. Zehn Meter mindestens zwischen Haustür und kleinem Klo. Links und rechts Publikum. Keiner jubelt. Das Reh steht an einem Ende, der Mann am anderen. Der Boden schwankt. Dann nimmt er Anlauf. Ich spüre die Erstarrung der Rehkatze wie meine eigene, wie ein kaltes Wimmern in meinem Nacken. Weiß nicht, was tun und sagen, wie mich dazwischenwerfen. Ihre Haare fliegen, die Schweißtropfen in Zeitlupe, seine Faust langsam, ihre Lippen, die Spuckefäden, das Blut. Ihr Körper legt sich leise in die Luft und landet.

Dann treffen sich Innen- und Außenwelt. Der Mann holt aus, und seine flache Hand malt eine unterdrückte Bewegung an die Wange der Frau. Doch da sind keine Bienen diesmal, keine roten Kampfdresshotpants. Ich schweige. Sitze starr gefrostet an meinem Platz am Mittelgang. Die Tüte mit dem Keramikkäse neben mir. Mein Kopf gibt keine Antwort. Was tut man?

Er holt wieder aus und schlägt sie so unauffällig wie möglich von unten ins Gesicht. Von rechts nach links mit der Rechten. Und dann von links nach rechts mit der Linken. Die Geschenke, das Geld, das Glitzern, die glibberig, glühende Weihnachtszeit schweigt in den Köpfen. Keiner bewegt sich. Dann sucht ein Mann nach Blicken, macht einladende Gesten an alle ringsum, geht schließlich allein und fragt:

»Alles in Ordnung?«

Sie sagt: »Ja, es ist in Ordnung. Das ist mein Mann.«

Außen starrt sie nach vorne, und er sie an. Nichts bewegt sich. Zu viele Zuschauer.

In meinem Kopf liegt sie auf dem fleckigen Teppich, beugt die Fingerspitzen langsam in Richtung der Handflächen. Die Fingernägel graben feine Rillen hinein. Ich gehe ganz nah an ihre Augen und flüstere etwas. Es ist alles in Ordnung. Sagt sie. Das hat alles seine Ordnung. Sage ich. Sagt meine Mutter. So war es schon immer, so wird es immer sein. Was können wir schon dagegen tun? Du wirst immer hier bleiben, in diesem Mittelgang zwischen morgen und gestern, und er wird da stehen, wie ein unberechenbarer Sturm, wie ein Stier, und du schwankst zwischen den Tieren, mal Katze, mal Reh und findest keinen Weg hinaus ... Während er da auf dich eindrischt und prügelt, dich verletzt und erniedrigt. Und ich werde weiter daneben stehen und schweigen, weil ich nichts zu sagen weiß. Weil alles gut ist.

Hier wohnt das Überleben. Und nichts ist schlimmer als die Ungewissheit. Das Unbekannte. Denn du weißt, dass du wertlos bist. Er zeigt es dir jeden Tag. Es ist alles in Ordnung.

Dann öffnest du deine Augen.

Innen und außen.

Ich kann Bienen darin sehen. Heiße, schwarze Bienen in der Form eines Rehs, in der Form einer Katze. In der Form einer Frau. Und dann tue ich, was ich hier nicht vermag. Ich lege dir eine Hand in den Nacken. Und sage: Ja. Es hat alles seine Ordnung. Aber du bist der Kopf, der die Dinge sortiert. Du bist die Hand, durch die sie entsteht.

Wir steigen gemeinsam in den Zug. Du gehst den Mittelgang entlang, ihm hinterher. Ich setze mich und schreibe eine Geschichte für dich. Für mich. Für alle, die daneben stehen. Und nicht wissen, was tun. Mit der Ordnung. Es ist alles in Ordnung. Frohe Weihnachten.

THERESA HAHL

# VON INNENMOBILIAR UND MOBILES

Jeder Mensch läuft fast ein wenig eingeduckt,
denn wenn man mal nach oben guckt,
hängt über jedem Haupt ein Mosaikkonstrukt:
fast wie ein Mobile, an dessen Fäden Zeichen hängen,
bedruckt mit Scheinsymbolen, die eine Identität bekennen,
quasi das Produkt der Fädenenden
und der Zeichen an den Strängen.
Beim Bedenken eines Menschen
beginnen diese Zeichen, sich gleich aufzudrängen,
muss man auch ein bisschen drücken,
um eine ganze Person in ihre Form hineinzuzwängen.
Doch man denkt, sobald man sich das Mobile beschaut,
aus dem sich ein Charakterbild des Gegenübers baut,
der andere sei einem jetzt schon wohl vertraut.

Alle Zeichen stammen aus einem großen Einbauschrank
mit vielen Schubladen und Fächern
einer stark maroden Datenbank.
Der Schrank bemisst in Breite eine Häuserwand,
steht leicht nach vorn geneigt, ein wenig schief,
und reicht in seiner Bauart unermesslich tief
zu einem Kern aus Eichenholz massiv,
dessen viele Fächer Gedanken und Konstrukte tragen.
Doch nur wenige der Schubladen sind wirklich oft genutzt,
der Großteil aller Fächer ist verstaubt und ungeputzt.
Verdutzt steht man dann vor der Fächerwand und fragt sich,
wo der Rest geblieben ist, denn dieser Schrank, der offenbart nicht

das Für und Dazwischen, das fast schon verlischt,
wenn man es unvermischt runterbricht auf eine klare Kategorie,
denn in eine Schublade passt ein ganzer Mensch eben nie.

Ich bin Mitte zwanzig, deutsch und weiblich,
und man könnte gleichwohl glauben, das beschreibt mich,
doch es zeigt nicht, was hinter
eingeschweißter Ausweisoberflächlichkeit liegt,
denn dort verzweigt sich, was sich der Kategorisierung entzieht.

Ich stamme ab vom Geschlecht der eigenen Erfahrung,
das sich darin offenbart und bestätigt,
dass es keine Ahnung hat, in welche Schublade
ein jedes Erlebnis einzugliedern ist.

Ich hänge an mein Mobile einen gezogenen Weisheitszahn,
einen erlodernden Feuerglimmspan
und eine zugewehte Flagge, die von den Wegen kam,
die jede Grenzerfahrung entgegennahm, um zu bestreiten,
sich in alle Kompassrichtungen zu verzweigen
und Erfahrung ohne Kategorisierung ins Innere zu leiten.

Doch wir übten uns, in Stereotypen einzukleiden
und zu vermeiden, ins Ungewisse zu geraten,
denn wenn man aufzeigt, was sich einreiht,
bildet das zumindest eine Sicherheit.
Aber wenn man sich nicht mehr verstellt,
merkt man, die eigentliche Emanzipation
beginnt nur in einem selbst,
wenn mich nicht mehr stört,
dass mein Symbol nicht zu den bekannten,
auf jeden angewandten Definitionen gehört.

Unsere Rollen wollen umgewechselt,
neu gedrechselt werden,

denn aus den Schablonen wächst, fällt und verfällt
ein Trugbild, das ein jeder von dir und mir erhält
und dennoch das eigentliche Selbst verfälscht.

Jede Trennung entstand zuerst im Verstand,
weil Unterschiede leicht erkannt
und gleich benannt sind.
Diese Separierung findet in Pigmenten auf der Hand Bestand
und bleibt so im Körperlichen eingebrannt,
was auch Geschlechterrollen anbelangt.
Wenn wir jedoch endlich begreifen,
dass wir uns nicht nur alle unterscheiden,
sondern auch darin gleichen,
dass wir niemals eine einfach erklärbare Identität erreichen,
schafft man es, die Schubladen aus den Angeln zu heben
und die Stränge des Mobiles zu bewegen.

Ich will den Schubladenschrank abreißen,
das weiblich/männlich-Zeichen
von den Toilettentüren streichen
und alle Symbole von den Fäden schneiden,
die meinen, mich zu beschreiben,
denn wenn man nichts mehr braucht, um sich auszuweisen,
fangen die Grenzen an, sich auszuweiten.

Es hat nur was mit dem eigenen Selbstbewusstsein zu tun,
ob man in Turn- oder Stöckelschuhen,
gegen die Kategorisierung anläuft
oder weiter stereotype Klischees anhäuft,
weil jede Trennung nur so lange Bestand hat,
wie man sich selbst damit brandmarkt.

Wie viel ist uns das Mobile wert,
wird es einmal zum Damoklesschwert,
das uns nie unversehrt einteilt

oder völlig verrenkt,
in eine Schublade zwängt,
für ein bisschen Identifikation?
Doch Stereotype sind monoton.

Wir sind mehr als die Zeichen an den Strängen
oder das Produkt der Fädenenden,
die vordergründig Identität bekennen.

Es ist Zeit, dass man den Fremddefinitionsfaden
vom Mobile kappt,
da nie ein Mensch ohne Amputation
eines Stücks Individualität in eine Schublade passt.

## ZOE HAGEN
# AN MEINEN BRUDER

Lieber Cal,

jetzt also schreibe ich dir einen Text.

Das ist sehr schwer, denn ich habe keine Ahnung, wie es ist, ein 1,80 Meter großer, pubertierender Junge zu sein, andauernd nur vorm Laptop zu sitzen, Videospiele zu spielen und zu masturbieren.

Ich weiß noch, wie ich dich zum ersten Mal dabei erwischt hab.

Das war ein großer Schock für uns beide. Na ja, eigentlich ein kleiner, du warst ja erst zwölf. Aber trotzdem, wenn es eine Person gab, die ich nie nackt sehen wollte, dann meinen Bruder, das hier ist kein *Game of Thrones*.

Weißt du noch, wie stolz Mama war, als sie es rausgefunden hat?

Wir saßen beim Abendessen, und sie strahlte in die Runde und verkündete mit leuchtenden Augen: »Heute ist Cal ein Mann geworden!«

Und dann läutete sie eine Eierwoche ein, in der es ausschließlich Rührei, Spiegelei oder Eierkuchen zu Ehren deiner neu gewonnen Männlichkeit gab. Aber du hast dich nicht beschwert.

Das war immerhin besser als meine Blutwurstwoche damals.

Lieber Cal, ich bin deine große Schwester und als diese möchte ich dir nun Ratschläge geben:

Wenn du das Herz eines Mädchens erobern willst, sei vor allem selbstbewusst. Nichts ist so attraktiv wie eine gehörige Portion Selbstbewusstsein, aber sei vorsichtig, denn allzu oft verwechseln Männer Selbstbewusstsein nur damit, sich daneben zu benehmen.

Einem Mädchen hinterherzupfeifen, ist nicht selbstbewusst, es ist arschig. Wenn du jemandem hinterherpfeifen willst, dann geh in die Zoohandlung, und kauf dir einen Labradorwelpen.

Behandle Mädchen nicht wie einen Hund. Behandle sie wie einen wunderschönen, seltenen Schmetterling, den du mit viel Liebe und Vorsicht mit einem Netz fangen musst, damit seine Flügel beim Einfangen auch ja nicht zerbrechen.

Lieber Cal, fang keine Mädchen mit Netzen.

Das ist gruselig.

Sei ruhig gruselig. Hab 'ne Macke, einen Knall, sei laut, sei wild. Sei ruhig und sanft. Sei beides.

Kennst du diese Zigaretten-Werbung von Marlboro, »Don't be a maybe?«, also »Sei immer Ja oder Nein.« Das ist Blödsinn, Vielleicht ist vollkommen in Ordnung.

Es ist okay zu zweifeln. An sich selbst, an dem, was man sagt, tut, vom Leben will.

Cal, leg den Spiegel weg, und hör auf, so eitel zu sein.

Ja, ich weiß, du bist groß und schwarz und muskulös und spielst Basketball, aber sind wir doch mal ehrlich: Das tust du nur, weil du groß und schwarz und muskulös bist.

Tue nichts, weil du glaubst, es tun zu müssen. Scheiß auf fremde Erwartungshaltungen, die einzige, die zählt, ist die deine; geh raus, und werde ihr gerecht.

Sei selbst immer gerecht oder gebe zumindest dein Bestes.

Es passieren so viele ungerechte Dinge im Leben:

Dass bei *Game of Thrones* zwischendurch einfach Jon Snow stirbt ... – Nicht fair.

Dass Leute *Game of Thrones* spoilern ... – Nicht fair.

Dass du nicht an Polizisten vorbei gehen kannst, ohne von ihnen angehalten zu werden, weil du groß und schwarz bist ... – Nicht fair.

Es gibt Sachen, an die du dich gewöhnen musst, aber du wirst lernen, mit ihnen umzugehen.

Das ist hart, ich weiß.

Wenn du magst, kannst du deswegen ruhig weinen.

Tränen sind männlich, und wenn du dich ihrer schämst, dann sag einfach: Es ist der Schweiß deines Herzens. Es war gerade pumpen.

Ich weiß aber eh, dass du manchmal heimlich weinst.

Ich weiß auch noch, wie ich dich das erste Mal dabei erwischt habe.

Das war ein großer Schock für uns beide, denn du warst schon sechzehn und ein großer Junge und mein kleiner Bruder, der sich zum ersten Mal wirklich gefragt hat, warum er nie in die Clubs reinkommt und andauernd grundlos von Polizisten kontrolliert wird, egal wo. In der S-Bahn, auf der Straße, in Zügen der Deutschen Bahn, immerzu heißt es: »Was machen Sie hier? Hier in Berlin, in Deutschland allgemein, haben Sie Drogen? Nein? Dürfen wir trotzdem mal schauen?«

Und ich wusste nicht, was ich sagen soll, weil ich die Antwort nicht kannte und auch nie kennen werde, und dann haben wir geweint, und du hast dich geschämt, und unsere Herzen haben geschwitzt, und es war traurig, aber auch schön, weil Tränen, die gemeinsam zu Boden fallen, viel größere Pfützen hinterlassen. Keine Pfützen, sondern Seen, nein: Meere. Cal, wir haben ein Meer geweint damals, und das war schön, denn am Meer ist es doch immer schön.

Habe ein Auge für die schönen Dinge im Leben, Cal, denn es gibt sie.

Lache. Lache viel, lache gerne, lache oft. Lache über dich, lache allein, und lache mit anderen.

Sei glücklich. Es ist, glaub ich, nicht so schwer, wie jeder sagt. Ich weiß, dass es manchmal schwierig erscheint, denn du bist noch so jung und so unentschlossen, und manchmal weißt du nicht, ob du dich umbringen sollst, oder dir nicht doch lieber eine Tasse Tee machst. Entscheid dich für den Tee. Tee trinken und abwarten.

Mindestens zwei Liter am Tag, das ist gesund.

Weißt du, was ich glaube: Ich glaube, Glück liegt in den kleinen Dingen im Leben. Also lauf los, und sprich diese eine Person an, die dir gefällt, egal, wie sie reagieren mag. Und ich sage dir hier und jetzt, von Jedi zu Jedi: Die Person, die sich über deine *StarWars*-Sammlung lustig macht, ist es nicht wert, ihre Telefonnummer in dein Yodafon einzuspeichern.

Und egal, was ist: Wir halten zusammen. Versprochen.

Wir sind Luke und Leia, nur ohne das Küssen.

Kopf hoch, kleiner Jedi, die Welt gehört dir.

Also nimm dein Laserschwert und dann los! Wenn du willst, dann kannst du auch gerne an ihm herumspielen, aber dann, lieber Cal, schließ das nächste Mal bitte, bitte ab.

*Diesen Text anhören (Liveversion):*
*http://satyr-verlag.de/audio/lautstaerke_bruder.mp3*

# FATIMA MOUMOUNI
# HAUTFARBEN

Wie ist deine Haut?

*Weiß.*

Weiß? Wie frischer Schnee, reines Koks, pasteurisierte Milch?

*Vielleicht ein wenig dunkler.*

So wie ... Vergilbtes oder schlecht Gebleichtes?

*Äh ... Joah ...*

Also Grau? Wie ein altes iPhone-Kabel, die feinen Linien eines
karierten Blattes, angeschmürzeltes Wachs?
Oder mehr ... Kaffeerahm?

*Weniger glatt von der Textur her.*

Hm. Wie Bildrauschen, Waschpulver, Kiesboden, Blumenkohl?

*Ja. Vielleicht ist das schon zu grob.*

Eher feinster Sandstrand, Gischt, Milchglasfenster, Ökopapier?

*Nein, sie hat auch etwas Rötliches.*

Rötlich? So wie Mumps? Masern? Röteln?

Sportplatz, Backstein, Glut?

*Nein. Bräunlicher.*

Bräunlich-Weiß? Du meinst Beige.
Kork, ein Seil, eine Kordel?

*Ja, auch. Aber du vergisst das Rötliche!*

Süßkartoffel. Laub. Tontopf. Klostopfer, Schmirgelpapier.

*Hm. Auch nicht. Ich glaube, es sind verschiedene Farben
gleichzeitig!*

Wie Pickel? Rot, gelb, weiß. – Kruste?

*Nein. Nein, kein Gelb. Mehr Rosa!*

Dann meinst du wohl ein Schwein. Ein Nagelbett.
Oder rohes Hähnchen.

*Hm. Mit dem Hähnchen können wir arbeiten. Kennst du
das, wenn ein gegrilltes Hähnchen noch nicht durch ist? Das
sind die Farben. Die hellbraune Haut, das helle
Fleisch, das Rosa am Knochen.*

Du meinst, wenn ich die Farbpalette für ein halbrohes Hähnchen
hätte, könnte ich dich farbgetreu malen?

*Hmmm ... Ich denke schon.*

Hast du dich jemals gefragt, welche Hautfarbe du hast?
Im Schwümbi.[3]

---

3 Schweizerdeutsch: Schmwimmbad

Beim Bäcker.
Am Erstitag.

Hast du dich jemals gefragt, welche Hautfarbe du hast?
Beim Fragen nach dem Weg in einer fremden Stadt.
Beim Jobinterview.
Bei einer Polizeikontrolle.

»*Nein, aber ...*«, sagst du und erzählst mir
vom Strand, vom Sommer, vom Urlaub, vom Solarium.
– Da denkst du manchmal an die Farbe deiner Haut.

Hat deine Haut jemals gesagt
»Ich vertick Gras!«
oder »Ich sprech Klick-Sprache,
putze WCs oder die Straße«?

Hat man deiner Haut jemals gesagt
»Deine Eltern haben wohl geheiratet der Papiere wegen«
oder »Verdächtig! Das kontrolliert man eben«?

Hat man deiner Haut jemals »Stopp« gesagt vor dem Zoll?
Hat man deiner Haut jemals erzählt »Das Boot ist voll!«?

Hat sie jemals gesagt
»Ich hab Swag, kann tanzen und auch Lieder singen!«?
Spielt sie auch eine Rolle, als wär' sie 'ne Schauspielerin?

*Nein. Mein Hautton ist stumm.*

Also du meinst, man hört oder sieht deine Haut nicht?
Nur, wenn die Sonne sie verbrennt?
Das ist wie Geheimschrift mit Zitronensaft auf Papier.
Sie ist also durchsichtig. Oder du bist blind.

Hat deine Haut Amerika entdeckt?
Und schminkt sich an Fasnacht als Indianer?
Denkt deine Haut, isst du dein Z'nacht[4] nicht fertig,
an arme Afrikaner?

Hat deine Haut Angst vor
Trump, Breitbart, Blocher[5], Köppel[6], den Rechten?
Nein?
Dann hast du die Weißheit wohl mit Löffeln gefressen.
Oder sagen wir, sie wurde dir in die Wiege gelegt.

*Aber ... Aber ...*

Ich hoff, du fühlst dich nicht von mir
an der Borke deiner Birke gesägt?
Ich wollt' nur, dass du's weißt:
Deine Haut ist dir Privileg.

Du fragst mich:
»*Und wie ist deine?*«

Ich reiche dir die Hand.
Das Stückchen Weißheit, das ich auch habe.
Und sag dir: »Meine, die ist hautfarben.«

---

4 Schweizerdeutsch: Abendessen
5 Schweizer Politiker der rechten Partei SVP
6 SVP-Politiker und Verleger des rechten Magazins *Weltwoche*

## JOSEFINE BERKHOLZ
# FÜR DIE ANDEREN
# SIND WIR IMMER DIE ANDEREN

In einem ihrer Artikel über Gated Communities schreibt die türkische Soziologin und Journalistin Ayse Çavdar:

*»Das Gefühl von Sicherheit konstituiert sich aus zwei Dingen:*
*erstens dem Versprechen, seinen Lebensstandard beizubehalten und*
*zweitens der Möglichkeit, unter Seinesgleichen zu bleiben.«*[7]
*Entgegen des Trends zum Leben in abgeschotteten Gesellschaften*
*beweisen sämtliche Studien zu diesem Thema,*
*dass sich die allgemeine Sicherheit innerhalb einer Gesellschaft nicht*
*erhöht, indem man die einzelnen Gruppen räumlich voneinander*
*trennt.*
*Es macht sie verwundbarer füreinander.*[8]

Dominik sagt,
die Asylanten nähmen ihm seine Kultur und sein Land weg.
Dominik sagt, er erkenne die Straßen nicht wieder,
Dominik sagt, er habe Angst.
Um die Sprache, die Kriminalitätsrate, das Bruttoinlandsprodukt,
er habe Angst um die Menschen, um ihre kleinen,
verletzlichen Schutzzonen
        und um die Rechte des kleinen Bürgers.

---

7 Aus: »The loss of trust/security in everyday life: rising walls, disintegrated city,
gated communities and melting state« S. 2, Z. 1–2; einzusehen in:
https://www.academia.edu/9835981/The_loss_of_trust_security_in_everyday_
life_rising_walls_disintegrated_city_gated_communities_and_melting_state
Übersetzung von Josefine Berkholz
8 Dieser Teil ist sinngemäß übertragen nach demselben Artikel, Z. 8ff.

Ich sage: Ich habe Angst vor den Ängsten der Bürger.
Oder eher: Ich habe Angst vor den Stoßrichtungen ihrer Ängste.
Den Projektionsmechanismen ihrer berechtigten Wut,
ich habe Angst vor dem Boden,
auf dem sich Bürgerwehren bilden können,
ich habe Angst vor dem Land,
 in dessen Sprache dieser Begriff fluktuiert.
Ich sage: Ich erkenne Dominik nicht wieder.
Ich sage: Ich habe Angst um die Sprache
        und um die Menschen.


Ich weiß nicht, wo ich mich befinde.
Weil, wo ich hinschaue,
sich plötzlich Mauern durch die Gegend falten,
        die waren vorher so nicht sichtbar.
Weil plötzlich Leute große Reden halten,
        die waren vorher sicher nicht da.
Dabei entgleist die Welt in Höchstgeschwindigkeit
und keine Chance für das Begreifen mitzuhalten.
Dabei ist jeden Tag ein Schritt ein weiterer zu weit
und keine Möglichkeit für den Verstand sich einzuschalten.
10 Tote in Istanbul, 130 in Ankara, 43 in Beirut, 142 in Paris,
7 in Jakarta, 49 in Gombe, 148 in Garissa,
eine Viertelmillion im syrischen Bürgerkrieg.
924 brennende Asylunterkünfte,
879 Anzeigen in »der« Kölner Silvesternacht,
eine Vergewaltigung alle drei Minuten auf deutschem Boden
(nicht erst seit 2015),
250 Hooligans, die einen Stadtteil auseinandernehmen,
und das alles geschieht.


Und man kann die Hände danach ausstrecken,
aber man kann es nicht berühren.
Realitätsverlust in der kollektiven Wahrnehmung,
apathisches Klicken auf den nächsten Artikel,

»das könnte sie auch noch schockieren«,
und ich frage mich,
ob meine Hemmschwelle sich gerade verschiebt.

Meine Einstufung dessen, was ich als Realität akzeptiere,
was ich mir vorstellen kann.
38 Menschen an einem Tag wünschen einer Journalistin, dass sie
verprügelt, vergewaltigt und in ein Kriegsgebiet deportiert wird.
10, die ich an einem Tag lese, verwenden das Wort »deportiert«,

und ich kann die Kommentare in mich reinfressen,
aber ich kann es nicht begreifen.
Ich kann mir die Menschen nicht vorstellen,
in deren Köpfen diese Gedanken entstehen,
aber wenn ich eines im letzten Jahr gelernt habe dann das:
            Dass diese Menschen existieren.

Und dass sie offensichtlich aussehen wie »Meinesgleichen«,
es gibt Momente, in denen ich mich nicht sicher fühle.

Manchmal zweifle ich an den Umrandungen des Landes,
in dem ich mich befinde.
Dann weiß ich nicht, was sie bedeuten und wie sie verlaufen.
Ich habe irgendwann mal beigebracht bekommen,
wann es das Beste ist, den Mund zu halten,
einfach sitzen zu bleiben
und auf jeden Fall den Mund zu halten,
aber beim Weihnachtsessen mit den Schwiegereltern
meiner Schwester stehe ich auf und verlasse den Raum.

Wenn die Europäische Union eine Wertegemeinschaft ist,
dann verläuft quer über den Esstisch eine Rolle Natodraht.
            Und es stimmt, dass die Mauern höher werden.

Je länger wir uns schon nicht mehr in die Augen schauen können,
desto weiter schichten wir den Beton, und es ist angenehmer,

eine greifbarere Blockade zu haben, als bloß die Unfähigkeit,
jemandes Blick standzuhalten.

Dominik sagt, mit Leuten wie mir könne er nicht reden.
Ich sage, mit Leuten wie Dominik könne ich nicht reden.
    Und die Mauern ziehen sich zu.

Formieren sich um uns wie eine zweite Haut,
die uns in unserer Wesenshaftigkeit bestätigt.
Die nicht so brüchig ist wie unsere eigene,
dieser erschütterbare Schutzschild
dieses durchlässige Stückchen Gewebe.

Das Gefühl von Sicherheit konstituiert sich aus dem Versprechen,
auf der richtigen Seite zu stehen
und der Möglichkeit, unter seinesgleichen zu bleiben.
Das Jahr 2015 hat bewiesen,
dass sich die allgemeine Sicherheit einer Gesellschaft nicht erhöht,
indem man die einzelnen Gruppen ideologisch voneinander trennt.
Es macht uns verwundbarer füreinander.

Und je weiter wir auseinanderdriften,
    desto mehr wird der andere ein Eindimensional.
Auffangfläche für alle aufgestaute Wut,
ein Bild, in dessen ebener Angriffsfläche
man sich nicht verliert,
in dem man nirgends einsinkt
wie in den Mulden und den Mimikfalten,
    dem Relief eines Gesichtes aus der Nähe.

Ich weiß nicht, was ich Dominik sagen soll.
Wir teilen keine Sprache mehr, in der die Parolen zu rufen wären.

*Diesen Text anhören (Liveversion):*
*http://satyr-verlag.de/audio/lautstaerke_dieanderen.mp3*

## LEONIE WARNKE
# SCHÖNHEIT UND ANDERE SELBSTVERSTÄNDLICHKEITEN

Niemand wacht morgens auf und ist schön. Dafür ist der Mensch nicht gemacht. Morgens schön zu sein. Der Mensch ist dafür gemacht, morgens zu pinkeln. Aufstehen, pinkeln und Facebook checken. Das sind die einzigen Befehle, die das Hirn vor dem ersten Kaffee überhaupt verarbeiten kann.

Der »Out of Bed-Look« ist eine Lüge. Mein »Out of Bed-Look« ist nicht mal ein Look, sondern besteht aus verschmierten Mascara-Augen, getrockneter Spucke am Kinn und der ausgebeulten Adidas-Hose meines Vaters.

Geht morgens in einen Kindergarten, geht zur Garderobe und guckt euch die Eltern an, die mit Augen auf Halbmast und der Zahnbürste in der Kaffeetasse versuchen, ihren dummen Kindern beim Schuhe-Ausziehen zu helfen. Bitte sehr, da habt ihr den »Out of Bed-Look«.

Aber vielleicht möchte ich, dass du weißt, wie scheiße ich morgens aussehe. Dass Netflix & Chill für uns wirklich noch Serien gucken bis morgens um vier und mit dem Kopf im letzten Pizzastück einschlafen bedeutet. Dass du mich magst, obwohl ich zwar ganz schlecht im Kichern bin, dafür aber so dreckig wie ein Matrose nach der zweiten Flasche Rum lache.

Und dann sitzen wir zusammen da, »Hähähähähähä«, und finden uns schon so ein bisschen geil dabei.

Du musst auch keine Liebe mit mir machen. Niemand muss jemals Liebe mit irgendwem machen. Es ist kein Problem, wenn du ganz stupide vögeln möchtest. Aber dann gib es doch bitte offen zu, und erspar uns beiden dieses ewige Rumgebalze.

Wir wissen doch beide, dass du mich in der Bar nur angesprochen hast, weil du mich gerne flachlegen möchtest und nicht, weil dir meine Grübchen sofort aufgefallen sind.

Es ist stockdunkel hier. Und ich hab nicht mal welche, du betrunkener Vollidiot.

Aber eine Frau ist ein Körper. Leider sind die Zeiten des Barock vorbei, in denen man einfach fett sein durfte und das gar niemand schlimm fand.

Heute ist Dicksein eine Beleidigung, dabei kostet ein Doppelwhopper weniger als ein Salat und schmeckt auch noch besser.

Also muss mein Körper in Schuss bleiben, damit ich auch ja nicht hässlich sterbe. Hässlich oder dick oder ungesund zu sterben, ist die größte Angst unserer Gesellschaft. So als gäbe es etwas Ungesünderes als den Tod. Wenn man dem Internet glauben kann, dann gibt es das. Versteckte Dickmacher und Gluten sind die wahren apokalyptischen Reiter unserer Gesellschaft.

Und diese neue Body Lotion, die meint es ja nur gut, wenn sie mir versichert, dass jede Frau schön sein kann. Dass ich keine Photoshop-Maße brauche, um mich wohl zu fühlen.

Aber bevor es diese dämliche Body Lotion gab, hatte ich auch nie Zweifel daran, mich einfach so wohl fühlen zu dürfen. Erst der direkte Vergleich diverser Models mit ganz normalen Frauen hat meine abstoßende Andersartigkeit zu Tage gefördert. Jetzt bürste ich mir täglich den Arsch straff, um nicht völlig den Respekt vor mir zu verlieren. Ich rasiere meine ohnehin schon glatten Beine wie ein Berserker, um mich wie eine Körpergöttin zu fühlen. Dabei bin ich doch bloß eine ganz normale Frau, das sollte ich akzeptieren. Natürlich habe ich Dellen am Po, aber auch mit den Dellen bin ich immer noch eine stabile 7,5. Danke dafür.

Und wieso habe ich Schwangerschaftsstreifen – obwohl ich noch nie schwanger war – und dazu noch am Oberschenkel?

›Wachstumsstreifen‹. Unfug, da wächst nichts, da wird nur aufgerissen!

Und natürlich wusste ich bis zur Benutzung jener revolutionären Cremes auch überhaupt nicht, in welchen Olymp der Optik ich mich noch schmieren kann.

Nicht zu vergessen das Schminken natürlich. Nichts kostet so viel Zeit und Energie, als sich so zu schminken, bis man wieder ungeschminkt aussieht. Nur eben geschminkt ungeschminkt, da liegt der Unterschied. Mit strahlenden Augen, rosigen Lippen und ebenmäßigem Teint. Ohne Augenringe, abstehende Augenbrauen-härchen oder Pickel am Kinn. Pickel sind nämlich ähnlich lebens-bedrohlich wie versteckte Dickmacher.

Niemand will wissen, wie müde und scheiße du ohne Make-up wirklich aussiehst. Es geht um die Illusion, nicht um die Wahrheit.

Deswegen machen 22-jährige Frauen Werbung für Antifalten-cremes oder Haartönungen mit perfekter Grauhaarabdeckung. Deswegen sieht man auf Backbüchern absurd schlanke Frauen, die ewig lachend ihren Waffelteig rühren, die sich nie mit Mehl besu-deln und glücklich einen Pfannkuchen nach dem nächsten aufspie-ßen, von dem wir alle wissen, dass sie ihn nie essen werden. Ich hasse diese Frauen. Ich will, dass sie verklebten Teig in den Haaren haben, Schokoladenreste an den Zähnen oder zumindest zugeben, dass sie manchmal nachts noch ein ganzes Pfund Nudeln kochen und es mit den Händen essen.


Besonders schlimm ist es, wenn eine Frau weiß, wie attraktiv sie ist. Wenn sie dafür keine Komplimente von pubertierenden Jüng-lingen braucht, die sich nervös an den ersten zwei Sackhaaren zup-fen, während sie sabbernd im Freibad liegen.

Wenn eine Frau sich mag, verliert der Markt seine Kaufkraft. Wer kauft schon noch die Brigitte, wenn man keinen Bock mehr auf Diäten hat, die erst zu Durchfall und dann zu Depressionen führen. Wer kauft schon noch Wonderbras, wenn wir einfach ak-zeptieren, dass Titten immer noch Titten bleiben und das in den meisten Fällen völlig ausreichend ist.

Frauen, die sich mögen, sind arrogant. Männer, die Frauen trotz ihrer unangenehmen Makel lieben lernen, sind wahre Helden.

Schönsein ist keine Selbstverständlichkeit.

Der Mensch kann morgens pinkeln. Das muss reichen.

# SCHMUTZABWEISENDE ANGST

Herzschlag auf Anschlag,
Augenaufriss statt -aufschlag,
pulspulsierende Venen,
gezwungen, sich aufs Äußerste zu dehnen,
Zitterpartie in allen Gliedern,
die nur unwillig Nervenimpulse erwidern,
überflutet von wilden Bächen kalten Schweißes,
der willenbrechend den letzten Mut mit sich in die Tiefen reißt.
   Es kauert ein Mann an einer Häuserecke
   auf seinen wunden Knien
   und der Suche nach letzter Deckung,
   dem nagelnden Kugelhagel zu entfliehen.

Täglich erinnert an die eigene Sterblichkeit,
und von dieser Not gedrungen
in Sehnsucht nach Ruhe und Sicherheit
zur Flucht in ein fremdes Land gezwungen.

Doch auch hier begegnet ihm wieder die Angst ...

Geboren aus der Furcht vor dem Anderen
stehen sie schwarz auf reißerischen Bannern:
Schmutzabweisende Weisheiten
der gleißend weißen Weisen aus dem Abendland,
ihre Meister-Proper-Sauberparolen
greifen nicht mehr nur am rechten Rand.
Sie sind in der Mitte angekommen, angenommen und anerkannt

und werden so massenhaft geschluckt
wie Double-Cheeseburger im Schnellfress-Restaurant.

Gut, nicht jeder Glatzkopf in einer Hoodygang
ist auch gleich ein Hooligan,
doch manche fackeln nicht lang,
stehen stramm bereit zur Bürgerwehr,
was zeigt: Geistig flaches Hack mit braunem Papperlapapp
ist längst kein besorgter Burger mehr.
Gerne tarnt sich dieser patriotische Saunawiederaufguss
als scheinheilige Werteverteidigung
im Namen des Herrn Christus.

Dies äußert sich dann in Weihnachtsmannverlustangst,
auch bekannt als Claustrophobie,
von einem, der seinen SUV mit Super Plus tankt
und deshalb immer mehr Platz als andere braucht oder will.
Oder von einer, die wild eifernd mutmaßt,
dass der Islam ihr den Glauben wohl stiehlt.
Oder von einem, den gleich die blinde Wut packt,
wenn ein fremdes Kind mit seiner Schaufel mal spielt.
Oder von einer, der es einfach nicht zusagt,
dass jemand hier wohnt, der nicht aussieht wie sie.

Die Werte, die hier verteidigt werden:
Mein Auto, mein Flachbildfernseher, mein Feierabendbier.
Und statt Nächstenliebe praktizieren sie ein
»Nicht mit mir! Und bloß nicht hier!«
Sie spielen: Wer hat Angst vorm schwarzen Mann?
Doch keiner läuft davon.
Sie stehen sprechchörig vor Flüchtlingsheimen und schreien ihn an.

Gemeinsam sind wir stark, alleine Feigheit pur;
auch so geht deutsche Willkommenskultur.
Die Angst vor dem Ungewissen ist dem Menschen angeboren,

ein Schutz, den wir brauchten, als wir noch in Höhlen lebten,
ohne jenen wäre man vielleicht im Wald erfroren
oder frontal in ein Mammut gerannt, nachdem die Erde bebte.

Doch bis heute hat sich einiges getan:
Wir essen das Fleisch nicht mehr zwingend roh,
wir fragen nach dem Namen, bevor wir die Keule schwingen,
jagen nur noch Sojafrappolatte oder Sushi to go
und pflegen, ungeliebte Geschäftspartner nicht mehr gleich
                                        umzubringen.

Warum? Weil auch Neugierde dem Menschen angeboren ist.
Weshalb du als Kind auch erst einmal unvoreingenommen bist.
Und wenn man dir dann noch erklärt,
dass heiße Herdplatten und stundenlanges Fernsehschauen
wesentlich gefährlicher sind als Normabweichungen und Anders-
sein,
lässt du dich selbstverständlich auf andere ein.

Doch solange eine Frau, die ein hohes politisches Amt bekleidet,
auf ihr Bauchgefühl vertraut,
wenn sie über die Rechte alternativer Lebensweisen entscheidet,
solange habe auch ich Angst, Angst davor, Willkür zu erleben;
das sollte es in diesem Land heute eigentlich nicht mehr geben.

Zu schnell führt eine als bedrohlich empfundene Situation
zur irrationalen Überreaktion,
und ein Mann wird verprügelt, weil er ein Kleid trägt
oder eine Frau beleidigt, weil sie mit Frauen schläft.

Und die Werteverteidiger? Gehen weiter auf die Straße;
diesmal für normkonforme Lebens-, Liebes- und Leibesmaße,
weil ihre Kinder nichts über Vielfalt wissen sollen
und sie sie vor Toleranz und Offenheit schützen wollen.

»Darum höre gut zu, mein Kind: Hüte dich vor dem Regenbogen!
Denn bist du seinem Glanz erst verfallen,
wirst du gegen deinen Willen zum Schwulsein erzogen.
Wenn zwei Männer heiraten, ist die Ehe in Gefahr,
denn mit jedem Homo-Ringtausch verendet irgendwo ein
Hetero-Paar.

Mit jedem Kuss zwischen zwei Frauen
schwindet das Vertrauen
der Männer in ihre Zeugungsfähigkeit,
und die Geburtenrate sinkt in alle Ewigkeit.
So soll der Schutz der Ehe zwischen Mann und Frau über allem
stehen,
sonst wird die Menschheit bald zugrunde gehen.«
Frau Merkel und ihr Mann
gehen mit gutem Beispiel voran.

Ein System, das funktioniert,
muss nicht ständig vor störenden Einflüssen
von außen geschützt werden.

Vielleicht rührt daher die Angst
vor anderen Kulturen oder Lebensweisen.
Vielleicht hilft die Furcht, hier Selbstschutz zu leisten,
von der vermeintlich weißen Werteweste Schmutz abzuweisen.

Ganz sicher aber leben jene,
die lauthals gegen alles Fremde wettern und grölen,
zumindest mit ihrem Kopf noch in brettervernagelten Höhlen
und sind die letzten echten Krieger
im Kampf gegen den längst ausgestorbenen Säbelzahntiger.

*Diesen Text anhören:*
*http://satyr-verlag.de/audio/lautstaerke_angst.mp3*

# IRGENDWAS ZWISCHEN HIGH-FIVE UND HITLERGRUSS

Als ich neulich in einer Bar ahnungslos und unbescholten ein kühles Hopfenmalzgetränk zu mir nehmen wollte, gesellte sich ein älterer Herr um die fünfzig zu mir und meinen Tischkumpanen. Das teigige Gesicht etwas entgleist, die Augen so glasig wie das gestelllose Brillenglas, die Hände schon etwas unkontrolliert zwischen Tischkante und Kaltgetränk.

»Ihr seid doch Studenten!«, lallte der gewiefte Fuchs und schnalzte aufreizend oder zum Kotzen ekelhaft, das kommt auf die Perspektive an, mit seiner Zunge.

Der spaßige Lustmolch erzählte uns gratis und ohne Aufforderung, dass er immer zehnmal mehr als wir verdienen würde, egal, welchen Job wir jemals bekämen, und beteuerte inständig dabei, dass dies gewiss kein Prahlen sei, eben bloß ein Fakt.

Zustimmend und beschwichtigend nickte ein jeder, aber abwesende Kopfbewegungen und das Vermeiden des Blickkontaktes schienen dem halbstarken Papi nicht Wink genug mit dem Zaunfahl zu sein. Wild gestikulierte der Tischemigrant mit einem klimpernden Kettchen voller Autoschlüssel.

»Kein Prahlen«, rief der Arme, der ganz offensichtlich etwas zu kompensieren hatte, und wir überlegten, wie man dem 83 Kilo schweren Schenkelklopfer das Asyl, welches wir ihm an unserem Tisch gewehrt hatten, entziehen könne.

Nach einer hoffnungsvoll angespannten Stille, die dem Satz »Ach, ich nerv euch doch nur« folgte, wandte sich der Vater, dessen Sohn kuuurz davor war, Fußballprofi zu werden, mir zu.

»Du bist nicht aus Deutschland!«

Die Schweinsäuglein zugekniffen, stierte er mich an.

Unnötig, dachte ich, unnötig, jetzt zu reagieren und allen hier Anwesenden den Abend noch unangenehmer werden zu lassen, als er eh schon seinen Lauf nahm.

»Es tut mir Leid, mein Antifreund, ich bin, wie du wahrscheinlich schon vermutet hast, in einer Familie geboren, welche den Sprengstoffgürtel schon in jungen Jahren eng um das kostbare Hüftgold geschlungen hat. Auch heute trage ich scharfes Geschütz, ich weiß, mein Kleid ist eng, aber glaube mir, das da vorne sind keine Brüste. Noch bin ich nicht ganz sicher, wann und wo der perfekte Zeitpunkt ist, um euch hohlbratzigen, ungläubigen Sündern zu beweisen, dass ich an diesem lauen lauschigen Abend in blitzesschnelle eine Bombenstimmung erzeugen könnte, aber vielleicht, vielleicht ist heute dein Glückstag!«

Natürlich sagte ich nichts von alledem, stattdessen: »Ähm, also eigentlich komme ich schon von hier.«

»Hööör auf, nee, also dis hätt' ich jetzt nich' gedacht. Dafür kriegste ein High-five!«

Worauf dieses High-five?, fragte ich mich.

Respekt, du bist erste Klasse! Du bist einer von uns! An der Bar – mit 1,5 Promille. Wow!

Warum nicht Fremdenfeindlichkeit wieder publik machen, Klassifizierung scheint doch wieder in Mode zu kommen, der Trend geht in Richtung »Sach, was du sagen willst, und sach'it laut.«.

Stellen wir uns doch nur einmal vor, wie Eltern aller Nationen ihre Kinder von der Grundschule abholen und mit standesgemäßen Rassen einteilenden Sprüchen ihre Sprösslinge begrüßen:

»Ab an die Front mit meiner wohlgeratenen teutschen Saau!«

»Der süße Polacke Vladi hat das Diktat mit null Fehlerpunkten bestanden, ihr kleiner Dürüm sollte sich davon mal ein Scheibchen abschneiden!«

»Mama, warum wird Mehmet von einem Dementor abgeholt?«

»Ach, Roberto, du kleiner Spagettifresser, das ist eine Burka.«

Ich bin mir nicht ganz sicher, ob wir das wirklich wollen.

Das Urteilen über Menschen und Gruppierungen wird sowieso

niemals enden, aber sich mit ganzem Kopf dagegen zu wehren, schadet nicht unbedingt.

Wenn ein kleines weißes Kind das erste Mal eine dunkelhäutige Frau erblickt, kann es durchaus vorkommen, dass es sich lauthals anfängt zu wundern. Daraufhin zu sagen: »Diese Frau ist von weit her gekommen, um sich an unserem Schlaraffenland zu laben, gib acht Sohnemann!«, wäre definitiv falsches Verhalten, und trotzdem beobachtet man so oft, wie Menschen von klein auf weisgemacht wird, dass die da anders sind als sie. Ich gehe ja auch nicht zu einem mir fremden Tisch in einer Bar und sage: »Waaartet! Nein, sagt nichts! Türke – Russe – Afrikanenser!«, und dann antwortet der vermeintliche Russe, »Ähm, also ich nicht. Ich komme aus Deutschland.«

Man könnte sich fragen, ob es eine phänotypische Reaktion auf diese Antwort gibt, und ja, natürlich gibt es sie: »Hööör auf, nee, also dis hätt' ich jetzt nich' gedacht. Dafür kriegste ein High-five!«

Selbst wenn du denkst: »Nee, also ein High-five auf Deutschland hab ich jetzt noch nie gegeben, außer bei der WM, aber da kann man ja mal hehehe«, dann sag ich dir, mein kleiner, deutscher, kartoffeliger, schweinefleischfressender Saufkulturvertreter, dass es kein Problem ist, wenn du dich jetzt fragst, wo ich eigentlich herkomme, dass es aber schön wäre, wenn du dich in erster Linie für mich interessierst und nicht für meine Nationalität, denn ich glaube, dass mich eventuell ein bisschen mehr als diese auszeichnet und das ist kein Prahlen.

Ich wünsche Ihnen noch einen wunderschönen guten Abend. Heil-five!

*Diesen Text anhören (Liveversion):*
*http://satyr-verlag.de/audio/lautstaerke_highfive.mp3*

# DENK DOCH MAL EINER AN DIE KINDER!

Wir sind auf dem Spielplatz. »Nicht die Rutsche rückwärts hoch-klettern«, rufe ich und meine es ja doch nicht ernst, denn das ist das, was ich genau hier doch auch gemacht habe. So vor sechzehn Jahren. Rutsche hochklettern, Schaukel eindrehen – das volle Pro-gramm.

Mein Bruder rutscht ein paar Male, rennt dann zu mir, um sich einen Schluck Wasser zu holen. Ich drücke ihn kurz fest an mich, wuschle ihm durch die Haare und sage spaßeshalber: »Mein Baby.«

»Du weißt, ich bin kein Baby mehr«, protestiert er.

Wir lachen, und er spielt weiter.

»Eyyyy, was hab ich dir denn getan?«, ruft mein kleiner Bruder empört.

Ein anderer Junge ist hinter ihm her.

»Du bist so hässlich wie drei Bäume!«

»Und du – du bist eine Mülltonne!«, schreit mein Bruder.

»Du kannst ja nicht mal richtig sprechen!«, kommt es zurück.

Warnsignale blinken auf.

Warum beleidigen sich die Kinder? Greift der Junge meinen Bruder an? Was meint er mit ›du kannst nicht richtig sprechen‹? – Seinen Akzent? Ist das Rassismus?

Oder bewege ich mich zu sehr in meiner Politblase, bin tat-sächlich übersensibel geworden? Denn mein Gott – es sind ja nur Kinder. Sie ärgern sich eben. Aber ich bin auch eine große Schwe-ster. Und die beschützt eben.

Doch irgendwas muss es doch zwischen Aufpassmodus und

»Sowas muss er alleine schaffen« geben. Gedankenroulette, und dann geht alles ganz schnell.

»Du hast hier nichts zu suchen. Du bist so hässlich braun.«
»Was hab ich dir getan?« Ich höre die Verzweiflung in seiner Stimme.
»Du bist nur ein kleiner Fidschi.«

Mein Herz rast. Es fühlt sich an, als würde es sich durch Wände hämmern müssen. Ich stehe auf, steuere auf das Kind zu. Schrei es an. Dass es meinen Bruder in Ruhe lassen solle, ob er selbst als Toastbrot beleidigt werden wolle. Ob er sich damit stark fühle? Was ihm das bringt?
Bedröppelt huscht er zur Seite.

Ich kann das noch alles gar nicht richtig fassen. Da tönt es vom Klettergerüst: »Das ist meine Schwester! Sie hilft mir – haha.«
Ja, ich helf dir. Immer dann, wenn ich da bin.

Und wenn ich's nicht bin? In einer Kleinstadt, in der er das einzige nicht-weiße Kind in der Kita-Gruppe war, die Leute Angst vor Geflüchteten haben und Nazis »NS-Area«-Banner hissen.

Ich liege auf der Couch. Mit Kopfschmerzen, Bauchschmerzen. Danke, Psychosomatik.
»Was ist?«, fragt mein kleiner Bruder.
»Nichts, ich hab nur etwas Bauchweh, aber sonst nichts.«
»Bist du krank?«
»Ich glaube nicht.«
»Dann hab ich die Lösung! Fast jeder Schmerz geht einfach weg, wenn man auf die Toilette geht und groß macht.«

Schön wär's: Rassismus einfach wegscheißen. Das klingt im Endeffekt aber genau so plakativ, wie es ist. Damit ist niemandem geholfen.

Ich bin immer noch sauer, aber natürlich nicht nur auf den Jungen vom Spielplatz.

Vor allem nämlich auf seine Eltern, denen ich vor Ort gerne mal was gepfiffen hätte. Ein Kind ist nämlich erst mal nicht rassistisch. Von allein kommt es nicht auf solche Beleidigungen. Wer weiß, wie die Eltern drauf sind? Eltern, die es scheinbar okay finden, wenn der Junge allein von vier bis sieben auf dem Spielplatz rumhängt. Auch noch da ist, wenn schon längst alle gegangen sind.

Es ist ein Kreis – und es ist alles anstrengend.

Doch will ich, dass mein Bruder ausgestoßen wird, weil er vermeintlich anders ist?

Will ich, dass er diesen ganzen Frust runterschluckt, nur um dann mal irgendwann zu explodieren?

Auf keinen Fall.

Fidschi, ganz hart ausgesprochen, das T betont und den Rest mit reichlich Spucke ausgesprochen. Ein Wort, das ich schon ewig nicht mehr gehört hatte, aber auf dem Spielplatz genauso wehtat wie damals, als mich ein anderes Kind in der Schule so rief. Es ist der Begriff der Frauen, die so die Textilshop-Besitzer nennen. Es ist der Begriff, den die Leute rufen, während sie ihre Augen zu Schlitzen ziehen. Es ist ein sehr ostdeutscher Begriff.

Ich denke mir Strategien aus, google nach Tipps. Will ein Empowerment-Training entwickeln, doch wie erklärt man einem Kind, was Rassismus ist?

Bei Capri Sonne und Pizza setzen wir uns auf den Teppich.

Ich erzähle, dass er sich keine Beleidigungen gefallen lassen muss. Frage ihn, ob ihm schon aufgefallen ist, dass er ja mehrere Sprachen spricht.

Sage ihm, dass Menschen total unterschiedlich aussehen können, aber sie alle gleich wertvoll sind. Tue mich schwer und gehe auf den Jungen vom Spielplatz ein.

»Es gibt Leute, die denken, dass man aufgrund verschiedener Merkmale weniger wertvoll ist, als sie selbst. Aber das ist Blödsinn. Denk dran: Du spielst mit ihnen auf dem gleichen Spielplatz, bekommst die gleichen Hausaufgaben, lebst in der gleichen Stadt.«

Er fragt, ob es nicht Quatsch sei, dass er angemacht wird. Wegen der schwarzen Haare, der braunen Haut. Natürlich ist es Quatsch.

Er runzelt mit der Stirn, zuckt dann mit den Schultern.

Wir tauschen uns aus, und ich weiß nicht, was ich erklären soll und was nicht. Mein Bruder schlägt vor, bei der nächsten Beleidigung einfach immer »selber Fidschi« zu rufen. Ich winke ab. Würde am liebsten zu »Lass mich in Ruhe, du Kartoffel« raten. Bin mir unsicher.

Wir einigen uns darauf, dass er sich generell zur Wehr setzen soll. Auch mal fragen, was dieses F-Wort überhaupt bedeutet. Meistens haben die Kinder dann nämlich keine Ahnung.

Am nächsten Tag steht ein Einkauf an. Wir machen uns bereit.

»Ziehst du mal bitte noch deine Jacke an?«

»Kannst du sie mir anziehen, ich hab keine Lust!«

»Mach du das mal bitte, schließlich bist du doch kein Baby mehr.«

»Na, was denn? Ständig nennst du mich dein Baby, und jetzt bin ich doch keins?«

Ich stimme ihm zu, und er zieht sich natürlich alleine an.

Völlig enthusiastisch machen wir uns auf. Das heißt, er ist enthusiastisch, und ich freu mich, dass er sich so über einen Gang zu Aldi freut.

Aldi-Wanderung nennt er das immer, und da ich so selten da bin, machen wir oft einen Abstecher zum 1-Euro-Laden. Hier darf er sich immer etwas aussuchen.

»Ausnahmsweise darfst du jede Süßigkeit nehmen. Egal was, das geht auf mich.«

»Nee, der Zahnarzt sagt, dass das nicht geht.«

Wir laufen an allerlei Ramsch vorbei und entdecken Aufklebe-Tattoos. Sie erinnern ihn an jene aus den Kaugummis und glänzen in Silber und Gold. Die Tattoos kommen mit nach Hause.

Daheim angekommen stürmen wir sofort ins Bad. Motiv ausschneiden, Waschlappen nass machen und auf die gewünschte Stelle drücken. Nach ein paar Sekunden ist das Trägerpapier ganz glitschig geworden, das Tattoo auf seiner Haut. Das letzte Mal, als ich so etwas gemacht habe, war vielleicht in der Zeit, als ich noch Rutschen hochgeklettert bin oder Schaukeln eingedreht habe.

Auf seinem Arm funkelt ein Anker, aber da er ein sechsjähriger Junge und kein bärtiger Indie-Gitarrist ist, ist es gar nicht kitschig. Mein Bruder grinst.
»Wie gefällt es dir?«
»Schön sieht es aus, ich liebe es. Und weißt du auch warum?«
»Nein, sag's mir!«
»Das Gold, Nhi. Es sieht so schön aus auf meiner braunen Haut.«

*Diesen Text anhören:*
*http://satyr-verlag.de/audio/lautstaerke_kinder.mp3*

# 3.
# KÜMMERN

## NINIA LAGRANDE
## BABYS FÜR DIE GESELLSCHAFT, TEIL II

Vor mehr als zwei Jahren schrieb ich über den Besuch bei der Vertretung meiner Frauenärztin. Es ist mir wichtig, hier die Vertreterin noch einmal zu erwähnen, weil meine eigentliche Frauenärztin wirklich toll ist. Sie lobt mich immer für meine Brüste. Aber das wissen Sie vielleicht schon.

In jedem Fall gerieten die andere Frauenärztin und ich ein wenig aneinander, weil sie sich sehr übergriffig verhielt und mir erklärte, dass ich ja nun in der Pflicht sei, Kinder zu bekommen, so mit dreißig Jahren, die ich mein Leben schon kinderlos vertrödelt hätte, und dass das mit den Kindern eben nicht immer später möglich sei, so wie das ihrer Meinung nach die halbe Welt inzwischen handhaben würde. Ich erklärte ihr, dass es da schon sowas wie einen Zeitplan geben würde, und ich wohl in zwei, drei, vier, fünf Jahren, also irgendwann sicher so etwas wie ein Kind haben wollen würde. Dass ich bis dahin aber noch ein bisschen Zeit bräuchte, um auf Bühnen Texte über meine Abscheu gegenüber Kindern vorzutragen, das erzählte ich ihr nicht. Überhaupt verstehe ich bis heute nicht, wie eine Ärztin, die keinerlei Background meinerseits kennt, die nicht einmal weiß, ob ich Frauen oder Männer oder beides oder keines liebe, und wenn ja, ob ich jemanden zu Hause hätte, der auch Feuer und Flamme für diese Baby-Idee wäre, wie so eine Ärztin mir erzählen kann, ich sollte jetzt dringend Kinder kriegen.

--- Schnitt ---

Der Mann und ich sitzen in St. Andrews in Schottland in einem Pub, beziehungsweise vor einem Pub, weil es für schottische Verhältnisse wirklich mal sehr warm ist. St. Andrews ist dafür bekannt, dass es eine Uni hat, und dass sich an dieser Uni Prinz William und Kate kennengelernt haben. Prinz William hat Kunstgeschichte studiert, wie ich, und das bedeutet, ich bin in Wirklichkeit vielleicht eine Prinzessin.

Auf jeden Fall gibt es in St. Andrews auch ein kleines Café, das mit einer Aufschrift dafür wirbt, dass sich genau in diesem Café William und Kate das erste und danach viele weitere Male getroffen haben. Es ist so ein kleines Alte-Damen-Café, und ich finde die Vorstellung sehr witzig, dass die beiden nicht wie normale Menschen in einen Pub oder an den Strand gegangen sind, sondern eben in dieses kleine Café und dann vielleicht immer ein Stück Buttercremetorte gegessen haben. Kate vielleicht nur ein halbes.

Der Mann und ich sitzen dort und mir fällt auf, dass ich seit einigen Tagen ein komisches Verhalten an den Tag lege. Ich bin oft schlecht drauf und hatte in Edinburgh keinerlei Lust, Dinge zu kaufen. Also auch keine Kleidung. Ich habe nichts gekauft, ich bin einfach nur dem Mann hinterhergedackelt und habe gesagt »Ich weiß auch nicht, das gefällt mir nicht und dieser Rotton« und überhaupt. Und der Mann war ganz schockiert und hat gesagt: »Wenn du nicht bald ordentlich menstruierst, dann weiß ich auch nicht.«

Und dieser Satz fällt mir wieder ein, als wir da so sitzen und ein dunkles Bier trinken. Ach ja, da war ja was, menstruieren, Moment mal. Ich hole mein Handy heraus und öffne die App. Und ja, mein Gefühl trügt mich nicht, ich wäre dran und zwar schon seit einiger Zeit. Hm, denke ich und schaue das Bier an. »Hm«, sage ich und schaue den Mann an. »Weißt du, also, ich wäre schon längst dran, meine Periode meine ich, die wäre dran. Vielleicht kaufen wir gleich lieber noch einen Schwangerschaftstest.« Und dann trinke ich ganz schnell das Bier aus, weil ich Angst habe, dass es mein letztes sein könnte.

In der Pharmacy überlege ich, welcher Test wohl zuverlässiger ist, der für drei Pfund oder der für acht Pfund und dann denke ich, das ist ja wohl Quatsch, die testen beide mein Pipi, was soll da schon anderes rauskommen und nehme den für acht Pfund, nur zur Sicherheit. Wir übernachten im Studentenwohnheim. Das macht man so als Tourist in St. Andrews. Man schläft in viel zu kleinen Zimmerchen, die nicht eingerichtet sind, aber einen kleinen Fernseher haben, und in die in ein paar Wochen dann wieder die Studenten einziehen. Ich bin ein bisschen angetrunken von diesem dunklen Bier und stehe im Badezimmer herum. Ich mache das nicht zum ersten Mal, aber jetzt ist es doch irgendwie aufregender, weil wir es ja drauf angelegt haben, es wäre ja Absicht, wenn da jetzt wirklich ... aber nein, das kann nicht sein.

Wenige Minuten später sind da zwei rosafarbene Streifen auf dem teuren Teststreifen, und ich sage zum Mann: »Huch.« Mehr sage ich nicht. Dann halte ich ihm den Test hin. »Oh«, sagt er. »Also, das würde ich jetzt doch als aufregend bezeichnen.« Und im Hintergrund jubelt das Kandidatenpärchen einer Quizshow auf Channel 5 stellvertretend für uns.

Ich bin jetzt sehr aufgeregt und leider immer noch angetrunken, das geht ja nicht sofort weg. Ich mache mir deswegen Sorgen und sehe mich schon in vierzehn Jahren meinen völlig verwahrlosten, betrunkenen Sohn von der Polizeiwache abholen, nur weil er zu früh an dieses Zeug gewöhnt wurde. Oder trinken die heutzutage nicht vielleicht schon mit elf? Oh Gott.

Dann fange ich an zu überlegen, was wir jetzt alles kaufen müssen. Ein Bett und eine passende Matratze und eine Spieluhr und so Schutzkopfhörer, damit wir das Kind mit auf Konzerte nehmen können. Ich mache im Kopf völlig unzusammenhängende Listen von Dingen, die man auf jeden Fall nicht als Erstes braucht, wenn man gerade festgestellt hat, dass man schwanger ist.

Der Mann liegt immer noch da und überlegt. »Aber das ist doch was Gutes, oder?« sagt er. »Das wollten wir doch?!« »Ja«, sage ich, »jaja, aber jetzt, wo es ernst wird, ist es doch komisch, oder? Auf jeden Fall kann ich jetzt keinen Whisky trinken in diesem schönen, schönen Whisky-Land.« »Du wirst es überleben«, sagt der Mann, aber ich bin mir da noch nicht so sicher.

Als wir wieder zu Hause sind, schaue ich mir die Eröffnungsfeier der Olympiade an. Sie wird gerade im Fernsehen wiederholt, als der Mann im Arbeitszimmer Klausuren korrigiert und ich herumsitze und dann eben dort hängenbleibe. Die Flamme wird entzündet, und ich fange an zu weinen, einfach so, weil es so schön ist. Ich heule bis zum Ende durch, weil die Sportler sich so freuen und immer ein Kind dabei ist, das so ein niedliches Bäumchen trägt. Alles ist sehr schön. Als der Mann ins Zimmer kommt, macht er sich über mich lustig. Ich heule sonst nie und vor allem nicht in der Öffentlichkeit meines Wohnzimmers. Höchstens, aber allerhöchstens mal im Schlafzimmer oder abschließbaren Badezimmer, schon gar nicht im Kino oder bei anderen Gelegenheiten, wo andere Leute dabei sind. Ich gelte als emotional abgestumpft, weil ich nicht so wie eine Freundin weinen kann, wenn Pikachu eine neue Attacke lernt. Kurz: Ich weine wirklich selten. Und jetzt plötzlich bei jeder Gelegenheit. Ich habe mir letztens einen wirklich kitschigen Liebesfilm angeschaut und quasi schon beim Vorspann Tränchen verdrückt, weil alles so schön sonnig aussah. Hormone sind nicht einfach zu händeln.

Meine Brüste werden immer größer, und ich habe Angst, dass sie mir über den Kopf wachsen. Wobei das wirklich witzig aussähe. Das ist eine der Veränderungen, an der der Mann sehr interessiert ist. »Hier, schau mal, das ist jetzt anders runzelig und das hat eine andere Farbe, irgendwie dunkler, aber auch schön, und wow, wie schwer sie jetzt sind, nimm die mal in die Hand«, und ich sage: »Die hängen an mir dran, immer, ich weiß, wie schwer die jetzt sind.«

Der Umzug wird vorbereitet, in eine Wohnung, die auch ein Kinderzimmer hat. In eine ganz große Altbauwohnung, bei der mich alle fragen, wen ich dafür bestochen habe, und ich nur antworten kann: »Keine Ahnung, wir hatten Glück, ein bisschen muss man sich ja auch engagieren und die Gentrifizierung vorantreiben«, und dann weine ich wieder, weil ich ein schönes Poster für das zukünftige Kinderzimmer gesehen habe.

Ich esse Gurken, weil man das so macht und bin froh, dass ich nicht im Hochsommer schwanger sein werde, weil wirklich niemand weiß, wie man sich dann die Beine rasieren soll. Eigentlich ist noch gar nicht viel passiert, außer ein paar Ultraschallbildern und Herztönen und dieses verwunderte Gefühl, dass da jetzt jemand in einem wohnt und bald rauskommt und dann in der Wohnung wohnt, ohne sich vorgestellt zu haben, ohne WG-Casting, einfach so.

Ich hoffe, dass die frohe Nachricht bis zu der Vertretung der Frauenärztin durchgedrungen ist. Auch, wenn ich das Baby bekommen werde, weil ich es haben will und weil es sicher furchtbar süß und sehr klug sein wird, wie der Mann und ich, und nicht, weil sie gesagt hat, dass ich das muss. Und dann muss man mal schauen, was so passiert, wie sich das Baby entwickelt und welche Hobbys es haben wird. Der Mann sagt, es darf keinen Hip-Hop hören, so was gäbe es zu Hause nicht, und ich sage, es darf auf keinen Fall Ornithologie spannend finden, solche Leute sind immer komisch, und am Ende wird es ein Hip-Hop hörendes Kind mit großartigen Ornithologie-Kenntnissen und viel Street Credibility, und das ist ja dann eigentlich auch egal.

## ANNETTE FLEMIG
# NEIN!

Hallo! Mein Name ist Anna, ich bin zwei oder drei oder vier Jahre alt
und in der Autonomiephase.
Das bedeutet, dass ich gelegentlich tobe und rase,
immer dann, wenn ich nicht kriege, was ich will.
Darum muss ich dir was sagen, es ist gar nicht viel,
aber wichtig, und du solltest es wissen.
Du wirst mir jetzt zuhören müssen!

Du nennst es Trotzphase
und wünschst mich weg für die nächsten zwei, drei Jahre,
träumst dich in Monate zurück, in denen ich einfacher war,
als ich nachts zwar schrie, aber tags nicht diskutierte,
was bei dir zu Augenringen, nicht zu Unverständnis führte.
Unter deinen Freudentränen hab ich sprechen gelernt.
Jetzt wünschst du, ich wär still und weit entfernt?
Sag nicht Trotzphase, und gib nicht die Verantwortung ab.
Du darfst niemals vergessen, wie lieb ich dich hab!

Durch diese Phase muss ich durch, dich zu ärgern, liegt mir fern!
Aber NEIN ist so ein schönes Wort.
Ich sag es, nur hör ich es nicht gern!
Groß werden an sich ist schon ein scheiß Job allein,
zwischen *Ich möchte bitte* und *Du sollst immer schön höflich sein!*
Dass ich nicht allein auf der Welt bin,
soll mir nicht den Spaß verderben,
aber andere Kinder müssten auch berücksichtigt werden?
ERNSTHAFT? Andere Kinder haben andere Wünsche als ich?
Respektringelpietz? ICH BITTE DICH!

Ich find es blöd, dass es hier nicht um mich alleine geht!
Ich find es richtig blöd, dass keiner meine Gefühle versteht!!!

Ich krieg nicht, was ich will! Also weine ich!
Du machst nicht, was ich will! Also weine ich!
Du schimpfst, weil ich nicht spure! Also weine ich!
Vorher zieh ich allerdings noch die Schippe für dich!
Ich weiß nicht, was ich will! Also weine ich!
Ich weiß nicht, was du willst! Also weine ich!
Ich weiß nicht, was ich machen soll, drum weine ich!
Und nur, wenn du einen Plan hast, dann weinst du nicht!

Doch das war noch nicht alles,
es kommt noch viel schlimmer!
Ich hab keinen Plan B,
Plan A hab ich immer!
So lass ich mich fall'n,
mag der Boden auch hart sein,
und scheiß drauf, wer Schuld hat,
ICH WERFE DEN BAUSTEIN!
Dann fliegt bei mir sicher die Sicherung raus,
und dann bin ich SO WÜTEND, dann RASTE ICH AUS!
Was sind dann bitte Worte? Die hab ich dann nicht!
Jedoch Hände und Füße – jetzt wird's körperlich!
Und dann beiß ich und tret ich dich, ohne Tabu!
Nimmst du mir mein Spielzeug weg, schlage ich zu.
Aber habe ich doch Worte, die mich erklär'n
und dabei den Eindruck, du willst mich nicht hör'n,
zeig ich dir die Dringlichkeit meiner Beschwerde,
indem ich viel lauter und lauter noch werde!

Dann brüll ich dir all meinen Frust ins Gesicht,
darüber, dass ich meinen Willen nicht krieg.
Und meine Verzweiflung, die ist doch zu sehen!
Ist das denn zu fassen? DU MUSST DOCH VERSTEHEN:

Ich ess ja das Brot, aber nicht, wenn du's durchschneidest!
Ich will nicht, dass du mich wie 'n Püppchen verkleidest!
DU ziehst mir gefälligst meine Schuhe an!
Ich weiß, dass du weißt, dass ich es selber kann!

UND ICH WILL UMS VERRECKEN DIESES PONY DA!
HABEN!!!

Und dass du jetzt nicht wegläufst!
Und dir nicht deinen Frust wegsäufst!

Ich hoffe für dich, dass du weißt, was du tust,
weil du mich kleinen Teufel doch lieb haben musst.

Bitte geh aus dem Raum, bevor du explodierst,
bevor aus Verzweiflung was Schlimmes passiert,
bevor du mit mir machst, was du später bereust.
Lass mich wissen, dass du in meiner Nähe bleibst.
Lass mich hör'n, du bist da und erreichbar für mich!
Dass ich zu dir kommen kann, denn jetzt brauche ich dich!
Auch wenn nichts mich zu solchem Verhalten ermächtigt,
meine Gefühle, die sind berechtigt.
Die Welt ist erst dann nicht so furchtbar wie's scheint,
wenn du mich in den Arm nimmst
und sagst »Es ist okay, dass du weinst«!

Tu uns beiden den Gefallen und bleib konsequent,
denn ich werde dich oft hinterfragen.
Und so sehr ich auch deine Verlässlichkeit teste,
eines musst du dir immer wieder sagen:
Ich Kind kann nicht wissen, wo die Grenzen sind,
wenn du sie falsch kommunizierst.
Wenn du Nein sagst, ich weine, woraufhin du Ja sagst
und dann plötzlich die Fassung verlierst.
Wenn ich ein Eis haben darf, aber zwei Eis bekomme,

weil ich lange genug danach schreie,
und beim nächsten Mal krieg ich dann wirklich nur eins …
das krieg ich so nicht auf die Reihe!
Ich Kind kann nicht wissen, wo die Grenzen sind!
Nimm dir Ruhe und Zeit zum Erklär'n.
Bin ich nicht mehr wütend, dann hör ich dir zu
und lerne von dir doch so gern.
Mir selbst mit Worten zu helfen, dafür bin ich noch zu klein,
um meinem Gefühlschaos Ausdruck zu verleih'n.
Und will ich im Winter das Haus verlassen,
ohne Schuhe und im Badeanzug,
dann hab ich auch ohne große Diskussion
nach dem dritten Schritt im Schnee bereits genug.
Ich Kind kann nicht wissen, wo die Grenzen sind.
Woran soll ich mich orientieren?
Ich brauch ganz viel Hilfe und Stabilität,
um mich nicht selbst zu verlieren.
Ich Kind kann erst wissen, wo die Grenzen sind,
wenn du sie nicht ständig verschiebst.
Nur wenn du dir deiner Sache wirklich sicher bist,
zeigst du mir, dass du mich liebst!

*Diesen Text anhören (Liveversion):*
*http://satyr-verlag.de/audio/lautstaerke_nein.mp3*

## MARIE-THERES SCHWINN
# OMA

Oma heißt:
Kindheit. Noch mal ganz klein sein.

Oma heißt:
Heute fahren wir in den Großen Garten.
Dieser Große Garten, der so groß ist,
dass er nie zu Ende ist.
Man kann von oben nach unten um die Ecke,
ihr wisst schon, vorbei an Gartenhaus und Gartenschuppen,
der alten, rostigen Badewanne, Plumpsklo,
Blumenbeeten, Obst und Wiese,
den kleinen Berg zurück nach oben,
vorbei am Tor und wieder am Anfang ankommen,
einmal im Kreis laufen;
oder immer wieder.

Oma heißt:
Der Geruch von frischem Gras und Mirabellen.
Die sind süß, klebrig,
meistens schon halb vermatscht auf dem Boden
– und göttlich.

Oma heißt:
Ich habe Mirabellen geliebt,
vielleicht bin ich ein Mirabellenmädchen,
Obst schmatzend sammle ich Sommersprossen auf meinem Gesicht.

Oma heißt:
Ich habe noch nie geliebte Mirabellen im Supermarkt gekauft.
Das sind einfach keine Mirabellen,
das sind kleine grüne Kullern,
die sind eingesperrt in Plastik-Nobel-Verpackungen,
– und haben einfach nichts mit Mirabellen,
Sommer, einem großen Garten,
oder gar mit Oma zu tun.

Oma heißt:
Hinterm Gartenhaus steht eine Hollywoodschaukel.
Die träumt da so vor sich hin,
seit Jahren,
und ist ein bisschen einsam. Da ist immer Schatten.
Drei Meter mit hohen Bäumen
waren für mich ein verwunschener Wald.
Die graue, alte Regentonne hat irgendwas zu tun
mit Schneewittchen.
Für mich war das logisch.

Schneewittchen ist inzwischen umgezogen,
aber ich weiß noch,
dass mir die Baumwipfel Geschichten erzählt haben.

Oma:
Vor dem Garten war so ein Platz zum Parken,
aber Parkplatz wäre zu viel gesagt.
Im Herbst gab es Stoppelfelder.
Im Spätsommer haben mich Schwärme von Bienen
in Panik versetzt.

Ohne Oma, oder vielleicht auch Opa
– das ist ja ziemlich lange her –
wüsste ich nicht, was Trauerweiden sind;
zumindest nicht so.

Trauerweiden,
also so gesehen, kenne ich eigentlich nur eine einzige;
die Trauerweide, das ist ein trauriger Baum.
Die Haare hängen traurig zum Boden,
und manchmal seufzt die Weidenfrau.
Und dann singt ihr der Wind ein Lied,
wie mir auf der Hollywoodschaukel,
die quietscht,
und die gelb-grünen Zweige strecken sich zur Sonne
und feiern ein Fest.

Oma heißt:
Ich habe gelernt,
dass Zwiebeln irgendwie gegen Wespenstiche helfen.
Warum und wie ist Vergangenheit,
meine frühkindlich erhaltene Vorstellung lautet allerdings:
Wahrscheinlich weil's so stinkt.
Oder weil's so in den Augen brennt,
dass man am Ende einfach nicht mehr weiß,
ob man jetzt weint, weil's weh tut,
oder weil die Zwiebel einen zur Weißglut treibt.
Sicherlich wird einem auch ganz warm davon.
Davon kommt dann der Begriff »Zwiebel-Look«.

Oma:
In den Händen Blumenzwiebeln;
erinnert mich an Erde.
Ich meine nicht Dreck,
sondern Erde, Boden.
Das kann warm riechen,
und unbeständig weich sein,
oder zum Stolpern verleiten,
aber Erde ist immer Boden,
und wenn der Boden nicht gerade aufreißt,
kann man darauf stehen,

und nach einem Frühsommerregen riecht die Erde
nach frischen Blumen und kleinen süßen Regenwürmern.

Oma heißt:
Ich war im Kindergarten;
und der Kindergarten war irgendwie nah an Oma;
Omas Garten war nämlich ganz nah,
Garten hieß: frei.
Und später: »Harry Potter« vor großen Glasscheiben
in der Veranda.

Oma heißt:
Ein Lachkrampf beim ersten »Harry Potter«-Band.
Ich habe unwissend und dank
einer Bibliotheksleihgabe mit Band 3 begonnen.
Band 3 ist noch immer mein Lieblingsband.
Und mal ehrlich: Was ist denn bitte »DUDLEY« für ein Name?!
Das klingt ja schon von Natur aus nach DÄMLICH.

Oma heißt:
Nimm-2-Naschbonbons,
am liebsten in Orange.
Heimlich. Im Küchenschrank
in einer Art Zuckerdose aus Glas oder Porzellan.

Oma heißt:
Schokoladen-Meeresfrüchte zu allen erdenklichen Anlässen.

Oma heißt:
Mein Kaninchen wurde zu Ostern heimlich geschlachtet. Aber:
Ich bin ja nicht blöd.
Dann ess ich eben nix.

Oma heißt Opa heißt Vati heißt erste Mutter-Kind-Kur,
und ein neues Kaninchen sitzt nach der Rückkehr im Stall.

Oma heißt ganz klar:
Nudelsuppe mit Tonnen an Maggi.

Oma heißt für mich eben nicht:
80 Jahre.
Es heißt auch nicht: alt, mit Falten,
oder: bald 90.

Oma heißt Oma.
Oma hat Kittel mit lila Blumenmuster,
und so eine Art überdimensionale Sommersprossen auf der Haut.
Ganzjährig und verschieden braun.

Oma heißt:
Ich bin größer geworden,
aber Oma nicht kleiner.
Oma heißt:
Ich hab jetzt eben Absatzschuhe an.

Fakt ist:
Oma ist Oma.
Fakt ist:
Ich weiß immer noch,
wie Nudelsuppe schmeckt und riecht.
Fakt ist:
die Welt als Kind,
das war auch Omas Welt.

# BONNY LYCEN
## LIDO

Akten.
Akten.
Akten.
Akten.
Akten.

Einsicht.

Zwischen Windeln und Müll
ist dein Gebrüll
schon lange nicht mehr zu hören.
Vegetierst eingepfercht im Schattenland
wimmernd vor dich hin,
ziehst dir den Rotz in die Nase
und die Tränen in die Augen zurück.
Du versuchst zu träumen,
versuchst zu hoffen
auf das herbeigesehnte Stück Familienfrieden,
wo Familien entschieden zufrieden
ihre Kinder lieben.

Doch du wirst nicht geliebt,
jeder Hieb, jeder Schlag
ist ein Schlag ins Gesicht,
der Tag für Tag,
Stunde um Stunde
hart ins Gericht

146

geht
mit dir.
Und du leckst dir die Wunde
in deinem kleinen Kinderherzen.
Sie klafft blutend und offen,
und du kannst nicht mehr hoffen,
kannst nicht mehr träumen,
kannst nicht mehr warten.

In deinem zarten
Alter ist dir mehr als bewusst,
was im Allgemeinen passiert,
wenn du nicht aufhörst zu jammern,
nicht aufhörst zu weinen,
wenn du zu laut bist,
wenn du die Schuhe liegen lässt,
hustest, niest, lachst,
dir vor Angst in dein Bettchen pisst.

Hör auf zu jammern,
hör auf zu weinen.
Du weißt, was passiert,
wenn du nicht lieb bist.
Du weißt es genau,
also hör auf zu jammern,
hör auf zu weinen,
nimm deine kleinen Fäustchen
und stopf dir das Maul. –

Doch zu spät,
seine Hände an deinen Beinen.
Und du schreist und du schreist,
wirst geschubst, gekniffen, gebissen.
Neurologisch gesehen hast du Glück,
wenn du nicht als kompletter Krüppel zurück-
bleibst.

Doch das kannst du nicht wissen.
Und er schleudert dich gegen dein Bett,
und du schreist und schreist,
und er spielt Russisch Roulette
mit deinem Gehirn, deinem Körper,
deiner Kinderseele,
am Wachsen gehindert, verfehle
sie eh jeden weiteren Entwicklungsschritt.
Und du schreist und schreist
und kommst nicht mehr mit.
Und du spaltest dich ab,
und erträgst es nicht.
Und du schreist und schreist,
während dein Wille bricht
und du nur knapp
hineinschauen kannst
in den Tunnel, das Licht ...
hinein ..
einzig allein von deinem Herzen getragen ...
Bubum ... bubum ... bubum ...

Wirst du geschlagen,
geschüttelt, getreten.
Und du schreist und schreist
und schreist
– nicht mehr.

Verlierst das Bewusstsein,
bist noch immer nicht tot,
denn sterben ist schwer,
ist dein Leid und die Not
noch so groß,
du wirst's überleben,
in deine Realität zurückgegeben,
sehnst du dich nach nichts weiter als dem Trost
einer

Mutter.
Mutter.
Mutter.
Mutter.
Mutter.

Liebe.

War wohl entfernt mit im Spiel,
als der Samen deines Vaters sein biologisches Ziel
in der Fotze deiner Mutter fand.
------- Befruchtet. Scheiße. -------

Du bist Gegenstand,
nicht lebensfähig,
nicht gewollt und doch verwandt,
zum Abtreiben zu viel,
zum Leben zu wenig.

Ein zitternder Haufen
ungewollter Zellen,
der in Wellen
wächst und wächst.
Beinchen zum Laufen,
Händchen zum Greifen,
Äuglein zum Sehen.

Bis zu den Wehen
wirst du fleißig gedeihen und reifen
zu einem vollkommen
makellosen Hybrid deiner Eltern,
die weder Muße noch Geld haben
für einen Bastard wie dich.

Nur mal kurz gefickt,
haben sie nicht mit dir gerechnet.

Und du Parasit
nistest dich ein, ohne zu fragen,
wirst verwünscht und geächtet
und hörst sie noch sagen:
Für Abtreibung zu spät.
------- Scheiße --------

Und du erfährst, wie's zugeht
im Leben, wenn man niemals gewollt war.

Fruchtwasser kann man wegwischen,
Blut ist abwaschbar.
Und so wirst du geboren,
namenlos und längst verloren
auf den kalten Fliesen eines Badezimmers.

Doch du bist gesund,
du schreist und wimmerst,
wie es sich gehört für ein Neugeborenes.

Deine Mutter,
die wütend ist,
berührt das nicht.
Und so nimmt sie dich,
schreit dich an,
du sollst aufhören zu weinen,
denn du bist schuld,
dass sie die Kontrolle über ihr Leben verliert.
Ein Leben, das nicht mehr zu leben ist,
wenn das Danach nicht mehr dem Davor entspricht.

Du bist schuld!
Und sie verliert die Nerven,
keine Spur von Geduld
und schon gar nicht von
Lösungsstrategien.

Die einzige Lösung scheint die,
dir ein Kissen auf den Kopf zu drücken.
Und du windest die Ärmchen,
die Beinchen, den Rücken.
Und du schreist erschöpft in die Federn.
Es treibt dich ein Recht auf Existenz
und eiserner Lebenswille.

Du hörst dein Herz,
bubum ... bubum ... bubum,
dann die Stille.

Du bist tot.
Sie ist es auch.
Denn mit dir ist ein Teil von ihr gestorben.
Von Panik erfüllt und durch Kälte verdorben,
weiß sie sofort,
wohin mit dir.

Ein sicherer Ort,
denn weißt du,
Verwesungsprozesse sind aufzuhalten.
Ganz leise, ganz in Ruhe,
hat sie dich eingetütet,
atmet den kalten
Hauch der Ironie:
Mutterleib gegen Tiefkühltruhe.
Du warst ihr –

Baby.
Baby.
Baby.
Baby.
Baby.
Wunsch.

Denken ist noch drin.
Widerstand nicht.
Gegenwehr ist zwecklos.
Du bist leichte Beute,
schau dich doch bloß
mal an – die blonden Löckchen,
der Kakao von heute
Morgen
hängt dir noch irgendwo über den Lippen.

Du bist süß und jung,
und er zählt dir die Rippen.
Küssend fährt er sie entlang.
Und du spürst die Erregung,
seine, nicht deine,
während die Hand
sich warnend um deinen Hals schlingt,
und er dich zwingt,
nur stillzuhalten.

Es wird dir gefallen,
hörst du die kalten
Lügen
widerlich heiß
und widerlich lallend
in dein Ohr gehaucht.
Er ist voller Ekstase in dich getaucht,
und du möchtest nichts weiter,
als in Form von erweitertem Scheitern
an deiner Kotze ersticken.

Denn er beginnt,
dich zu ficken.
Und du riechst seinen Schweiß,
hörst dein eigenes Herz

bubum ... bubum ... bubum
übertönt vom Gestöhne,
siehst seine Falten,
spürst das Obszöne,
und alles, was du weißt,
ist, dass du ein gutes Mädchen bist.
Ein braves Mädchen.


Liebes Kind,
das seinen Vater doch liebt.
Aber was hier geschieht,
darf einfach nicht sein. Du bist dir nicht sicher,
woher du das weißt,
doch er dringt in dich ein
und zerstört deinen Körper,
deine Hülle, den Schutz.
Was dir eben noch heilig war,
ist nun randvoll gefüllt
mit Sperma und Scham,
und Schmutz
ist alles, was bleibt.


Du bist geschändet, befleckt
und missbraucht
vom eigenen Vater,
der Nähe gebraucht,
um kurz zu entladen.


Na, na,
wozu die Tränen,
mein Mädchen?
Ich wollt dir nie schaden.
Unser kleines Geheimnis,
dass ich dich besteige.
Ich bring dich um,

wenn du redest,
also lächle und –

schweige.
Schweige.
Schweige.
Schweige.
Schweige.

Pflicht.

Schweige.
Schweige.
Schweige.
Schweige.
Schweige.

Nicht.

# FRANZ

Franz hält das Kind.

Es sieht seltsam aus, wie er es hält, seine Finger sind verdreht, und das Kind guckt ganz verstört. Er hält es unter den kurzen Ärmchen fest, der Rest des Körpers baumelt einfach hinunter. Es sieht mehr aus wie eine Übergangshaltung. Als wäre Franz kurz davor, das Kind so richtig auf den Arm zu nehmen. Aber es verändert sich nichts. Er hält das Kind. Er hält es einfach weiter so in der Luft. Das Kind gehört gar nicht Franz, sondern seiner Schwester. Und wahrscheinlich gehört es vielmehr zu seiner Schwester. Es ist ja kein Gegenstand, ein Kind kann man nicht besitzen.

Selbst gemacht, sagt seine Schwester bei jeder Gelegenheit, und damit meint sie das Kind. Das ist wahrscheinlich der Mutterstolz. Bestimmt gibt sie gerne an mit diesem putzigen, kleinen Wesen, das riesige braune Äuglein hat und dunkelbraune Löckchen auf dem Köpfchen. Es sieht so niedlich aus, dass man weder »Locken« noch »Kopf« sagen kann, es sieht so niedlich aus, dass man Verniedlichungen nutzen muss.

Es ist wirklich ein schönes Kind. Es ist ein süßes Kind, ein Vorzeigekind. Passanten bleiben stehen oder werden zumindest langsamer, wenn Franz' Schwester das Kind durch die Straßen trägt. Ach, das ist aber süß, sagen sie dann, und die Hände und Arme zucken unvermittelt, weil sie es am liebsten tätscheln wollen würden, das süße Kind.

In solchen Situationen streicht Franz' Schwester dann schützend über das Köpfchen mit den Löckchen, dreht das süße Kind ein wenig zur Seite, damit Hände und Arme der Passanten auch wirklich weit genug entfernt sind, und sagt: Selbst gemacht.

Jetzt gib mal wieder her, sagt sie jetzt, und damit meint sie auch das Kind. Franz reicht ihr die paar Kilo herüber, er kann gar nicht schätzen, wie viel das Kind wohl wiegt. Wie viel wiegen wohl neun Monate Leben, ist es überhaupt neun Monate alt, oder rechnet man zum Alter auch die neun Monate dazu, die es im Mutterleib verbracht hat?

Geburtstag, denkt er sich dann, na klar, wie dumm, Geburtstag. Man feiert die Geburt und nicht den Tag, an dem die Eltern Geschlechtsverkehr hatten. Oder so ähnlich. Franz schlägt sich mit der flachen Hand gegen die Stirn. Das macht ihn alles ganz verwirrt, das Kind, die Löckchen, das Köpfchen, die Schwester, der Raum.

Sie sitzen im Wohnzimmer seiner Schwester, oder vielmehr im Wohnzimmer seiner Schwester, ihrer Freundin und des Kindes. Ganz unverkennbar ist es das Wohnzimmer seiner Schwester, denn die Regale sind voller Bücher, und seine Schwester liest ungeheuer gern und alles mögliche. Ganz unverkennbar ist es auch das Wohnzimmer ihrer Freundin, denn die ist ein großer Indienfan und hat überall diese bunten, gemusterten Tücher aufgehängt; und zwischen den Bücherregalen und den bunten Tüchern liegen pastellfarbene Deckchen aus weichen Stoffen und darauf verteilt liegt möglichst schadstoffarmes Spielzeug, das vom Kind in den Mund genommen werden kann, und deswegen ist es auch unverkennbar das Wohnzimmer des Kindes.

Franz schüttelt die Arme aus, die sind ihm ein bisschen schwer geworden, als er das Kind gehalten hat, und dann lehnt er sich ein bisschen zurück auf der Couch, die linke Hand streicht über seinen Nacken, er schaut seiner Schwester zu, wie sie das Kind auf dem Arm hat und hin und her schaukelt, bis es begeistert quiekt, er schaut der Freundin seiner Schwester zu, wie sie das Wohnzimmer betritt und ein Tablett trägt, ein orientalisch aussehendes

Tablett mit einer orientalisch aussehenden Teekanne und mit vier kleinen, orientalisch aussehenden Tässchen. Sie stellt das Tablett auf dem Tisch ab und verteilt die Tässchen, eines für ihn, eines für seine Schwester, eines für die Freundin seiner Schwester und eines für Ada, die neben ihm sitzt.

Die Tässchen werden mit Tee gefüllt, und die Schwester legt das Kind auf einer der weichen Decken ab, dann stoßen sie an. Prost, sagt die Schwester todernst. Namaste, sagt die Freundin der Schwester und kichert. Versteht ihr, Namastee. Haha.

Franz stürzt den Tee hinunter, obwohl er viel zu heiß ist, er verbrennt sich die Zunge, den Gaumen, bestimmt die ganze Speiseröhre, er hustet, und seine zittrige Hand stellt die Tasse auf den Tisch. Ada lächelt ihn von der Seite an. Sie tätschelt seinen Oberschenkel mit der freien Hand. Die Hand ist sehr fein, ihre Hände sind das Feinste an Adas gesamtem Körper, sie hat sehr schmale, lange Finger, sehr weiche, glatte Haut, keine sichtbaren Äderchen, keine Knubbel und keine Druckstellen. Deswegen arbeitet Ada manchmal als Handmodel, das heißt, sie hält ihre Hand in eine Kamera, vorher werden ihr die Fingernägel gemacht, sie werden in verrückten Farben lackiert, dann werden verrückte Dinge darauf platziert, kleine Steinchen und anderes, dann hat Ada ihre Hand auf größeren Steinchen und pastellfarbenen Deckchen zu platzieren, hübsch angeleuchtet wird das Ganze und dann werden Fotos geschossen. Fotos für die Werbebroschüren und die Kataloge und die Wanddekoration in Nagelstudios. Nail Design heißt das, was auf Adas Fingernägeln los ist während so eines Shootings, andere Menschen geben dafür wirklich unglaubliche Mengen Geld aus, Ada lässt sich dafür bezahlen. Und sie findet es nicht einmal schön, nach einem solchen Shooting kommt sie nach Hause und jammert, sie jammert über die Farben und über die verrückten, draufgeklebten Dinge und über den widerlichen Geruch des Nagellackentferners.

Franz greift nach Adas feiner Hand, er umschließt sie mit seinen beiden Händen, er drückt sie, er lässt wieder los.

Wollt ihr denn eigentlich zum Essen bleiben?, fragt seine Schwester, ihr müsst nur wissen, passt auf, das Ding ist, wir essen wirklich extrem früh zu Abend, jetzt ist es schon fünf, also, spätestens in einer halben Stunde würde ich loslegen.

Es gibt nur belegte Brote, aber ihr könnt gern welche haben, fügt die Freundin hinzu.

Oder ihr holt euch was vom Imbiss, drüben auf der anderen Straßenseite.

Ja, und ihr könnt auch so lange bleiben, wie ihr wollt. Ihr müsstet dann nur gleich leise sein, wenn wir das Kind ins Bett bringen.

Willst du das Kind noch mal halten, Franz? Oder Ada, vielleicht du?

Och, sagt Ada. Ach, sagt Franz. Das muss nicht sein. Nicht, dass es sich dann aufregt.

Franz' Schwester räumt die Tässchen auf das Tablett, sie verlässt das Wohnzimmer. Die Freundin nimmt das Kind vom Boden hoch, es schaut ganz verwundert, es quiekt ein bisschen. Es herrscht eine allgemeine Aufbruchsstimmung im Wohnzimmer, deshalb erheben sich auch Franz und Ada.

Wollen wir gehen?, fragt Franz.

Vielleicht zum Imbiss, sagt Ada.

Draußen auf der Straße ist es kalt, ganz kalt. Die Straße ist nass, und es stürmt. Franz und Ada überqueren die Straße, sie beeilen sich, sie halten sich je einen Schal schützend vor das Gesicht. Der Imbiss sieht uralt aus, und drinnen riecht es nach Fett. Es gibt ein paar Stehtische und einen einzigen mit Stühlen. Sie bestellen zwei große Portionen Pommes, mit Zwiebeln, Currysoße, Ketchup und Mayonnaise. Ada öffnet den Kühlschrank neben der Theke und nimmt zwei Flaschen Bier heraus. Sie setzen sich an den Tisch, sie sitzen sich gegenüber, sie schauen sich vorfreudig an. Sie prosten sich mit den Bierflaschen zu und trinken.

Weißt du, ich hab heute kurz überlegt, ob man die Schwangerschaft zum Alter dazurechnet, sagt Franz.

Was meinst du?, sagt Ada.

Na ja, das Kind wäre dann neun Monate alt plus die neun Monate im Bauch, sagt Franz.

So ein Quatsch, sagt Ada.

Ich weiß ja, sagt Franz.

Zweimal Pommes, sagt der Kellner.

Später verlassen sie den Imbiss, bleiben davor kurz stehen und werfen einen Blick auf die andere Straßenseite. Dritter Stock, in einem Fenster schwaches Licht, es ist das Fenster von Franz' Schwester, ihrer Freundin und dem süßen Kind, es ist das Licht in der Küche. Ada und Franz wickeln ihre Schals etwas fester, denn um sie herum ist es noch immer sehr ungemütlich, aber ihr Blick hoch zum Fenster bleibt bestehen. Das Fenster, das Licht, dahinter ist wahrscheinlich gerade ein Abendessen im Gange. Und obwohl eine stark befahrene Straße vor ihnen liegt, meinen sie kurz, das Kind quieken zu hören.

Quieken ist auch ein seltsames Verb, sagt Ada.

Und Franz versteht sie kaum, weil sie in ihren Schal hinein spricht.

Sie schauen sich an, dann gehen sie los, und Franz greift nach Adas feiner Hand, um sie zu wärmen.

# LUIS ÁNGEL

Kolumbien, das ist ein Land ganz weit links auf der Weltkarte, also zumindest auf der Art von Weltkarte, auf der sich Deutschland immer ziemlich in der Mitte befindet, ganz so, als hätte es Angst, über den Rand hinauszufallen. In Kolumbien bekämpft das Militär die Guerilla, die im tiefen Wald Coca anbauen, zu Kokain verarbeiten und auf verschiedenen Wegen in die Welt schmuggeln und viele Münder verstummen lassen. Und ihr wisst ja, was wir für jene tun müssen, die keine Stimme haben.

Luis Ángel, du bist nicht klug, das warst du nie. Aber ein Sonnenschein, voller Vertrauen für alles und jeden, der da kam.

Da, wo du herkommst, ist echter Sonnenschein so selten, das ist Soacha, ein Geschwür, das an der Hauptstadt klebt, und es regnet dort eigentlich nur schlechte Neuigkeiten. Wer Arbeit hat, der hat keine gute, und wer Geld hat, der hat es nicht lange. Und du, Luis Ángel, du bist nicht mal klug.

Was soll aus dir bloß werden?

Die anderen Kinder haben ihren Müttern gute Noten mit nach Hause gebracht, du brachtest ihr Sorgen und neue Schimpfwörter, die sie dir an den Kopf geworfen haben:

cabron, cabeza floja, idiota.

Und heute, Luis Ángel, als du gerade am Mercado Central stehst und nichts tust, weil du nichts tun kannst, und deiner Mutter nur einen leeren Magen mit nach Hause bringst, da kommt ein Mann daher.

Hut, Stock, tock tock, und sagt: Komm mit, ich habe Arbeit für dich, komm mit, ich habe Arbeit für dich, du musst nur gleich jetzt mitkommen. Solche Leute sind selten in Soacha, im Geschwür, das an der Hauptstadt klebt, und du verstehst:

Komm mit, Luis Ángel, ich habe Arbeit für dich, ich habe Geld für dich und ein bisschen Ehre, die du deiner Mutter mit nach Hause bringen kannst, du musst nicht klug sein, Luis Ángel, nur Kaffeebohnen pflücken, du kannst ihnen schreiben, wenn du da bist, ich habe Arbeit für dich, komm mit mir ...

Und jetzt sitzt du im Wagen und schleichst durch das Land. Du hörst wieder und wieder deine Mutter, als sie dir eine Strähne aus der Stirn streicht und sagt: Pass auf, mein lieber Junge, der kleine Zeiger ist für die Stunden, der große für die Minuten, und du bist jeden Schlag des kleinsten wert. Du bist mein Sonnenschein.

Er wird ihr schreiben, gleich, wenn sie da sind, nur damit sie weiß.

Wenn du nur klug wärst, Luis Ángel, dann hättest du vielleicht gemerkt, dass man dem Mann nicht trauen kann. Du hättest gemerkt, dass er kein reicher Grundbesitzer ist, sondern ein Soldat, der leichte Beute will. Solche, die nicht klug sind.

Ihr fahrt die ganze Nacht hindurch. Luis Ángel, du bist nicht nach Hause gekommen, deine Mutter vermisst dich. Als ihr angekommen seid, steigt ihr aus, reckt eure steifen Arme zum Himmel empor.

Der Mann schmeißt euch einen Haufen Kleider hin. Zieht das an! Und sein Tonfall ist gar nicht mehr so reich wie noch zu Hause.

Wenn du nur klug wärst, Luis Ángel, dann hättest du gemerkt, dass es die Uniformen der bösen Leute sind. Die Leute, die armen Bauern eine Knarre an den Kopf halten und ihnen sagen, dass sie

künftig andere Pflanzen anbauen werden. Guerillas, Coca-Köche mit weißem Gold vor Augen.

Die Uniformen kalt auf der morgendlichen Haut, stirbt euren Gesichtern die Euphorie weg.

Die Mutter ist weit weg, als die Männer plötzlich Waffen ziehen, und ihr beginnt zu rennen. Hier, in diesem Wald, Luis Ángel, hier versiegt dein Sonnenschein. Falsche Positive, los falsos positivos, nennt man die jungen Männer, die die kolumbianische Armee mit falschen Versprechen in entfernte Wälder gelockt hat, um sie als im Kampf getötete Guerillas auszugeben. Im Gegenzug kassierten die Soldaten Geld, Sonderurlaub und Ehre. Es wird von über dreitausend Toten ausgegangen.

> Wie weit weg von uns eine Sache geschieht,
> darf nicht bestimmen, wie nahe sie uns kommt.
> Und die wahren Geschichten
> sind nicht immer die schönsten.
> Der große Zeiger ist für die Tränen,
> der kleine für die Jahre,
> und vom kleinsten wirst du glauben,
> dass er es ist, der dich nachts wachhält.
> Luis Ángel, deine Mutter vermisst dich.

*Zusatz zu »Luis Ángel«:*

*»Falsch Positiv« ist eigentlich ein Begriff, der dem Feld der Statistik entstammt. Gemeint sind Fälle, die ein positives Testergebnis, einen Treffer erzeugen (z. B. bei einer Krankheit), obwohl jemand in Wahrheit gesund ist. Im Falle der Falschen Positiven in Kolumbien wurden von Angehörigen des Militärs in einem inszenierten Kampf getötete, junge Menschen als »Treffer« der Guerillas ausgegeben. In Wahrheit handelte es sich um zuvor angeworbene oder entführte Zivilisten, die gezielt in armen Stadtteilen angesprochen wurden. Im Jahr 2008, im Jahr des Bekanntwerdens dieses Vorgehens, gründeten sich die Mütter von Soacha, nachdem neunzehn ihrer Söhne aus Soacha und Bogotá verschwanden und kurze Zeit später als im Kampf getötete Guerillas präsentiert wurden. Keiner hatte zuvor jemals Sympathie mit der Bewegung gezeigt.*

*Die Mütter und Familien fordern weiter Aufklärung des Skandals durch die Justiz, die lange Zeit nur Soldaten niederen Ranges mit Strafen belegte. Die 2013 erschienene Dokumentation »Retratos de Familia« (»Familienporträts«, online verfügbar mit englischen Untertiteln) erzählt die Geschichte des gemeinsamen Lebens der verlorenen Söhne, aber auch der Demütigung der Betroffenen und der schleppenden Aufklärung durch die Behörden.*

KATINKA BUDDENKOTTE

# MARIA VOLL DER CHECKUNG. ODER: DAS KRIPPENSPIEL, DAS NIE AUFGEFÜHRT WURDE

18. Dezember 1981: Wir befinden uns in dem Frühstücksraum des Evangelischen Versöhnungs-Kindergartens, welcher an diesem Tag als Garderobe für die Akteure des Krippenspiels dienen soll. Diese wurden ausnahmslos aus der »Marienkäfer-Gruppe« rekrutiert, da sich deren sämtliche Mitglieder erst kürzlich als überdurchschnittlich talentiert gezeigt hatten. Just in der Woche zuvor war nämlich bei den Marienkäfern die Tollwut ausgebrochen.

Zwar stellte sich die Seuche schon nach wenigen Tagen als harmlos heraus (genau genommen hatte nur ein ganz besonders kreatives Kind, das wir an dieser Stelle einfach Mal »Katinka« nennen wollen, eine Großpackung Ahoi-Brause an seine Mitinsassen verteilt, und diese angewiesen, möglichst elendig auf dem Boden herumzurobben und »aus Spaß« die Doofies aus der »Maiglöckchengruppe« zu beißen), dennoch führte die fehldiagnostizierte Epidemie leider auch dazu, dass vor der Aufführung keinerlei Proben stattfinden konnten. Die Kindergärtnerin Tante Rita und die Leiterin der Institution, Frau Schergens, entschlossen sich daher, die Rollen für das Schauspiel erst kurz vor knapp zu verteilen, und den aufzusagenden Text stark zu reduzieren. In der Praxis sah die bisherige Besetzungsstrategie so aus, dass insgesamt 14 von 23 Kindern in Badematten und Flokatiteppiche gesteckt wurden, um als Schafe zu fungieren. Danach wurde die Herde auf den Pausenhof entlassen, um ihren Text zu üben.

Hirten gibt es keine, die Heiligen Drei Könige stecken im Stau. Pastor Erdmann soll Ochs und Esel in Personalunion geben, und hat sich zu seinen Einzelproben auf die Kanzel zurückgezogen. Er wurde angewiesen, mit dem Rezitieren aufzuhören, sobald sich die

Kirchenbänke mit den zu erwartenden Eltern füllen würden. In der provisorischen Garderobe befinden sich zu diesem Zeitpunkt also nur Tante Rita, die als Leitschaf den wollenen Chor leiten will, und Frau Schergens, die mit ihrer eher dunkelblonden Langhaarperücke den Engel zu geben gedenkt, aber dank ihrer dürftigen Make-up-Kenntnisse eher eine frappierende Ähnlichkeit mit einem Musikanten aufweist, den ein ganz besonderes kleines Mädchen von den Plattencovern der väterlichen LP-Sammlung her kennt.

Katinka (in den Frühstücksraum tretend): »Hallo, Tante Rita. Hallo, Frau Schergens, du siehst aus wie Alice Cooper!«

Frau Schergens kennt Herrn Cooper offensichtlich nicht, scheint aber just in diesem Moment darüber nachzudenken, wen sie eigentlich mit dem diesjährigen Blitz-Casting genau bestrafen wollte. Bevor sie jedoch schnell und still klammheimlich umbesetzen kann, kommt Tante Rita ihr zuvor: »Hallo Katinka! Wir haben eine Überraschung für dich! Du spielst die Maria! Freust du dich?«

Katinka freut sich nicht. Sie hat daheim nicht einmal erzählt, dass es ein Krippenspiel gibt, weiß aber, wie tratschsüchtig Erwachsene sind. Wenn sie die weibliche Hauptrolle spielt, gibt es garantiert Gerede, und die Sache mit der Tollwut würde neu aufgerollt werden. Katinka kennt sich in der Welt da draußen ein wenig aus, und fürchtet, dass der Weihnachtsmann mit empfindlichen Sanktionen auf diese Geschichte reagieren könne.

Deshalb sucht das Mädchen erstmals Schlupflöcher im Vertrag, um dem Engagement doch noch zu entkommen.

Katinka: »Hmpf. Okay. Wer spielt denn den Josef?«

Der Alice-Cooper-Engel strahlt: »Den Josef, Katinka, den spielt dein bester Freund Jojo!« Dann flüstert der Engel Tante Rita sehr laut zu: »Ha, das wird der Clou, Rita! Damit zeigen wir es denen von der Kreuzkirche! Die haben nämlich ihren einzigen schwarzen Jungen wieder zum Balthasar gemacht. Das ist so typisch für die Katholiken, oder?«

Tante Rita nickt geistesabwesend, in diesem Moment betritt Josef »Jojo« Mo'dengo-Schlatekämper den Raum und begrüßt zunächst Frau Schergens.

Jojo: «Ahhhhh, ein Zombie!!! Hilfe!«

Tante Rita fängt den Flüchtenden ab: »Aber Jojo, das ist doch nur der Engel. Und weißt du was? Du spielst den Josef!«

Jojo geht sofort in seiner Rolle auf, und stellt sich zitternd neben sein Weib und ergreift dessen Hand. »Ich fürchte mich nicht, wenn du dich nicht fürchtest«, murmelt er der kleinen Katinka zu, die aber andere Sorgen umtreiben.

»Was'n das da?«, fragt das Mädchen, und deutet auf den aufgebockten Schuhkarton, in dem eine Babypuppe in Pampers liegt.

Der Engel Frau Schergens informiert im scharfen Ton: »Das da, Katinka, ist das liebe Jesuskind. Der Sohn, der dir in dieser heiligen Nacht geboren wurde. Kannst du das gleich einfach so sagen, Katinka?«

Katinka: »Nö. Der ist ja viel zu rosa.«

Die Pädagoginnen wechseln einen Blick. Hier weiß ein Kind zu viel. Aber wie viel genau? Katinka klärt die Damen auf:

»Also, wenn Jojo der Vater ist, haut das nicht hin. Der Jesus müsste eher so hellbraun sein.«

Der Engel der Verkündung steigert sich in religiöse Ekstase hinein: »Katinka, Jesus ist der Sohn Gottes, nicht der von Josef. Und der von Jojo schon gar nicht.«

Katinka, störrisch: »Ja, aber dann hätte Gott trotzdem ein braunes Baby in die Krippe legen müssen. Gott weiß doch wohl, wie man richtig mischt, oder? Ist wie bei den Wasserfarben, und ...«

Frau Schergens, keifend: »Gott hat keine Wasserfarben! Und er legt keine Babys in Krippen. Er ist nicht der Osterhase!«

Josef fängt an zu weinen, im Glauben erschüttert. Maria tröstet ihn.

»Keine Sorge, wir können unsern Jesus noch anmalen, damit er richtig wird.«

Der Engel reißt seine Perücke herunter: »Nichts da! Jesus ist schon richtig, der bleibt eine ganz normale Babypuppe, weil Gott der Vater ist, so!«

Jojo: »Ich dachte, *ich* sei der Vater! Ich war als Baby auch ganz normal, sagen meine Eltern immer!«

Tante Rita birgt das Gesicht in den Händen, die kleine Katinka weiß, dass jetzt ihr Fachwissen gefragt ist. Sie bedient sich der Worte, die ihre Schwester ihr aus dem Buch »Das westfälische Reitpferd – Haltung, Zucht und Pflege« vorgelesen hat.

»Jojo, es war so: Weil Josef wohl nicht so normal war, hat Gott mich besamt und ...«

Frau Schergens, würgend: »Maria wurde nicht *besamt*, Katinka!«

Katinka, die Alternative bezweifelnd: »Also, ich glaube nicht, dass das ein ›Natursprung‹ war. Dafür ist Gott doch viel zu groß, sagen doch immer alle ...«

Weder der Engel noch das Leitschaf scheinen zu wissen, was ein »Natursprung« ist. Der kleinen Katinka leuchtet plötzlich ein, weshalb sie noch nie einen Herrn Schergens oder einen Onkel Rita gesehen hat. Josef hat eine Frage zu seinem Text: »Tante, Rita, soll ich dann gleich sagen: ›Fürchte dich nicht, Maria, Gott ist groß.‹ oder ›Fürchte dich nicht, Maria, obwohl Gott zu groß ist.‹?«

Die Schafherde und die Könige stürmen in den Raum, der Engel stürmt ab in die Kirche, wobei er schreit: «Keiner von euch sagt gleich irgendwas auf der Bühne, verstanden?!«

Alle Schafe schreien: »Mäh!«

Josef heult, aber als sie auf die Bühne gehen, tröstet ihn sein Weib, laut und deutlich: »Keine Sorge, Jojo. Wenn wir später ein Baby machen, dann machen wir das richtig. Ohne Gott.«

Der Engel hat die frohe Botschaft vernommen und sinkt röchelnd auf dem Altar zusammen.

»Das finde ich jetzt aber überhaupt nicht altersgemäß«, ruft Jojos Mutter aus der ersten Reihe. Der Pastor sagt: »I-Ah.«

Der Vorhang fällt unter dem Blöken der Schafe zusammen. Tante Rita verteilt Ahoi-Brause, die Kirche wird wegen Verdachts auf Maul- und Klauenseuche geräumt. Maria muss nach den Weihnachtsferien nicht mehr in den Kindergarten gehen. Gottes Wege sind unergründlich.

## ANNIKA BLANKE
# VON FELSBLÖCKEN UND SCHULBÄNKEN

Und nun ist Sisyphos' Felsblock
also bei ihnen angekommen.
Bei ihnen.
Bei denen, die schon alles gesehen haben.
Deren Erstaunen
nur noch einen Ladebalken lang reicht.
Und denen die eigene Stille
so bedrohlich vorkommt.

www.wikipedia.de

»HIER GIBT'S KEINEN EMPFANG!«, mault einer der Erziehungs-
und Schutzbefohlenen der Klasse 10 und reckt wie zum Beweis
seinen scheckkartengroßen Alleswisser in die Luft.

»Du sollst die Aufgabe auch nicht mithilfe des Internets lösen!«,
sage ich, »Bediene dich gefälligst deines eigenen Verstandes!«

Ich freue mich, das so stark vom Aussterben bedrohte Genitiv-S
einmal mehr erfolgreich gerettet zu haben, und schaue mich im
Klassenraum um.

»*Was wirklich ist, das ist vernünftig*«, hat ein großer Denker einmal gesagt. Ich schlage im auf dem Pult liegenden Ethikbuch unter
*H* wie *Hegel* nach, denke kurz an die Gesellschaft, und mir werden
zwei Dinge klar: warum Hegel zu den Idealisten gezählt wird und
warum er auf dem Porträt im Buch so dolle Augenringe hat. Aber
wir haben nicht 1820, sondern 2016, und meine Wirklichkeit sieht
so aus: Vertretungsstunde, Grundkurs Werte und Normen, Thema: »Meine Zukunft – Selbstverwirklichung oder Selbstbetrug?«,

hinter dem Pult ich, 32 Jahre, Lehrerin. Vor dem Pult 22 Stühle mit 22 Schülern, alle zwischen 15 und 17, alle zwischen allwissend und Abitur, alles Kinder der demokratischen Zeit und des digitalen Zeitalters, und dann ruft einer von ihnen plötzlich: »Du kannst es heutzutage doch nur zu etwas bringen, wenn du dich anpasst!«

Meine Augen durchsuchen systematisch die Schülerschaft. Nach ein paar Sekunden entdecke ich den Urheber der Aussage, es hat etwas länger gedauert, ihn zu finden, er hatte sich so gut seiner Umgebung angepasst. Im grauen Pullover vor grauer Wand will er wohl nicht groß auffallen. Auch sonst sieht er total normal aus, normales Gesicht mit zwei normalen Augen, normale Nase, normale Ohren, normale Zähne, normale Haare, ich weiß, jetzt denken Sie bestimmt: »Was ist schon normal?!«, aber da müssen Sie mir jetzt einfach mal vertrauen, der Junge ist optisch einfach Durchschnitt. Und er heißt Jens. Ob seine Gedanken es sind (also eher Jens oder eher Durchschnitt), weiß ich noch nicht, daher spreche ich den Parolenschwinger pädagogisch wertvoll an: »Ich kann dich leider nur dran nehmen, wenn du dich meldest«, sage ich. »Und hör endlich auf, mit deinem Stupidphone rumzuspielen! Außer dir hat hier keiner eins, so viel zum Thema Anpassung!«

Sekunden später wedeln 22 Schüler mit 22 Smartphones.

»Hör'n Sie mal, Frau Blanke«, meldet Jens sich wieder zu Wort, ohne sich zu melden. »Hier sitzen 22 Schüler und eine Lehrerin. Wenn man sich meldet, geht man immer das Risiko ein, nicht drangenommen zu werden, damit Ihr Prinzip des Unterrichtens funktioniert, müssen wir es alle erst mal anerkennen, und wenn 22 Leute sich dagegen entscheiden, da können Sie nix machen! Das ist wie mit der Warteschlange vor dem Schulbus! Wenn man sich – wie's sich gehört – hinten anstellt, ist man immer der Gearschte! Sie glauben ja gar nicht, wie weit hinten hinten sein kann!«

»Also größtmögliches Glück auf Kosten anderer? Findest du das nicht ein bisschen egoistisch?«, frage ich.

»Nö«, sagt Jens. »Solange ich nicht zu den anderen gehöre! Gucken Sie sich doch mal in der Welt um! Ja, es gibt eine Welt außerhalb dieser Schulmauern! Da geht es nicht um Respekt, Rücksicht und Meldeketten! Da geht es darum, wer die stärksten Ellenbogen hat und am lautesten schreit!«

»Und das findest du vernünftig?«, frage ich.

»Ey, nur weil ich das Spiel mitspiele, heißt das noch lange nicht, dass ich die Regeln gut finde!«, sagt Jens.

Ich denke kurz daran, dass die Regeln im Unterricht lauten: Klappe halten und mitarbeiten, statt zur Revolution aufzurufen, aber da ertönt eine Stimme aus Reihe eins:

»Wir können die Regeln aber auch ändern!«

Laut Sitzplan heißt das zur Aussage gehörende Mädchen Sophie. Sophie steht auf:

»Brüder und Schwestern!«, erhebt sie ihre Stimme, »Wir alle streben nach einem gemeinsamen Ziel: Wir wollen unsere Träume verwirklichen! Damit dies für jeden von uns grundsätzlich möglich sein kann, müssen wir jede Unterdrückung verhindern – die Unterdrückung eines Einzelnen ist auch eine Unterdrückung unserer selbst! Hannes – was willst du später mal werden?!«

»Neurologe!«, antwortet der schmächtige Brillenträger.

»Wer von euch dafür ist, dass Hannes Neurologe werden darf, um anderen zu helfen und viel Geld zu verdienen, der rufe jetzt ›JAAA!‹«

Eine Woge der Begeisterung bricht über die Klasse 10b herein. Ich schleiche mich zur Tafel und beginne kleinlaut eine Mindmap. Sophie legt nach:

»Und du, Lena, was willst du später mal werden?«

»Ich möchte in Tansania ein Waisenhaus aufbauen und Kindern ein besseres Leben ermöglichen!«

»Wer von euch dafür ist, dass Lena Waisenhausaufbauerin werden darf, um anderen zu helfen und wenig Geld zu verdienen, der rufe jetzt ›JAAA!‹«

So langsam steppt hier der Bär. Der angepasste Revoluzzer Jens hat die allgemeine Euphorie schnell und zielsicher erkannt, nennt sich jetzt Jean-Baptiste, trägt eine Baskenmütze und ist dazu übergegangen, filterlose Gauloises zu rauchen.

»FREIHEIT UND WOHLSTAND FÜR ALLE!«, skandiert er und

lässt mithilfe der Taschenlampen-App seines Handys das Licht der Aufklärung erstrahlen.

22 Personen gefällt das.

»Und du, Julius-Wilhelm, was möchtest du mal werden?«

»Investmentbanker!«

Stille.

»Das können wir nicht aufschreiben!«, sagt Sophie, »Das verstößt gegen die Regeln!«

Ich schreibe ihn ganz klein in die Ecke der Tafel und blicke in die Runde. Mir fällt ein Schüler auf, und ich mustere ihn. Blass, die langen Haare ins Gesicht gefallen, sitzt Paul in der Ecke.

Wenn der Grundsatz »Ich denke, also bin ich« stimmt, ... dann gibt es Paul nicht. Während alle anderen aufmerksam den Plänen der Mitschüler lauschen, guckt er teilnahmslos aus dem Fenster.

»Und du, Pinky?!«, verhört Sophie gekonnt weiter einen Jungen im rosa Poloshirt, »Was ist dein Traum?!«

»Die Weltherrschaft!«

»Sollen wir das unter Investmentbanker schreiben?«, frage ich. 22 Mal Nicken, ich schreibe auf. Dann klingelt es zur Pause.

»Der Lehrer beendet die Stunde!«, sage ich und beende die Stunde. Der Raum leert sich schnell. Mein Blick und meine Gedanken bleiben an der Tafel hängen. Welche Träume klingen vernünftig, welche unvernünftig, und ist es überhaupt vernünftig, dass ich mir ein Urteil erlaube? Ich denke daran, dass Vernunft bedeutet, aus Erfahrung und Beobachtung Verhaltensregeln abzuleiten. Und trotz allem Träume. Dann hinter mir ein Räuspern. Paul wischt sich den Pony aus dem Gesicht.

»Ich habe nachgedacht, was ich werden will«, sagt er mit fester Stimme. »Ich möchte glücklich sein.«

»Vernünftig«, sage ich.

Und hoffe insgeheim, dass er ahnt, dass das Glück in »glücklich« nicht immer auf »ich« endet.

JULE WEBER

# ANDROMEDA
## ODER: ICH BIN (MANCHMAL) EINE HELDEN (FÜR DICH) ODER WÄRE ES ZUMINDEST GERNE

*für f.*

als ich erwache, wachen über mir menschen mit masken,
mustern mich misstrauisch, mitfühlend, achtsam,
*willkommen zurück*, sagen sie
und benommen vor glück frag ich:
*wie bin ich hierhergekommen, und von wo kam ich zuvor?*

ich fühle mich müde. es rauscht mir im ohr.
meine stimme ist heiser, es ist mir zu hell.
meine füße ganz bleiern, und meine haut entlang windet sich
eine schwarze linie und verbindet mich mit den
konturen meiner umwelt,
all den figuren im umfeld,
die welt ist etwas flacher, seit ich wach bin;
die luft ist etwas dünner, als ich dachte,
generell und überhaupt scheint alles wie ver–zerr–t.
verkehrte welt zwischen papierseiten,
da ist ein rascheln in der luft und ein tuscheln und zischen,
als ich mich strecke, knackt – es – zwischen
jedem knochen in mir,
da ist ein p-p-p-pochen drin:
hier. und hier.

                     *(gezeigt und gemeint sind die fäuste.)*
ich bin stark. viel stärker als je.
ich bin hart und kämpfe dagegen an, jemandem sehr dringend
die fresse polieren zu müssen.
ach, du scheiße! ich bin eine heldin geworden!

mein körper steckt jetzt in einem latexanzug,
der sich wirklich nice anschmiegt,
weil er wirklich eng anliegt – oh yeah!
ich bin ein wunder von frau,
bin ein unglaublicher traum,
bin wie eine katze in der nacht,
wenn ich von fenster zu fenster tig're.
nenn mich jones, nenn mich rabe,
nenn mich deinen krieger,
ich schwebe so weit über allen dingen,
schwinge mich hoch über die dächer der stadt,
ich bin gefährlich wie eine wespe
und unbesiegbar schön.

im angesicht eines mannes hat man mich dem monster geopfert,
mich rettet die flut, der monduntergang,
was dann passiert, steht in den sternen,
steht vorm nachthimmel, als silhouette vor dem mond:

andromeda ist nie gestorben, sie ist jetzt stärker als zuvor.
warte. warte. ich bin eine heldin.
stehe weit oben über den dächern der stadt,
den nachtwind im haar, den mut gerade im rücken
warte ich wachsam auf lichtsignale am himmel,
kreischende stimmen, die bittend erflehen,
vor schurken und wichten gerettet zu werden,
ungerechte zu richten und frieden zu stiften.
und am höchsten punkt der anspannung und des wartens
ruft aus der ferne ein kind meinen namen.

als ich aufwache, dämmert es draußen noch nicht.
ich fühle mich bleiern und wisch--
mir die letzte nacht von den gliedern,
reib mir den schlaf aus den lidern.
ich war mal eine heldin, heute fühle ich mich alt.

war früher mal rebellin, heute suche ich nach halt
auf dem boden. die füße in strümpfen.
ich wünschte, ich wäre noch so wunderbar,
stattdessen sitz ich und schimpfe und zweifle,
da hör ich plötzlich diesen singsang aus sätzen,
die vorlaut und doch wahr den maßstab versetzen:

ja, ich trage heute eine bluse, da sind rosen drauf,
sehr schön sieht das aus, und mein haar ist gekämmt doch recht
fein.
zwar sitzt die maske mir schief, weil ich kaum vier stunden schlief,
doch für dich muss das eben mal sein.
und ja, ich weiß beinahe alles.
auch wenn ich wirklich oft google.
und ja, es reißt mir den halt weg,
wenn du so rumtollst und sprudelst,
dann ist ein rascheln in der luft und ein tuscheln und kichern,
so müde ich bin, habe ich doch inzwischen
den rücken gestreckt und das kinn hochgenommen.
hab den tisch kaum gedeckt, da hast du schon begonnen,
mir um die schultern aus weißbunten bildern
ein cape umzulegen und mir namen zu geben,
und auf meiner haut entlang winden sich schwarze linien und
verbinden mich mit all den helden der bücher, all der sehnsucht,
den flüchen, all den sorgen, den frühen gedanken, den mühen, all
den schmerzen, dem kopf und andromedas
opfer
und du –

colorierst die geschichte.
du bist der stoff für gedichte.
bist der sidekick, der mich rausbringt,
nie verzagt und nicht aufgibt,
du wunder machst mich zur frau,
und du machst mich auch zur heldin.

machst mich unmenschlich schlau
und baust uns eine welt, in der wir
seite an seite,
unbesiegbar, unglaublich,
vorm nachthimmel stehen, in den sternen.

als du aufwachst, wache ich staunend neben dir.

alles ist still.

doch da ist ein p-p-p-pochen drin,
hier. und hier.

                            *(gezeigt und gemeint sind die herzen.)*
*willkommen zurück*, sage ich, benommen vor glück,
du musterst mich nur achtsam.
wer hätte gedacht, dass hier mit verantwortung eben auch große
macht kam.

ach, du scheiße. ich bin eine heldin geworden.

*Diesen Text anhören (Liveversion):*
*http://satyr-verlag.de/audio/lautstaerke_andromeda.mp3*

# ZU HAUSE IST EIN GEFÜHL

Ich bin neulich durch die Stadt gelaufen und habe diese Postkarte entdeckt. Die war mattblau hinterlegt, und dann stand da in schnörkeliger weißer Schrift:

ZU HAUSE IST EIN GEFÜHL

Und ich lese das und denke nur:

Zu Hause –
ist ein Gefühl, wie das poröse Mark meiner Knochen.
Zu Hause –
zwei Worte
wie der Mittelpunkt der Welt
oder das Ende meiner Nabelschnur.
Die ist irgendwie reißfest.

Ja – wisst ihr –, genau deshalb stehe ich jetzt hier,
denn in mir hat sich was angestaut.
Und nach zwanzig stummen Jahren,
weiß ich endlich, welches Geheimnis ich in mir trage.

Ich hab schon wieder eine schlaflose Nacht mit endlosen Fragen
verbracht.
Vor mir steht ein erzitternder Morgen.

Schwarztee zieht vor meinen müden Augen heiße Wasserdampf-
kreise.

So hänge ich vor meinem Küchentisch. Der sieht aus wie dickes Blut. Die Holzmaserung scheint wie ein pulsierendes Netz von Lebenslinien durch die Farbe. Ich lese darin. Umfahre mit meinem Finger die hölzernen Rillen wie eine Wahrsagerin das Gewebe einer Hand.

Ich erinnere mich in Bruchstücken. Wie Sekundenaufnahmen unter dem Vergrößerungsglas.
In meinen Ohren ein weißes Rauschen. Unter den Füßen ein Taumeln.
Der Boden bricht auf.

Mich Erinnern
wie ein Hangeln
von Moment zu Moment,
ein Pendeln zwischen den Welten.
Etwas
kratzt gegen die Decke meines Bewusstseins. Zieht und zerrt.
Luft einsaugen und weiteratmen.
Will Funken schlagen.

Erinnerungen
wie ein Aufblitzen.
Fast wie Aufgeben.
Die Erlaubnis,
mir selbst in die Karten zu schauen.

Und so erhasche ich plötzlich einen Blick in meine Kindheit.
Ich spähe durch die Milchglasfenster meiner Herzkammern in mein eigenes Wunderland.

Glitzernde Sonne trifft auf ewiges Eis. Alles dampft. Ein sintflut-artiges Tauwetter
wird zu Salz auf meinen Wangen. Wäscht den Schleier von meinen Augen.

Ich stehe wie regenbogenbemantelt inmitten tobender Stürme. Die wirbeln mich herum. Lassen mich kopfüber sein. Ich falle durch die Zeit. Bin wieder klein.

Muttis Küche mit Vatis Schnörkelmöbeln. Wie bei *Die Schöne und das Biest.*
Knisternder Holzofenduft. Dunkle Schatten lauern wie Monster um mich herum.
Staubflocken drohen zu verbrennen. Ich sehe fast nichts. Und was eben noch winziges Puppenhausporzellan war, ist jetzt unendlich viel größer als ich.

Die alte Küchenlampe. Mattbraun. Geflochtener Bast. Hängt still und lang von der Decke.
Sie erscheint mir bedrohlich schief und verstaubt. Wie ein Nest aus verlorenem Licht.
Mir ist, als ob sie schwingt.

Kauernder Abstand zwischen meinem Vater unter der Lampe und meiner Mutter und mir.

Ein Wimpern.Schlag.

Ich bin im Bad, am anderen Ende der Diele.
Alles ist schlimm und bedrohlich. Meine Mutter ist rot. Panisch. Ihre Stimme springt von rau zu schrill. Sie weint und spricht so schnell, so schnell. Zu schnell. Verhaspelt sich. Die Wörter jagen mich. Ich will weg sein. Mich nie mehr bewegen. Aber sie redet und redet und redet. Ihr Mund geht auf und zu. Sie sieht aus wie ein nach Luft schnappender Goldfisch. Mir wird ganz heiß. Meine Welt verdreht sich. Und mein Kinderkörper merkt sich bloß ein Gefühl, weil – so viele Erwachsenen-Wörter, die verstehe ich einfach nicht.

Das sind. Drei Sätze. Oder zwei und ein Bild. »Dein Vater hat mich – – –«, erklärt sie.

Klammert sich an mich. Ihre Fingernägel brennen. Rotweiße Flecken auf meinen Arm.
Irgendetwas ist mit ihren Kopf. Sie befürchtet Blut. Fasst sich ans Ohr. Erfindet ein Frauenhaus. – »Aber Mama, was ist das?« – »Dein Vati ist jetzt ein ganz, ganz Böser.« Lauter böse Worte. Ihr Mund geht auf und zu.

Mir flackern Filmrisse durch den Kopf. Jedes Zwinkern ein Cut. Erinnerungen sehen aus wie Fotos. Bilder ohne Reihenfolge. Sind körnig. Verschwinden, bevor ich sie begreifen kann. Meine Eltern als Knäuel. Immer wieder Filmstillstand. Klack klack. Wimpern.Schlag.

Wieder Bad. Meine Mutter versteckt sich hinter der schlüssellosen Badezimmertür –
hängt nebenbei Wäsche –

Das ist wie stop motion stop motion stop motion stop motion Bad Küche Bad.
Stop.motion – stop.

Ein Rausch greller Farben spuckt mich aus.

Und so lande ich plötzlich wieder an meinem Küchentisch. Brüllende Atemlosigkeit.
Kann das, kann das alles wirklich wahr sein?
Ich fühle mich, als wäre ich aus meiner Fassung gefallen.
Oder so, als ob die Welt sich gleichzeitig in alle Richtungen dreht.

Stille. Legt sich streichelnd um mich. Wie ein Vakuum. Stille. Macht kleinste Dinge ganz lebendig.

»Wer hat Angst vorm schwarzen Mann?« (gesummt)

Ich kann hören, wie das Kinderherz in mir drinnen ganz leise anfängt zu singen.

Unter all den Albträumen war Schicht um Schicht, in tiefstem Dornröschenschlaf, ein Stück meiner Selbst vergraben. Wie der Goldschatz am Ende eines Regenbogens.

Vor meinen Augen sind immer noch Bilder, Bilder, Bilder.
Aber mich selbst wieder zu haben, das ist, als wäre ich plötzlich Multimillionär.

Ich hab auch gar keine Lust mehr, Trübsal zu blasen;
gebe den Dingen stattdessen einen Namen.
In Wahrheit ist es nämlich so:
Mein Vater hat meine Mutter einmal aus Versehen ins Gesicht geschlagen.
Ihre Körper waren sich einfach für einen Moment im Weg.
Weil, die wollten beide gleichzeitig den Staubsauger haben.

Sie haben getobt und geschrien und waren unter Schock.
So ein bisschen ratlos und ein bisschen rastlos.
Und wer kann schon ahnen, dass kleine, dreijährige Mädchen zwanzig Jahre später noch solche Albtraumbilder im Kopf haben.

Aber jetzt spüre ich nur noch so eine Art Gänsehaut.
Wie ein Befreiungsrausch, wenn Blutkörperchen um Blutkörperchen
zurück in eingeschlafene Körperteile saust.

Und am Ende ... habe ich dann doch diese Postkarte gekauft ...
In mir drin hat sich nämlich das Gefühl,
zu Hause zu sein,
zusammengebaut.

*Diesen Text anhören:*
*http://satyr-verlag.de/audio/lautstaerke_zuhause.mp3*

## CLARA NIELSEN
# KARUSSELL

Ich bin 'ne Kugel. Welt für dich.
Außen verbeult, gestreift,
doch was kümmert es mich?
Wenn innere Werte wirklich mal zählen?
Ich meine Eiweiß, Eisen, dein Herzschlag natürlich,
und mein Herz schlägt für dich.
Ich hab dich so gern,
obwohl ich noch nicht weiß, wer du bist.
Ich hab dich schon gern,
obwohl du nur trittst,
obwohl ich ständig kotze und heule von den Hormonen.

      Und immerzu denk ich: Wie wirst du aussehen?
      Wie wirst du wohl sein?
      Und dann bist du da, siehst aus wie 'n Baby,
      zerknautscht und klein.

      Und ... was glaubst du: Ist die Liebe, die aus Liebe entsteht
      nicht das Größte, was überhaupt geht?

Und ich bin sooo müde.
Ich rede und esse für zwei.
Du schläfst auf mir, an mir, neben mir ein,
scheißt mal in und mal an der Windel vorbei.

Du bist mein Fulltime-Job,
obwohl du scheinbar nur kackst, pennst und trinkst,
obwohl du scheinbar mit Nichtstun die Zeit verbringst.

Und ich? Ich gewöhn' mich an den Schlafentzug auf Dauer,
bin halt 'ne Milchbar mit 24 Stunden Happy Hour.

Ja, läuft bei mir.

Ich mache Fotos von dir,
muss dich festhalten im Rahmen auf Glanzpapier.
Für die Omas, süß und niedlich,
auf Bildern stets brav und friedlich;
breit verschmitzt mit breiverschmierter Schnute,
cute und keck sind meine Lieblingsattribute.

> Und immerzu denk ich: Wie wirst du aussehen?
> Irgendwann mal. Wie wirst du wohl sein?
> Und dann bist du eins und läufst auf zwei Beinen.

> Und ich glaub, ja, die Liebe, die aus Liebe entsteht,
> ist wohl das Größte, was überhaupt geht.

Ich bin jetzt dein Baustellenbaggerbeobachtungsbegleiter,
dein Aussichtsturm mit Himmelsleiter,
ein Schoßsattel für Plumsereiter.

Ich bin der lustigste Comedian *in da house*;
dafür brauche ich keine Pointen,
ich mach nur »Kuckuck«, und du rastest aus.

Ja, Deine-Mudder-Witze sind die besten.

Und ich bin ein Karussell,
ich dreh dich so schnell, ich dreh dich,
alles dreht sich um dich, alles dreht sich um dich.

Ich bin ein Endloswiederholer,
Wiederholer, Wiederholer,

hole wieder, was du runterschmeißt,
und lese vor, lese vor, lese vor, lese vor allem viel vor,
denn das magst du
genauso wie Bobobi, was Brokkoli heißt
und Boy.

Und so oft denk ich: Wirst du noch mal mehr Haare haben?
Und wie wirst du sein?
Und dann bist du 18 ... Monate alt und fängst an zu wein',

weil du nun weißt, was du willst
und Mama das nicht immer versteht.

Was glaubt ihr, ist die Liebe, die aus Liebe entsteht, nicht
DAS ANFASSEN!!
... manchmal ganz schön auf die Probe gestellt?

Du Schmunzelschmutzschnute, du Kleckerfleckenclown,
du mein kleiner Schlawiner, mein Schabernackschnagger,
mein Schlitzohr, Schelm, Charmeur,
du Schnodderschleimverschmierer, Schnabulierer, Schuhverlierer,
du Lausbubschlingel, du Sandkuchenzerstörer,
mein Rabaukenbengel, du Astronautenengel,
mein kleiner Mondanhimmler,
du Muschelstöckesteinesammler, Kritzelkrakelkuschelkind,

du bist mein ein und alles würd ich für dich tun, solange es gut
für dich ist!
Hoffentlich.

Und Bobobi bekommt auf einmal Gesellschaft
aus deiner Wortschatztruhe,
da purzeln Wörter raus, aus Einwort- werden Zweiwort-, Drei-
wortschätze.

Und dann denk ich:
Sind schon wieder vier, fünf, sechs Monate vorbei?
Was rast die Zeit, und du bist zwei. Krass.

Und du redest!

Und du redest, und du redest, und du redest, und du redest,
und du redest, und du redest, und du redest, und du redest,
und ich rede, und ich rede,
und du redest, und du redest,
und ich rede, und ich rede,
und du redest, und du redest,

Und Papa sagt auch mal was!

Und dann passt er ganz allein auf dich auf.
Das geht jetzt, woah! Und ich geh aus

und denk mir: Frei, frei, frei ... schalalalala,
und ich tanze, und ich tanze, und ich tanze,
und ich denke: Hmm ... was ihr wohl grad macht?

Du siehst so niedlich aus, wenn du schläfst,
mit deinen langen Wimpern
und den roten Wangen.
Ich vermiss dich jetzt schon,
dabei sind erst eineinhalb Stunden vergangen.

Aber warum wollte man früher noch mal Nächte durchmachen,
wenn man da so gut schlafen kann?

Und dann kehre ich nach Hause zurück,
da liegst du friedlich neben Papa,
und ich denke: Ich habe unfassbares Glück!

Daran will ich mich erinnern, immer wenn's mal anstrengend ist,
denn alles ist 'ne Phase, in der du nur 'ne Zeit lang bist.

Und du wirst dich nicht erinnern an deine ersten Jahre,
wie es war mit Sabberlätzchen, Windelpo und ohne Haare.
Aber was du mitnimmst, ist so viel, das kann man nicht ermessen!
Was dich jetzt prägt, was du jetzt lernst,
das wird der kleine Kopf doch nicht vergessen!

Und deshalb glaube ich, ist die Liebe, die aus Liebe hervorgeht,
die wichtigste, die ich geben kann, weil ein Leben bevorsteht!

*Diesen Text anhören (Liveversion):*
*http://satyr-verlag.de/audio/lautstaerke_karussell.mp3*

# 4.
# BEKENNEN

## THERESA HAHL
## DAS HERZMAERE

Mein Herz ist eine kleine Hure
und bringt mich in Verlegenheit,
bei jeder sich ergebenden Gelegenheit;

denn es ist in pulsprächtiger Polygamie
schon ganz schön rumgekommen,
wurde in Sachen Anatomie
recht herzhaft durchgenommen,
hat sich dabei viel mehr verloren, als dazugewonnen
und manchmal wünschte ich, an und für sich,
ich könnte sagen: »Mich kümmert das nicht,
was du jetzt wieder mal für bitterböse Sorgen hast,
und was du ohne Weg und Fuß
jetzt wohl ab morgen machst.«

Doch weil mir ständig irgendwas schmerzhaft ins Herz fasst,
sind meine Herzhallenklappen nicht dichtungsaktiv,
schnappen krokodilkieferklein alles auf,
was sich in ihre Richtung verlief.

Ich häng mein Herz an die Spitze des Fahnenmasts,
nur um zu sehen,
wie viel Himmel zwischen zwei Herzschläge passt;

oben auf den Zinnen drapier ich es richtig schön,
doch binnen zwei Sekunden verlier ich es dann in den Böen,
und keine Luftpolsterfolien und Knautschzonen
können mein Herz vor dem Aufschlag verschonen;
führ es an Nylonfädenleinen zwischen Wolkenästen spazieren,
nur, um es nicht in den nächstbesten Hochstrommasten zu verlieren.

Wenn es sich dann nachts wegstiehlt,
aus der Hängematte im Milchstraßensternenfeld schielt,
wo schon so viele Herzen verloren worden sind
und es sich trotz Herzschrittmacher zum Stolpern bringt,
hängt es am nächsten Tag bis zum Anschlag
aus meiner Brusttasche
und biedert sich an als herzförmiger Dekoschwamm,
an dem jeder mit zu viel Salz in den Augen
seine Tränen trocknen kann,
und es dauert nicht lang,
dann mach ich wieder Achterbahnfahrten in meinem Kardiogramm
und hoffe vergeblich,
ich komm dabei auch mal irgendwo an.
Denn schon seit der ersten Reanimation
steht das Mikrophon meines Trommeltongrammophons
unter Starkstrom
auf Destillation aller Sorgen
einer um mich platzierten Person,
weil ich meine Doppelherznaht schon im Ärmelaufschlag
des nächstbesten Mannes trag,
und mit ein bisschen Herzharakiri gepaart,
macht es Kamikazekunst im Kardioquadrat.

Ist mein Rippenbogen erst einmal gespannt,
um Phantasieflügelpfeile abzuschießen,
hab ich den Schlüssel gerade dann verlegt,
wenn es darum geht, Herzkammern abzuschließen.

Doch so langsam hat es sich auch wirklich wund geschlagen,
hat sich wie ein Stück Fleisch auf dem Serviertablett
mit passendem Sezierbesteck
in tausend Gängen aufgetragen;
denn Weltweiten
sind in Herzangelegenheiten selten behutsam,
und es gibt Zeiten,
da wär ich auch lieber gleichgültig, herzkalt und blutarm.

Mein Herz ist eine kleine Hure
und bringt mich in Verlegenheit
bei jeder sich ergebenden Gelegenheit.

Doch immerhin hat es dabei noch keinen Nachschlag verpasst,
hat tatsächlich wortwörtlich recht herzlich gelacht,
die besten Schläge weitab vom Golfplatz verbracht,
und das weiß ich genau,
denn bei Donnerblitzlichtgewitter
macht es besonders heftig Radau,
nur so aus Empathie, und meine Herztöne sind Tramper, die
hängen sich einfach überall dran.
Seh ich euch mal alle so an,
trägt hier schon jeder einen high-five-hohen Herzschlag
von mir auf der Hand.

Herkömmliche Herzhallen sind eher rippenrobust,
haben einen integrierten Ventrikelverdichtungsverschluss
gegen gefühlvollvernichtenden Fokusverlust,
doch weil im Arterienaderamazonaserguss
früher als später alles zum Herz fließen muss,
spült das auch immer ein bisschen Gefühl durchs Rippengemühl.
Auch wenn einen der Gefühlsbausatz Mensch
oft ein bisschen verwirrt,
ist es doch genau der Kontrast der Gefühle,
wodurch die Herzterz zur Quart wird.

Denn der Gegensatz von Liebe ist nicht Wut
und der von Angst auch nicht Mut,
der von Glaube nicht Atheismus,
der von Darth Vader nicht Jesus Christus,
der von Pazifismus nicht ständiger Streit,
der von engstirnig nicht grenzenlosschläfenweit,
und das Gegenteil von Freude ist auch nicht Traurigkeit,
denn die Verneinung aller Dinge ist Gleichgültigkeit.

## FRANZISKA HOLZHEIMER
# BEFRAGUNG

Behältst du die Schuhe an zu Hause?
Ich wette, du rasierst nass.
Wie siehst du aus, wenn du in ein Würstchen beißt?
Und wenn man dich reizt?
Und wenn du schwer atmest, wie bewegen sich dann deine Flanken?
Darf ich mal meine Hand dahin, und du atmest mal tief,
damit ich es mal gespürt habe?
      So also.

Wann klingst du wie ein sterbendes Tier?
Sag, wie schwingt sich deine Hüfte, wenn du auf der Seite liegst?
Ich meine, wie steil fällt dein Hüftbein ab?
Wie tief liegt dein Becken?
Und wenn meine Hand nun dies täte und das?
Und wenn du überläufst, wie stehen dann deine Augenbrauen?
Wie riechst du zwischen den Schulterblättern?
Und wenn es regnet, stehst du dann an den Türstock gelehnt und
guckst melancholisch?
Sag, darf ich dir mal zugucken, wenn du Nudeln kochst?
      Und wenn du resignierst?

Sag, darf ich mit meiner Hand mal da hin
      und hier?
Sag, darf ich dich mir einprägen für später?
Ich hätte so gerne eine Ahnung von dir, gibst du mir eine?
Wirst du zubeißen, wenn ich mich in dein Maul lege?
Darf ich deine Zähne zählen?

Ist deine Angst größer oder meine?
Wirst du finster sein für mich?
Sei doch bitte kurz finster, damit ich es einmal gesehen habe!
Ja, so!


Wenn du morgens deine Hemden durchsiehst, berührst du sie dann,
oder blickst du von Weitem mit den Armen in die Hüfte gestemmt?
Bist du morgens aggressiv und abends erleichtert?
Darf ich mal deine Hände sehen, wenn sie eine Orange schälen?
Fährst du mit dem Daumen voran unter die Haut?
Pulst du penibel?
Rauchst du auch lieber allein?
Sind sie sehr scharf? Deine Zähne meine ich.


Ich will raten: Du schläfst wie ein Toter und sprichst nicht im Traum.
Und wenn du dein Gesicht an meine Brüste legtest, würdest du summen?
Ich würde gerne wissen, wie sich deine Hoden in meiner Hand anfühlen, aber wenn ich das jetzt frage, ist es dir sicher unangenehm.
Sag, wäre dir das unangenehm?
Du hast sicher einen Stuhl neben dem Bett, darauf liegt, was du dir am Ende des Tages abstreifst, hab ich recht?
Eine Hose, schmutzige Wäsche, Schuld?


Ach, ich könnte ewig so weitermachen.


Was, jetzt winkst du dem Kellner?
Soll ich das persönlich nehmen?
Ich möchte doch noch wissen, ob du deine Füße pflegst!
Ich würde nie mit jemandem, der seine Füße nicht pflegt!
Bestimmt gibst du großzügig Trinkgeld, du Angeber!
Oder du gibst wenig, dann bist du ein Geizhals!
Ich bin enttäuscht von dir!

Du bist das einzige Abenteuer, das mir diese Woche hätte passieren können,
und jetzt nimmst du es mir weg!
Mich so zu kränken!
Na bitte, steh nur auf!
In meiner Vorstellung bin immer ich zuerst gegangen,
einen letzten eindringlichen Blick werfend.
Weißt du, wie lange ich diesen Blick geübt habe zu Hause vorm Spiegel?
Weißt du, wie viel Kraft es mich gekostet hat, dabei meine Selbstachtung zu wahren?

Aber du musst es verderben, mittendrin aufstehen, und kommst du auf mich zu?
Das geht nicht, du kannst nicht auf mich zukommen.
Wir sind hier nicht in einer Hollywood-Romanze.
In einem Pornostreifen übrigens auch nicht.
Gleich wirst du umdrehen.
Wirst du wohl umdrehen?
Willst du alles kaputtmachen?

An welche schamlosen Avancen hättest du denn so gedacht?
»Ist da noch frei?«
»Kennen wir uns?«
Herrgott, am Ende fragst du nach Feuer!
Und dann?
Gebe ich dir meine Telefonnummer und warte zu Hause sehnsüchtig auf deinen Anruf?

Erst: »Heute schon was vor?«,
dann: »Zu dir oder zu mir?«
und später: »Willst du über Nacht bleiben?«
»Schickst du mir ein Foto, Bärchen?«
»Willst du eigentlich Kinder?«
»Findest du nicht auch, dass heiraten steuerrechtlich sinnvoll wäre?«

»Hast du die Miete überwiesen?«

»Und du bist sicher, dass es von mir ist?«

»Hast du Milch mitgebracht?«

»Wieso muss immer ich die Strenge sein?«

»Hast du den Elternabend vergessen?«

»Wer ist sie?«

»Wieso siehst du mich nicht mehr an, wenn du mit mir sprichst?«

»Kannst du nicht auch mal was sagen?«

»Wieso siehst du mich nicht mehr an, wenn du mit mir schläfst?«

»Die gefällt dir, hab ich recht?«

»Was ist so schwer daran, die Socken vom Boden aufzuheben?«

»Musst du schon wieder trinken?«

»Findest du mich eigentlich zu dick?«

»Wo warst du?«

»Liebst du mich überhaupt noch?«

»Das ist jetzt nicht dein Ernst oder?«

»Ist sie wenigstens volljährig?«

»Hast du mal auf die Uhr geschaut?«

»Wie kannst du es wagen, mich mit deiner Mutter zu vergleichen?«

»Was hab ich dir getan, dass du mich so behandelst?«

»Weißt du noch, wie's früher war?«


Und dann schlage ich dir im Affekt mit dem bergkristallenen Aschenbecher deines Großvaters
am Fuße der Treppe zu unserem Schlafzimmer den Schädel ein.
Was für eine Sauerei!
Gut, dass du gerade wortlos an mir vorbei aus dem Café gegangen bist.
Es ist besser so für uns beide.
Was für einen eleganten Gang du hast.

*Diesen Text anhören:*
*http://satyr-verlag.de/audio/lautstaerke_befragung.mp3*

JANA HEINICKE
# SCHWEIZ IM NACKEN

Und unten im Haus surren noch
die Tätowiernadeln
bei offener Tür riecht es
nach verbrannter Haut und Drachen
spucken ihr *Für Immer* von Schultern

Wenn ich hier verschwinde
lass ich mir dein Land
hinter das Ohr stechen
oder ins Ohrläppchen –
(da passt es doch drauf)

Wären wir nur in Mexiko
Russland oder in China, irgend
wo Wege viel zu lang sind,
           um jemals fertig gegangen zu werden
allein die Schweiz ist zu klein
geworden für uns zwei

Du hast für das Gleiche zwar
dieselben Laute gelernt,
sagst Apfel, Baum, Borke und Abgesang
nur ordnest du sie anders an
die Äpfel, die Bäume, die Borke

Beim Abgesang, sogar die Laute
da hilft mir auch keine Tätowierung am Ohr
wenn ich im Bus sitz, und irgendwann
dies Lied aus Lautsprechern rauscht
und ich mich nicht erinnern kann

                                        – woran

# SABRINA SCHAUER
# IM NEBEL DER DINGE

Ich sitze in deiner Küche und rauche eine Zigarette. Der Rauch zieht aus dem offenen Fenster, und mein Blick fällt in den dreckigen Hinterhof, in dem sich Badewannen und Sofas stapeln zwischen Gestrüpp und Unkraut.

Dort steht ein Kirschbaum. Rosafarben blühend. Dort im Hinterhof zwischen all dem Müll. Ich mag Großstädte im Detail und die Farbkleckse, die man sieht, wenn man sich Zeit nimmt.

Weder sitzt, noch rauchst du, bist anwesend in der Küche, aber nie ganz da. Darum mag ich dich. Weil du eins dieser Details in meinem Leben bist, die nur schemenhaft zu erkennen sind, die farbig sind, wenn man sich die Zeit nimmt, genau hinzusehen. Ich kann nie genau sagen, wo du gerade bist – in meinem Kopf, meinem Herzen, in meinem Gefühl oder einem Teil, der meine Wunschvorstellung komplett macht.

Du wanderst nervös in der Küche auf und ab.

»Willst du Kaffee?«, fragst du.

Ich schüttle den Kopf.

»Tee? Wasser? Saft? Irgendwas zu trinken?«

Ich sehe aus dem Fenster. Ich will nur, dass du dich hinsetzt.

Du stellst dir ein Glas Wasser auf den Tisch, das du nicht trinken wirst. Aber es ist etwas, an dem du dich festhalten kannst. Das brauchtest du schon immer, auch wenn ich der Meinung war, dass du dich immer an den falschen Dingen festgehalten hast. Vielleicht glaube ich das auch nur, weil ich Angst habe, dass du mich nicht festhalten wirst. Ich wusste immer, dass dieser Moment kommen würde, weil deine Rastlosigkeit nie ging. Und selbst, wenn du sesshaft werden wolltest, so ginge es nicht, weil du zu lange schon getrieben bist von etwas, das du dir selbst nicht erklären kannst.

Du steckst dir eine Zigarette an.

»Das mit uns«, sagst du, und dann sagst du erst mal nichts mehr.

Du ziehst an der Zigarette und bläst den Rauch zum Fenster hinaus, und ich folge ihm mit meinem Blick und sehe wieder den rosafarben blühenden Kirschbaum. Du hast immer nur die Badewannen und die Sofas und den ganzen Müll im Hinterhof gesehen. Du wolltest immer, dass der endlich wegkommt, und wenn sich da bald nicht jemand drum kümmere, dann müsstest du wegziehen, irgendwohin, wo die Aussicht schöner ist. Das hast du schon immer so gemacht – und eine Weile funktionierte das auch.

Nach ein paar Zügen an deiner Zigarette sagst du: »Das mit uns, das funktioniert nicht.«

Ich sage: »Ich hätte doch gern 'nen Kaffee.«

Einen Ring hast du mir nie geschenkt. Und ich vermisste auch nie einen. Bis jetzt. Jetzt, wo ich mir die Frage stelle, warum du mir eigentlich nie einen geschenkt hast. Und ich denke, irgendwo musst du gelogen haben. Am Anfang oder am Ende oder mittendrin. Wobei es letztendlich gleichgültig ist, denn der Schmerz bleibt derselbe.

Wir können über alles reden, haben wir gesagt, wir würden uns niemals anlügen. Und während du den Kaffee machst, sagst du, dass du auch nie gelogen hättest. Du weißt nicht, wann dir dieser Gedanke kam. Du bist heute Morgen aufgewacht und wusstest, dass das mit uns so nicht mehr funktioniert.

»Es macht mich nicht mehr glücklich«, sagst du, »und das ist es doch eigentlich, was Beziehungen tun sollten.«

Du stellst mir den Kaffee auf den Tisch, und ich umklammere den Becher.

Vielleicht wirst du wieder umziehen, sagst du, vielleicht in eine andere Stadt. Du könntest dir gut vorstellen, dir einen anderen Job zu suchen, eine neue Herausforderung.

Und ich denke, du krempelst immer gleich dein ganzes Leben um, wenn du merkst, dass irgendwas nicht stimmt. Wenn du merkst, dass alles zu sehr du wird. Dann musst du gehen. Aber nichts darf mitkommen.

Ich hätte es wissen müssen, als du vor zwei Monaten anfingst, deine Möbel umzustellen. Als du die Wände neu streichen wolltest und die braune Couch dir zu alt vorkam und du Bücher aus dem Regal nahmst, weil du sie seit drei Jahren lesen wolltest, es aber nie geschafft hast. »Irgendwann muss man sich von Dingen trennen. Irgendwann gibt man die Hoffnung eben doch auf«, hast du gesagt.

»Was genau fehlt dir denn?«, frage ich.

Du drehst dein Wasserglas und sagst: »Das kann ich dir gar nicht genau sagen. Ich glaube, ich liebe dich einfach nicht mehr.«

Einfach, denke ich, so einfach hört man doch nicht auf, jemanden zu lieben.

Ich wusste von Anfang an, dass das mit uns nie für die Ewigkeit sein würde. Nur für eine Zeit lang. Doch für mich war es nicht lang genug.

»Ich verstehe das nicht«, sage ich.

»Ich doch auch nicht«, sagst du, und dann legst du endlich deine Hand auf meine.

Ich wünschte, du würdest sie nie wieder loslassen, und dann lässt du sie los.

Der Kaffee ist kalt, und mein Blick fällt aus dem Fenster in den Hinterhof. Er verweilt auf dem rosafarben blühenden Kirschbaum, weil ich nie den Müll sehe.

Vielleicht nehme ich mir mehr Zeit als du. Vielleicht sehe ich manchmal Dinge, die gar nicht da sind, und kann deshalb Manches nicht verstehen.

Wir verabschieden uns so, als würden wir uns wiedersehen, morgen oder nächste Woche oder irgendwann. Nur weil ich dich nicht mehr festhalten kann, heißt das nicht, dass ich dich loslassen kann. Doch sehe ich jetzt, was du siehst, und dort ist kein Platz für rosafarben blühende Kirschbäume. Dort ist Nebel ohne Detail. Zumindest eine Zeit lang.

# LIEBESBIOLOGIE

Dass man grad so kompliziert sein kann!
So kompliziert!
Dass man grad so kompliziert sein kann!
So kompliziert wie
        die Rezeptoren einer Zelle,

die nur nach Schlüssel-Schloss-Prinzip funktionieren,
die nur, wenn der Schlüssel ins Schloss passt,
ein Signal weiterleiten.
Also weil – ich stehe jetzt da, und die Nachricht,
dass ich heute nicht mehr zu dir kommen soll,
die ging wohl verloren.
Also weil – ich steh jetzt da und friere mir den Arsch ab,
draußen vor deiner Tür,
für die ich keinen Schlüssel habe.

Dass man grad so kompliziert sein kann!
So kompliziert!
Dass man grad so kompliziert sein kann!
So kompliziert wie
        wie die Quantentheorie!

Denn dein Verstand gleicht Schrödingers Katze.
Man ist sich nie sicher, ob er nun vorhanden ist oder doch nicht.
Aber ich grüble darüber nach.
Du rufst mich an um zwei in der Früh,
weil wir miteinander reden müssen,

am nächsten Tag hast du eh wieder alles vergessen,
aber ich grüble darüber nach.
Weil – irgendwie
passt ja alles und irgendwie auch nicht.
Irgendwie magst du mich ja und irgendwie auch nicht.
Irgendwie könnte alles sooo einfach sein und irgendwie ... -

Dass man grad so kompliziert sein kann!
So kompliziert!
Dass man grad so kompliziert sein kann!
       So kompliziert wie »DU!«,

sagst du zu mir.
Und na ja, du hast schon recht.
Ich bin ein bisschen kompliziert und blöd.
Aber eigentlich! Eigentlich bin ich sogar studiert.
Und weiß zum Beispiel, dass

bei den in der Tiefsee lebenden Anglerfischen bis vor Kurzem noch keine männlichen Individuen gefunden wurden. Inzwischen weiß man jedoch, dass die Männchen dieser Familie nur aus Sperma, Anheftungsorganen und wenigen Rezeptoren zur »Weibchenfindung« bestehen. Wenn sie ein Weibchen finden, heften sie sich an dieses an und bleiben dann zeitlebens als Schmarotzer am Weibchen kleben.

Und du bist halt so ein Anglerfisch!

Mit dem einzigen Unterschied,
dass du gerne an mehreren Weibchen klebenbleibst,
aber am liebsten bei mir herumschmarotzt.
Weil ich halt so blöd bin.

Wenn ich eine Elefantin wäre,
würde ich länger als dreißig Minuten am Boden liegen bleiben

und mir dabei alle Knochen brechen und sterben,
weil du EINMAL zu mir gesagt hast:
»Hey, es ist so schön, neben dir zu liegen. Ich will, dass das nie
wieder aufhört.«

Ich fing dann an zu träumen,
träumte vom Seeotterleben mit dir.
Davon, dass du im Schlaf nie meine Hand loslässt,
aus Angst, dass wir uns sonst im Wasser verlieren würden.
Doch als ich am nächsten Morgen aufwachte,
warst du nicht da,
meine Hand lag leer,
und dich hatte es wohl weggespült.

Wenn doch alles so einfach wäre.
Wenn doch alles so einfach wäre,
so einfach wie im Tierreich.

Ich stelle mir dann vor: Du bist einer
dieser blöden,
männlichen Spinnen,
die sich sich nach der Begattung den Penis selbst abtrennen
und dabei am Blutverlust sterben.
Blut von Spinnen ist übrigens blau.

Und ich wünschte mir,
ich wäre ein Känguru.
Nicht nur weil Kängurus zwei primäre Geschlechtsorgane haben
– und ich das ziemlich interessant finden würde –,
nein. Weil Kängurus nicht rückwärts gehen können.
Ich würde nie wieder rückwärts gehen.
Nie wieder würde ich in deinem Bett landen,
und du würdest dann eine
meiner zwei Vaginen
gar nicht kennen.

Aber so einfach ist es eh wieder nicht,
und ich liege schon wieder neben dir in deinem Bett.
Ohne deine fünf Finger
zwischen meinen fünf Fingern,
ohne Klammeraffengriff
und leider
auch ohne blaue Blutlache im Bett.

Obwohl auch wieder gut,
weil Mücken von der Farbe blau so stark angezogen werden wie
von keiner anderen Farbe.

Dass man grad so kompliziert sein kann!
So kompliziert!
Dass man grad so kompliziert sein kann!
So kompliziert wie:
       ICH!

Mein Gehirn scheint, ohne mich zu fragen,
die Neuronen zu verschalten,
mein Über-Ich wurde festgehalten,
oder sind es doch deine Pheromone,
die sich da in meinen Nasenhaaren lieben?
Ich weiß es nicht.
Vielleicht bin ich auch mehr Banane als Mensch,
zumindest sind bis zu 60 Prozent unseres Genmaterials ident.
Und Bananen müssen auch nichts verstehen oder kapieren.
Zum Beispiel auch nicht, dass ein Tintenfisch,
ein stinknormaler, langweiler Tintenfisch,
mehr Herz hat als du!

       Denn der hat drei.
       Und du hast keins.

Also, lass mich jetzt mal bitte in Ruhe,
und schreib mir nicht mehr.

Na ja, außer du bist lieber tot, als hättest du niemals wieder Sex
mit mir,
denn ich bin jetzt eine gläubige

Gottesanbeterin!
Und hack dir beim nächsten Mal den Kopf ab.

Amen.

# FREIE LIEBE

Der Sexualforscher Volkmar Sigusch sagte in einem Interview für das *SZ-Magazin*, er könne sich eine Welt ohne Prostitution nicht vorstellen. Die Gesellschaft sei aber leider »so bigott, dass wir Prostituierte für etwas verachten, das wir alle mehr oder weniger machen müssen, wenn wir überleben wollen. Schauspielerinnen lassen sich operieren, um eine Filmrolle zu bekommen. Abertausende von Angestellten kriechen ihrem Chef in den Hintern, um ihren Arbeitsplatz behalten zu dürfen. Nein, ich beteilige mich nicht an der Hatz auf Prostituierte. Und wissen Sie, welche Erfahrung ich im Laufe meiner Arbeit gemacht habe? Je aggressiver öffentliche Personen gegen Prostituierte auftreten, desto wahrscheinlicher ist es, dass sie deren Dienste in Anspruch genommen haben.«[9]

Also ich bin für Prostitution, weil ich noch nie die Dienste einer Nutte in Anspruch genommen habe. Ich schließe mich der Meinung des Sexualwissenschaftlers an: Prostituierte haben einen ganz normalen Beruf. Schwierig stell ich mir nur vor, wenn man dann auch in seiner Freizeit auf seinen Beruf angesprochen wird. Da ist doch das Burnout vorprogrammiert. Physiotherapeuten kennen das: »Oh, mir zieht's im Rücken, kannst du da nicht was machen?« Als Sexarbeiter muss man sicher oft hören: »Ey, ich hab grad 'nen Steifen, kannst du da nicht mal so ein, zwei Griffe?«
    Aber gut, dass inzwischen auch in der *Süddeutschen Zeitung* ganz offen und tabulos über Prostitution gesprochen wird.

---

9 »Ich bin in Rage angesichts unserer Sexualkultur«, *Süddeutsche Zeitung Magazin*, Heft 21/2015.

Höchste Zeit. Hier in Deutschland muss sich keine Nutte verstecken, anders als in anderen Ländern, in denen Frauen für das älteste Gewerbe der Welt immer noch diskriminiert werden.

Wäre ich zum Beispiel eine Nigerianerin, ich würde mein ganzes Erspartes, alle meine Ziegen und Kinder an Schlepperbanden verkaufen und dann in überfüllten Lkws in überfüllte Lager an der Mittelmeerküste und dann in einem Schlauchboot nach Europa rüber, um hier, in Deutschland, endlich als Prostituierte arbeiten zu dürfen! Das wäre eine nette Abwechslung zu den Vergewaltigungen, die ich auf der Flucht erlebt habe, was für ein Glück, ein unerhörter Luxus, Geld für Sex zu kriegen, danke Deutschland! Du bist so gut zu mir als Frau!

Da ist er doch, der Wohlstand für alle!

Und wir wollen das Prostituiertendasein auch nicht auf Bordelle oder den Straßenstrich begrenzen, nein: Jede Frau kann sich ins Kino einladen lassen und dem Typen vorher seine Nudel lutschen. Das tun wir, weil wir es wollen. Nicht, weil wir es müssen. Ich könnte meine Kinokarte auch allein bezahlen, aber es macht mir Spaß, mich gelegentlich selbst zu erniedrigen. Ich bin eine moderne Frau! Ich kann es mir leisten, sexuelle Handlungen gegen materielle Werte zu tauschen, ich finde das hip!

Wozu haben vorherige Frauengenerationen denn bitte das Recht erkämpft, ohne Erlaubnis des Ehemanns erwerbstätig zu sein, wenn wir uns jetzt von irgendwelchen dahergelaufenen Emanzen vorschreiben lassen, wie wir unser Geld zu verdienen haben?

Das Tolle am Sexworkerdasein ist, dass man einfach das macht, was man immer schon gemacht hat, und plötzlich kriegt man richtig viel Geld dafür! Bester Fall von »Mach dein Hobby zum Beruf«: *mydirtyhobby.com*.

Dirty im besten Sinne des Wortes, so wie in *Dirty Dancing*. Übrigens hat dieser Film sehr fortschrittlich bereits in den Achtzigern die männliche Prostitution thematisiert: Johnny, der Tanzlehrer, erklärt Baby, dem Mädchen aus gutem Hause, wie ihm reiche alte

Frauen Geld in die Taschen gesteckt haben, »für ein paar Extratanzstunden«, und als sie sagt: »Ah, ich versteh schon, du hast sie benutzt«, sagt er: »Nein. Die haben mich benutzt, Baby.«

Okay, das klingt jetzt nicht so, als hätte er es super genossen, sich reichen Frauen für Geld hinzugeben, aber das war vermutlich nur, weil es für einen Mann gesellschaftlich nicht anerkannt ist, sich mit sexuellen Dienstleistungen ein Nebeneinkommen zu sichern. Aber das kann man doch ändern: Ich stell mir vor, wie ein paar Sexarbeiterinnen in der Vögelpause zusammensitzen und sich ein philosophisches Traktat reinziehen, Heidegger und Kant; Nutten sind nämlich oft sehr gebildet, damit sie sich mit den ganzen Professoren und Politikern, die ihre Dienste in Anspruch nehmen, auch auf angemessenem Niveau unterhalten können. Jedenfalls sitzen Chantal und Daisy im Pausenraum, und dann hängen da noch Kevin, Pascal und Jonas rum, weil gerade Boys-Day ist. Boys-Days, das sind Berufserkundungstage für Jungs, damit sie Berufe ausprobieren, die nicht dem traditionellen Rollenbild entsprechen. Um die Initiatoren zu zitieren: »Jungen haben vielfältige Interessen und Stärken. Geht es um die Berufswahl, entscheiden sie sich jedoch oft für Berufe wie Kfz-Mechatroniker oder Industriemechaniker. Natürlich sind das interessante Berufe, aber es gibt noch viele andere Berufsfelder, in denen männliche Fachkräfte und Bezugspersonen gesucht werden und sehr erwünscht sind.«
Aha.
Kevin hält sich den Vibrator ans Ohr und kichert, weil es so schön kitzelt; Jonas und Pascal blasen Kondome auf, und David lässt sich von Monique erklären, warum das Huresein viel mehr mit Psychologie als mit reiner Vögelei zu tun hat, und ist fast ein wenig enttäuscht, aber gut, dass wir dieses grundlegende Missverständnis einmal aufgreifen. Beim käuflichen Sex geht es eben nicht um Sex, da geht es um Wohlbefinden und die Befriedigung eines menschlichen Grundbedürfnisses. Männer suchen das Gespräch beim Bordellbesuch. Der Mann als kommunikatives Wesen ist völlig verkannt. Da ist sie, die liebenswürdige Seite des

Durchschnittsfreiers! Jede Frau weiß, wie hilflos und verletzlich Männer im Bett sind. Wie sie da liegen, mit ihrem Penis, und einfach nur reden wollen, das wollen sie nämlich, sie wollen, dass man ihnen mal zuhört, sie ernst nimmt und ihnen das Gefühl gibt, dass sie Menschen sind, trotz Penis, trotz erektiler Dysfunktion, trotz der Tatsache, dass sie fünfzig Euro für 'nen Blowjob zahlen und keine Ahnung haben, wie man eine Muschi richtig streichelt.

Prostitution ist nicht das Problem. Das Schlimme an der Prostitution ist deren gesellschaftliche Ächtung. Also lasst uns was dagegen tun! Warum nicht Popp-Akademien für angehende Liebesdienerinnen und -diener eröffnen, um den Beruf der Hure und des Strichers aufzuwerten und aus der Schmuddelecke rauszuholen? Ich denke da an Dödeldiplome und Vaginaführerscheine, Sado-Maso-Zertifikate, Fortbildungen in Fußerotik und Prostatamassage. Der Markt ist da, Bedürftigkeiten bestehen, und wo ein Kunde ist, ist auch ein Käufer.

Ein Freier hat einmal gesagt, er wolle halt nicht egoistisch sein; von 'nem One-Night-Stand habe die Frau nix, da zahle er ihr lieber hundert Euro, damit fühle er sich besser.

Da muss ich sagen: Da geh ich innerlich mit: Was nichts kostet, ist auch nix.

Das ist die Welt, in der ich leben will. Eine Welt, in der Sex eine ganz normale käufliche Sache ist, so wie alles andere auch. Nehmt doch bitte mal die Emotionen da raus. Wenn ich die Pflege meiner Eltern und die Erziehung meiner Kinder outsourcen kann, dann doch auch sexuelle Zuwendung. Das ist clean, das ist safe, da haben beide Seiten was von. »Prostitution für alle« heißt die Devise! Liebe Frauen und Männer: Verkauft euch nicht unter Wert für 'nen Drink oder 'ne flüchtige Berührung. Sex muss Geld kosten! Prostitution ist die neue Form des intimen Beisammenseins im 21. Jahrhundert. Das ist Kapitalismus zu Ende gedacht. Die Zeiten der freien Liebe sind vorbei.

## LETICIA WAHL
# EIN WIDERSPRUCH IN SICH

Ich bin zu müde, um zu schlafen
und zu alt, um jetzt zu sterben.
Muss das Leid wohl hier ertragen,
wie im Himmel so auf Erden –

Zeuge ich Kinder mit Kondomen,
schweige Wut in dein Gesicht.
Habe mich heute stets betrogen,
bis das Fass voll Leere bricht –

Stehe ich schwitzend in den Knien,
bis der Morgen schlafen geht.
Schenke dies und das an jeden,
der sich in meinem Herzen sieht.

Ja, ich,
ich baue Luftschlösser aus Gedanken
und niste mich dort ein,
wo die gescheiterten Helden schwanken,
lud ich dich aus
und bat dich rein.

# KADDI CUTZ
# HINTER DEN SPIEGELN

Du musst dringend mal raus, hast du gesagt. Nachdenken. Den Kopf frei kriegen. Dass dir gerade alles zu viel wird, hast du gesagt, und dass du mal Urlaub brauchst von all dem und von dir.

Eigentlich ist alles gut, hast du gesagt. Dass du dein Leben liebst. Dass dir nichts fehlt und du dich hier zu Hause fühlst.

Aber in letzter Zeit, hast du gesagt, ist alles irgendwie nicht mehr dasselbe. Du bist überfordert, hast du gesagt, dass du dich einbetoniert fühlst in deinem Alltag. Du stehst morgens auf, hast du gesagt, und weißt eigentlich gar nicht mehr, für wen du das alles machst. Wenn du in den Spiegel schaust, hast du gesagt, dann weißt du manchmal nicht mehr, wer da auf dich zurückguckt.

Auf Instagram, da sieht man dich im Regen tanzen. Da wirkst du frei und gelöst und ganz bei dir selbst. Vielleicht liegt das aber auch nur an dem hippen Hipster-Filter, den du dem Bild verpasst hast, damit es es nicht ganz so beliebig wirkt. Immerhin bist du mehr als nur ein Teil des Ganzen, und jeder soll das sehen. Du bist nicht wie alle anderen. Du bist besonders. Du benutzt Hipster-Filter. Du hast immer schon dein Ding gemacht.

Und das deiner Freunde. Und das Ding derer, die sind, wie du gern sein würdest. Eigentlich ist es völlig egal, was man macht. Wichtig ist, wie man dabei guckt. Aber deine Individualität, die wackelt wie ein Lämmerschwanz.

Kein Wunder, dass du dich nicht mehr erkennst.

Deine Haut ist dir längst zu eng geworden, aber du kommst nicht aus ihr raus. Du hast versucht, dich umzukrempeln. Dich auf links zu drehen. Immer wieder. Aber irgendwer ist immer besser. Cooler. Geiler drauf als du. Sei doch mal wieder du selbst, wenn du noch weißt, wie das geht. Du könntest, wenn du willst, aber du könntest auch anders. Es gibt eben immer noch viel mehr Möglichkeiten. Eine andere. Eine bessere. Sag doch auch einfach mal: Nein.

Wie die Raupe Nimmersatt hast du dich durch Tausende Optionen und Chancen gefressen. Im Taumel der Möglichkeiten hast du nichts ausgelassen. Verlockungen an jeder Ecke: Männer. Müdigkeit. Bier. Ein neuer Job hier, ein bisschen Feiern da. Switchen zwischen Sub- und Hochkultur. Bloß nicht festlegen. Der Typ, den du liebst und er dich und Tinder. Bloß nicht festlegen. Vielleicht wartet es ja auf dich an der nächsten Straßenecke: das noch glücklichere Glück. Du bist doch frei, hast du gedacht, zu tun, was immer du willst, und wo warst du eigentlich in jeder verdammten Nacht? Seit du aufgehört hast, dich zu erinnern. Die Suche nach dem nächsten Highlight ist zur Dauerbelastung geworden. Du stehst dauernd unter Strom, aber dein Akku braucht immer längere Ladezeiten. Weil du immer das Beste willst von allen Möglichkeiten, nur was das ist, das Beste, das weißt du gar nicht so genau. Und dein idealistischer Zuckerguss, der hat das alles irgendwie zusammengehalten und erträglich gemacht. Aber jetzt, jetzt stehst du kurz vorm Platzen.

Du bist übervoll und übersättigt, und die Reizüberflutung hat dich reizbar gemacht. Du fühlst dich, als stündest du vor einem Eiswagen und könntest wählen aus tausend catchy flavors. Ruhige Kugel: Saure Gurke mit Nutella. Zahnarzts Albtraum: Marshmallow-Karamell. Aber du, du bist eigentlich mehr so der Fürst-Pückler-Typ. Und eh viel zu dick. Zumindest für die Klamotten, die du gern tragen würdest und für die Typen aus deiner Dating-App. Aber da kann man ja was gegen tun. Joggen. Oder Fitti. Oder Anorexia.

Du jammerst über dich und deine Problemzonen. Aber deine Problemzone ist dein Kopf. Du musst mal anfangen, aufzuhören, nach etwas zu suchen, das du längst hast. An Orten, an denen du nichts verloren hast außer dich selbst.

Hör doch mal auf mit all den digitalen Lügen. Fang doch mal wieder an, dir selber zu gefallen. Du bist doch kein Stuhl – du musst nicht mit jedem Arsch klarkommen. Zieh die Notbremse, oder spring vom fahrenden Zug. Mach mal langsam. Und du hast schon recht, wenn du sagst, dass das mit der Sicherheit im Leben auch immer unsicherer wird. Aber mit der Freiheit ist das eben auch so eine Sache, wenn man plötzlich zu viel Freiheit hat. Und such ruhig weiter nach Mr. Right, falls es ihn gibt, weil du nicht allein sein kannst. Aber bedenke, dass keine Einsamkeit jemals größer ist, als im Zusammensein mit dem falschen Menschen. Und nicht jede Möglichkeit will, nicht jede Chance muss genutzt werden. Entscheide frei, so gut du kannst, aber lass dich nicht irreführen. Du kannst den Weg wählen, den du gehen willst, aber nicht, wo er hinführt.

Du und ich, wir sind uns nähergekommen in den letzten Jahren. Doch noch bei Weitem nicht nah genug. Ich, wie ich bin und ich, wie ich manchmal denke, dass ich gern sein würde.

Du musst auch dringend mal raus, hast du gesagt. Nachdenken. Den Kopf freikriegen. Dass dir gerade alles zu viel wird, hast du gesagt, und dass du mal Urlaub brauchst von all dem und von mir.

## BONNY LYCEN
# GEBT EUCH HIN, ODER GEBT EUCH AUF

Wir tasten uns ran
und tasten uns ab.
Rühren uns an
und manchmal auch in uns herum.
Verwirbeln Gefühle,
drehen uns Worte im Mund
und das Herz im Leib um.

Wir können nicht voneinander lassen,
lassen es laufen
oder lassen es sein.
Versuchen zusammen zu fassen,
was nur den Anschein
hat und zu viele Formen
annehmen kann.
Etwas Gutes, das dann und wann
geprägt ist von Verletzungen,
Fleischwunden, Kratzern und Schrammen.
Etwas Aufreibendes,
das ich von Zeit zu Zeit verdammen
möchte. Ständig will ich dich
zur Hölle schicken,
mein Herz einfach wieder an genau die Stelle rücken,
an der es sich vor der Begegnung mit dir befand.

Dann leugne ich dich und das, was war,
üb mich in ganz viel Abstand,

erstrahl in neuem Glanz,
bade mich in Selbstbeherrschung
und solider Arroganz.

Völlig losgelöst
vom losen Lösen unseres Problems
kann ich dich manchmal fast vergessen,
bis du wieder ganz versessen darauf bist,
das Lass-uns-Freunde-sein-Spiel zu spielen.
Dann gehen wir Kaffee trinken,
dann bin ich für dich und du für mich
wie einer von vielen.

Das klappt meist ganz gut,
doch irgendwann kommt Übermut
ein bisschen Wein und Bier
und hey: Du und ich, wir hier?
Stoßen wir an
auf das Leben, die Liebe, das Glück.
Vergessen Vergangenheit!
Die sich überschlagenden Momente
liegen eh schon lang zurück.

Dann meist ein Kuss
und der Fakt,
dass von vorn begonnen werden muss,
was von vorn begonnen werden kann.
Und es folgen die Fleischwunden,
Kratzer und Schrammen,
etwas Gutes und Aufreibendes,
du und ich, dann und wann.

Gebt euch hin,
oder gebt euch auf!

So wie meine Selbstachtung
sich für ungültig erklärt,
wenn sie dich sieht,
streiche ich nun die Segel,
wenn sich die Tür zwischen uns schließt.
Denn in der Regel
sind da diese dummen Gedanken,
und sie bleiben wirklich immer an dir hängen,
bis sie sich auf Biegen und Drängen
fast selbst erhängen wollen.
Und dann diese leidvollen
Blicke, in die ich mich verstricke,
weil ich mich oft selbst in ihnen sehe,
wenn ich schon gar nicht mehr weiß,
wer ich bin,
und mich erst recht nicht verstehe.

»Nicht schon wieder der!«,
stöhnt mein Herz,
und es hat ja recht
und's wirklich schwer.
Es kennt den Schmerz,
denn immer deinetwegen
denke ich auf Abwegen,
wäge ab,
ob du und ich
nicht endlich das Wir sein können,
das immer unausgesprochen
da irgendwo zwischen uns liegt.

Ausgesprochen unausgesprochen
sprechen wir uns aus
und sprechen uns ein,
was irgendwie raus muss,
in den anderen hinein.

Er muss doch verstehen!
Sie muss doch verstehen,
sich einen Reim,
einen Vers darauf machen,
wie man erst noch auf Spielplätzen lachend
den Wahnsinn des anderen verschlingt,
im Bett mit Wein verzückt entrückt
die schönsten traurigen Lieder singt.

Er muss doch verstehen!
Sie muss doch verstehen,
wie wir, Gott behüte,
um alles in der Welt bemüht sind,
die Fassung zu bewahren,
denn da lauern ja Verletztwerden
und einfach überall Gefahren.

Wir öffnen uns nur so weit,
wie wir bereit sind, uns zu verteidigen.
Und so wird aus dir und mir nie ein Zuzweit.
Und plötzlich ist da gar kein Seelenverständnis mehr,
alles blass und farblos nichtig,
niemals wichtig gewesen
dieses kitschige Band,
ist vergessen, nie gekannt.
Und es belastet mich schwer,
denn du weißt genau wie ich:

Je länger wir zu entgegengesetzten Polen treiben,
uns sinnlos aufgeladen banale Worte schreiben,
nachts so herrlich selbstverherrlichend als erster
den Schritt aus der Wohnung des anderen schaffen,
bekämpfe ich mich zumindest selbst,
mit grausam selbstgewählten Waffen.

Vielleicht denkst du da anders als ich,
doch je mehr ich mich von dir entferne,
desto mehr vermisse ich dich.


Wenn wir Freunde sind, hohle Phrasen jagen,
stehe ich diese Sehnsucht kaum durch.
Wie wir da so mit leerem Herzen um uns schlagen,
nah beieinander, doch jeder in der eigenen Furcht.


Denn weißt du,
ich will nicht wissen,
wie gut es dir geht,
weil ich es dir nicht gönnen kann,
weil da was zwischen uns steht.
Und ich nicht jedermann,
jede beliebige Freundin sein will,
deswegen bleibe ich so oft still.


Und du fragst: Alles okay?
Und ich antworte: Klar.
Und ich hoffe,
du verzeihst,
denn das war leider noch nie wahr.


Ich hab da immer gelogen,
wollte mit schwerem Herzen
gänzlich flügellahm
die Wogen
glätten.
Wurde dem »nur Freunde« irgendwie gerecht,
wollte das Wenige zwischen uns retten.
Trank zu viel Wein,
denn im Verdrängen war ich immer schon sehr schlecht.

Gebt euch hin,
oder gebt euch auf.
Gebt euch hin,
oder gebt euch auf.
Gebt euch hin,
oder gebt euch auf.


Und ich lauf
dir nicht mehr
hinterher.
Ich nehm die Beine nicht mehr in die Hand,
nicht mehr betrunken küssen nachts an die Wand
gedrückt von deinem lächelnden Körper,
denn irgendwie stört der,
wie er da so will und eigentlich auch nicht.
Denn das wissen wir ja nie, weder du noch ich.


Ich hab keinen Bock mehr
auf tränenfeuchte Wangen,
auf das Zittern und Bangen,
das Flattern und Flimmern
in Herzkammern
und nur spärlich beleuchteten Zimmern.


Auch kein Rütteln und Schütteln,
obwohl, ich hätte dir gern
so oft ins Gesicht geschlagen
für so viel Vorsicht und Zagen
und nicht wissen, wohin und warum,
all diese Gefühle, die für nichts wirklich reichen,
für dein Wachsam- und oft einfach nur Dumm-
Sein,
und all die falsch gedeuteten Zeichen.
Für das Lachen und Weinen

und mein anscheinend
ständig falsches Verhalten.
Doch deine Zweifel,
die kannst du behalten.


Denn im Gegensatz zu dir,
weiß ich langsam,
welche Bedeutung du für mich hast.
Ich weiß es, weil du es immer wieder schaffst,
dass ich versuche,
eine bessere Version meiner selbst zu sein.
Weil ich zwischen »geh« und »bleib«,
zu zweit und allein,
ständig die Fassung verlier,
dich nachts gegen vier
aus meiner Wohnung schmeiße.
Weil ich begreife,
dass du der einzige Mensch bist,
dem ich danach nackt bis auf den Treppenflur
nachrenne.
Entschuldige bitte,
dass ich Freundschaft und Liebe bei dir einfach nicht trenne.


Während mein Verstand nun an der Klippe steht
und traurig winkt,
stürzt sich mein Herz gerade in den Abgrund.
Doch ich kenne es gut!
Ich weiß, dass es mit Ehrlichkeit als Rettungsring
sicher nicht ertrinkt,
denn so ein Geständnis braucht Mut.
Mut, den ich plötzlich aufbringe,
um das ständige Auf und Ab zu beenden.
Mut, mit dem ich mich nun zwinge,
selbst zu entscheiden.

Denn es ist wahr,
ich kann dich seit Jahren wirklich gut leiden.
Doch Freundschaft kann das mit uns einfach nicht sein.
Für meine Heilung nehme ich deinen Verlust nun in Kauf.

Da hast du ihn! Deinen Reim!
Gibst du dich nicht hin,
geb ich uns jetzt auf.

*Diesen Text anhören:*
*http://satyr-verlag.de/audio/lautstaerke_gebteuch.mp3*

## PAULINE FÜG
# BALANCE

wendy, darling
immer wenn die flucht nach vorn
der letzte ausweg ist, um land zu gewinnen
wenn jeder wegweiser flüstert
*geh nirgendwohin, geh nimmerwohin*
wenn nichts gutes ist an diesen dingen
dann hilft nur anlauf nehmen und springen

und wenn früher dein plan war, mit peter pan fortzuziehen
und jetzt deine zeitbombe im herz lauter tickt als die uhr in den
krokodilen
dann musst du aufhören zu fragen
dann musst du anlauf nehmen und fliegen

wenn peter pan dir seine hand reicht und sagt
*fass mich nicht an*
*niemand darf peter pan anfassen*
dann musst du anlauf nehmen und die richtung den besseren
straßen anpassen

es gibt nichts, das irgendetwas an irgendetwas ändert

und: wendy, du weißt es
dort, wo kein schatten ist
da vermissen wir schmerzlich das licht, das wir vorher immer hatten
und was später davon übrig ist
legt sich metallen und ohne farbe um deinen nacken

*er ist nur verloren gegangen,* denkt sie sich
*my lost boy*
*und nimmer nimmer land in sicht*
*das es zu gewinnen gibt für dich, mein freund*

*and i know that my heart is a heavy one*
*it was heavy right from the start*

sagt wendy – und
*zurücklassen ist immer besser als zurückgelassen zu werden*
da nimmt sie anlauf
und es knirscht
als sich ihre füße zwischen boden und tatsachen erden

immer die frage
wie man die balance halten kann
wenn das herz auf einer seite so sehr zieht
immer die frage
ob man die balance halten soll
wenn das herz auf seiner seite so schwer zieht

*und liebeskummer,* schrieb sie mir
*ist doch auch nur eine form von heimweh*
*doch wo das zuhause ist, weiß ich nicht*
*und heimat ist der moment, in dem ich peter pan endlich weinen seh*
der junge, den keiner anfasst, und der niemals weint
das ist der versuch zu bleiben, wo niemand bleibt

*wendy,* sag ich, wendy, *er wird es niemals tun*
*und du wirst nie glauben, dass es so ist*

und wendy antwortet mir
*ich such doch nur beständigkeit*
*in einer welt, in der mir ständig kalt ist*
*in der ich ständig halt vermiss*

*in der meine hülle nicht rissig wird*
*wenn ich peter pan verlier*

an dieser stelle
ich wiederhole
an dieser stelle
sollte eine erinnerung sitzen
aber statt momenten im kopf
erkenne ich nichts zwischen den neuronenblitzen

wenn du fragen stellen willst
was war
und auch, was sein wird
sei leise, ich bitte dich
bevor die fragen einer hört

und wendy nimmt allen mut zusammen
– der letzte gedanke an peters gesicht –
sieht aus dem fenster hinaus, spricht ins leere und sagt
*peter pan, weil keiner dich berühren darf*
*damit du nicht zerbrichst*
*musst du auch mich vergessen*
*damit du bleibst wer du bist*

*denn alle kehrten eines tages zurück*
*nur du nicht, my lost boy*
*weil du sogar das zurückkehren vergisst*

und wendy wächst, und die zeit vergeht
und wendy lässt das fenster für peter pan offen
doch den jungen, der sich nicht berühren lässt
den hat sie nie wieder getroffen

*das schlimmste ist,* sagt wendy zu mir
*das schlimmste ist*

*wenn dir niemand folgt*
*um dich zurückzubringen*

und als sie sich umdreht, flüstert sie
gesprungen bin ich
aber es war dann wohl nichts mit dem fliegen

und eines tages
aber das weiß sie noch nicht
wird peter pan wiederkommen
doch sie ist dann nicht mehr die, die sie heute noch ist
und die erinnerungen verschwommen

wendy sagt
*das mit der balance, das üb ich nochmal*
*und auch das mit dem vergessen*
*und dann dreht sie sich um*
*um ihren schatten zu küssen*

## FELICITAS FRIEDRICH
# DURCH GARDINEN

Die Stroboskopscheibenlichter blinzeln unstet
durch den Vakuumraum.
Ich stehe an meinem Stammplatz,
fahre Fühler aus zum Umgebungertasten und brauche für mein
kleines Radler mal wieder zu lang.
Wir wollten reden gewollt haben,
wollten's regeln, um stolz sagen zu können:
»Wir verstehen einander.«
Doch bei dir ist wieder mal irgendetwas anders gelaufen,
als es sollte,
und ganz bestimmt liegt das daran,
dass die Welt sich gegen dich verschworen hat,
und ganz bestimmt liegt das daran,
dass du zu überhaupt nichts taugst,
und ganz bestimmt ist das ein Grund,
schlechte Laune an mir auszulassen.
Ich werd zu Hause unsere Liebe sezieren,
im Geiste heikle Gespräche probieren,
während der Anklage schon auf Freispruch plädieren,
noch eine allerallerletzte Chance,
weil ich beim nächsten Mal wirklich nicht mehr so tief sinke
und dich anflehe zu bleiben.
Die epileptisch-bunte Scheinwerferabfolge provoziert Serotonin,
und in deiner Musik headbange ich selbstvergessen.
An mir kleben all die guten Haare, die du an dir nicht lässt,
in die Augen, in den Sinn gestrichen, Strähnenvorhang,
und ich sehe durch Gardinen einen Menschen, den ich lieb, dabei

halt ich ihn für entschieden zu verliebt in Unzufriedenheit.
Ich tue das seit Tagen.
Kaum den Heimweg beendet,
schon Foren durchstöbert, ob das eigentlich normal ist,
Psychotests durchkreuzt, ob das für uns bereits fatal ist,
Schere-Stein-Papier, weil ich nicht weiß, was meine Wahl ist,
ich tue das seit Tagen.
Doch ob Pro-Kontra-Listen über Beziehungen entscheiden sollten,
ist fraglich.
Bei anderen seh ich durch Gardinen heile Welten ohne Drama,
fantasiere Violinen und war selten so dem Wahn nah,
schlechtes Karma –
wir sind Gegenpole: sagst, ich zerrede alles,
doch du schweigst's tot bis ins Nirwana,
wir stellen unsere Macken zur Schau ohne Grauzone,
brechen uns Zacken aus der Schaumkrone,
können wir's packen?
Küss meinen Nacken, und ich sage »Ich liebe dich«,
immer wieder, reflexartig, inflationär,
bis es dir zum Hals raushängt wie ein totgehörtes Exlieblingsalbum.
Dann schlägt die Stimmung um,
wir wirken beide infantil,
lernen wenig, schaukeln viel,
uns hoch, wenn ein Wort das andere, aber niemals Sinn ergibt
und niemand mehr weiß, worum's eigentlich ging.
Du bist so stur, ich brauche eine Eselsbrücke für Kontakt mit dir,
Veränderungen scheust du ganz. Bist ein Gewohnheitstier.
Ich spür die Diskrepanz.
Scheint der Mond bei dir ein bisschen weißer?
Fehlt uns die Substanz?
Es ist schon gleich vier, ein bisschen leiser
sollten wir schon sein beim Streiten.
Ich bin wohl bei dir ein bisschen dreister,
und es fiel ja noch kein Meister
im Zärtlich-meinen-Kopf-Streicheln vom Himmel,

doch wenn du mich berührst, wirkt das nach.
Und ich find das ja auch toll,
du sagst, kuscheln sei doch viel schöner als streiten,
und wir hauen uns den Bauch voll
mit Oxytocin, doch Reibereien
gehen halt nicht immer buchstäblich in Schmusen über,
so, als wär' nichts gewesen.
Stattdessen brüllen wir, eine Stecknadel fällt, wir hören nichts.
Wenn ich dich jetzt tadel, hält – und das schwöre ich –
das deine dünne Geduldsfadenwelt nicht aus, empör ich mich,
und ich will nicht die Art Frau sein, die dir hörig ist,
deine Ausbrüche verteidigt,
die Schuld bei sich sucht, wenn du beleidigst,
ich wär' gern weniger nachtragend,
doch deine Taten in der Waagschale schwanken hin und her,
und Hirn und Herz:
nicht ausgeglichen.
Statt meine Narben zu heilen, hast du sie aufgerissen.
Wie viel Abstriche-Machen
passt in einmal Unbeschwert-Glücklich-Sein?
Wie viele Kompromisse ergeben einen weiteren Meter Entfremdung?
Welche Variable brauch ich, um dich nicht mehr zu verfluchen,
wenn ich Zorn runterschluck, statt Dialoge zu suchen?
Du siehst Aussprachen als Angriff auf deine Freiheit,
ich hingegen seh darin die einzige Chance für uns als Einheit,
hast mich so oft beschimpft, dass ich noch immer verletzt bin,
und das biegt man nicht nur mit Versöhnungssex hin,
da muss man vernünftig drüber sprechen,
ich hatte schon immer so viele Päckchen,
dass ich damit verreisen könnte,
doch seit ich zum Mutmachen auch deins trag,
käm ich mit dem Übergewicht durch keinen Flughafenschalter.
Ich halte dich für wirklich stark.
Nur ist's so, dass sich manches nicht ins Gesamtbild fügen mag,
bist wütend, tyrannisch, butterweich und sensibel,

dich weiter zu lieben ist, wie auf Minenfeldern wandern.
Ich zähle die Tage, bis es wieder kracht, dann
zählst du auf, was alles falsch läuft und kommst auf 180.
Machst mich kirre mit diesem Reichtum an Facetten,
du zweifelst, ob du zu retten noch bist,
ich bin der Bleistift im Kassettenloch, ich
spul dich in halbwegs intakten Zustand,
denn ich hab dir ein Banner geschenkt,
auf dem »es wird alles wieder gut« prangt,
aber in der Schrift eines Black-Metal-Bandlogos,
weshalb, gib's zu, selbst du das nicht entziffern kannst.
Und wenn du das nächste Mal dichtmachst, wenn's Probleme gibt,
will ich bei dir Mäuschen spielen,
solang' du mich so nennst.
Will dein Anker sein in dieser Ambivalenz.
Will dich aufmuntern.
Und wenn's nur mit pathetischen Zitaten
aus meinen Lieblingsmusicalsongs ist.
Ich will dir halt was schenken, was ich liebe,
in der Hoffnung, du liebst dich dadurch einen Funken mehr,
und vielleicht stimmt's ja, dass es nirgendwo je ein Happy End gibt,
doch unser Happy Mittelteil ist noch lange nicht fertig geschrieben.
Und deshalb, ja, drücke ich an Türen,
auf denen groß und breit »ziehen« steht.
Unbewusst. Weil ich auch dich erst ganz fest drücken will,
bevor ich dich ziehen lasse.
Selbst im Streit.
Bitte such nicht nach Auswegen,
ich weiß, ich hab all die Dinge,
die ich dir je krummnahm, aufgereiht,
kein Wunder, dass der Haussegen schief hängt.
Dabei seh ich durch Gardinen einen Punkt, für den du einstehst,
und du glaubst, es zu verdienen, dass dein Mädchen dir da beisteht.
Stoß mit mir an – ich trink auf dich und jedes Mal,
wenn du mich erinnerst, wie stark und schön ich bin,

und auf das Gefühl, wenn ich erkenne, wie von dir verwöhnt ich bin,
auf jeden Film, den du mit mir schaust, obwohl jemand darin singt,
auf jedes Hundewelpenvideo,
mit dem uns so leicht Glücklichsein gelingt,
auf jeden Kuss, der mir das Hirn wegfegt wie 'n Headshot,
auf jedes Mal, wenn du mein Essen lobst
– sind nur Nudeln mit Ketchup –,
auf jeden Tag faul im Bett, kein Moment ist vergeudet,
in dem wir uns berühren,
auf jedes Mal, wenn du es schaffst,
mir meinen Wert vor Augen zu führen,
auf jede Tafel Schokolade, bei der du so tust,
als ob du kein Stück willst,
ich bin so ein Glückspilz, von dir geliebt zu werden
und das erwidern zu können.
Es heißt »nur nicht aus Liebe weinen«, weil man dann glaubt,
dass sie verkehrt ist,
doch ich seh das differenzierter: Manchmal macht sie einen fertig.
Manchmal sieht man nur verschwommen durch Gardinen,
wenn ein Herz bricht,
doch ich will bei dir dran glauben, dass du jede Träne wert bist.

ADINA WILCKE

# WORTVERLUST

»Ich liebe dich«, erwähnst du bewusst beiläufig. Grinsend verschmitzt setzt du dein siebzehntes Bier an deine Lippen, unwei-
gerlich tiefe Blicke, die Augen längst schon gläsern. Muskelzucken
von der Nacht, scheuklappendicht sind wir hier gestrandet und ge-
rädert. Im Delirium der Sinne fahnden wir nach fadenscheinigen
Argumenten, die sich uns annähern.

Mit deinen Fingern das routinierte »Bestell-jetzt-noch-ein-
Blondes«-Schnippen. Den Kellner mit Weißglut und Rotwein über-
schütten. Uns nur mit tunnelsichten dichten Sehnsüchten füttern.
Im Realitätsverlust konnt' er das Trinkgeld knicken, denn die letzten Cents waren der letzten Maß zugetan.

Du warst im Vollrausch. Bis oben hin ließest du dich überlaufen. Dein Wortfluss glich einem Galoppieren über grüne, saftige
Wiesen. Unaufhörlich sprudeln. Unaufhörliches Suhlen in deinen
verbalen Ergüssen.

Ich lausch deinen stammelnden, lallenden Wörtern. So viel zu
sagen, zu viel Mitteilen. Keine Shortmessage würde da ausreichen.
Dem gewohnten Kürzel weicht das ausgiebige, maßlose Übertreiben. Du brauchst mehr als hundertvierzig Zeichen. Schmückst aus,
baust auf, wirfst um, bläst zum Marsch der Prahlerei, immer das
Höchste, immer das Schönste, immer das Beste, immer das Längs-
te, immer das Tollste, immer immer. Du würdest mir die Sterne
vom Himmel holen, und ich frage mich: Mit welcher Räuberleiter
soll das funktionieren? Du sagst, du seist schon todmüde, und ich
seh mich im Geiste vor deinem Grabe stehen. Du hättest mich zum
Fressen gern, und mir wird schlecht, wenn ich an deine unausge-
glichene Ernährung denk.

Du übertreibst es über alle Maße, kannst die Sache nicht beim einfachen Namen nennen. Wir küssten uns verbal, haben uns von oben bis unten abgeknutscht und wälzen uns im Speichel des anderen. Sind süchtig nach den verbalen Liebkosungen, die nur in der Übertreibung ihre Bedeutung finden. Wir formen, setzen, schreiben, zeichnen Paläste, die wir in ihrer Grundfeste so gar nicht meinen. Ausschmücken, ausdrücken, Ausflüchte suchen. Wir leiden unter Wortverlust. Da kein Gefühl mehr innewohnt, haben die Worte ihre Bedeutung verloren. Sind nur noch Getriebene des Höchstbietenden. Tausend Lieder, tausend Gedichte, tausend Filme, tausend Geschichten haben diese drei Worte in den Lüften zerrissen.

Wann hat das letzte Mal jemand die berühmtesten Worte zu dir gesagt und dich mit Haut und Haaren gemeint, deine Vergangenheit, die Gegenwart und eure Zukunft? Es nicht auf Momente beschränkt. Sondern den Moment ausgehobelt, ihn in Stein gemeißelt und für alle Ewigkeit festgehalten. Das nicht aus einem aufflackernden Gefühl, einer emotionalen Regung oder einem getriebenen Impuls heraus, sondern aus Überzeugung, als das »Kein Wenn und Aber«, das Naturgesetz, das ab jetzt in Kraft tritt und für immer gilt und das ganz ohne Übertreibung auch so meint. Ich li…

Sag ich jetzt bewusst nicht. Ich leide unter Wortverlust. Ich möchte nichts aufbauschen. Ich möchte unserer Stille lauschen. Möchte dich nonverbal auskosten. Möchte den Verdruss des zu viel Gesagten ausloten. Ich möchte jedes Wort von dem, was ich sage, auch so meinen. Deswegen – Nein, ich werde es heut und jetzt nicht sagen. Will den Worten ihre Bedeutung wiedergeben. Indem ich es sage, wenn ich es meine. Und nicht klage, wenn ich es verneine. So bahne ich mich mit kleinen Komplimenten an dich heran. Wäge meine und deine Vorzüge ab. Schreibe Luftschlössergedanken in unsere Atmosphäre. Und werde zu dir nur ehrlich, wenn ich eines Tages sage:

Ich liebe dich.

XÓCHIL A. SCHÜTZ
# TAUSEND ARTEN

Er kann tausend Arten von Sex
Und jede Art ist auch meine
Er ist so hässlich wie nett
Hat einmal Manieren, dann keine

Er wählt CDU, das geht gar nicht
Und er hat davon nicht mal Ahnung
Er fährt wie betrunken Auto
Aber nichts, was er tut, ist mir Warnung

Denn er kann tausend Arten von Sex
Und jede Art ist auch meine
Ich sage ihm, dass ich ihn liebe
Dabei bin ich gar nicht so eine!

Er geht mit mir auf den Rummel
Und schießt mir ein Herz aus Plüsch
Ich werde ein Tier, wenn er liebt
Eine Echse, ein Äffchen, ein Fisch

Sein Blick, wenn er liebt, ist ein Gletscher
Er schmilzt, wenn er mich erreicht
Seine Hand, wenn er liebt, ist ein Metzger
Seine Hand, wenn er liebt, ist leicht

Ich kenne ihn seit sechs Wochen
Doch ich schwöre, es sind sechs Jahre
Er greift mir genauso brutal
Und genauso zart in die Haare

Er greift mir auch viel ins Gesicht
Und er greift sich überhaupt alles
Und er begreift mich besser als ich
Was eigentlich niemals der Fall ist!

Er ist ein wildes Tier
Und ich bin in seinen Klauen
Ich strecke meinen Hals
Und lasse ihn stupsen und hauen

Er reißt mich, ohne zu töten
Er reißt mich – einfach an sich
Er wirft behände, er schiebt gegen Wände
Er hat so etwas an sich

Und er wird mit jedem Tag schöner
An dem ich ihn betrachte
Und sein mächtiger, wilder Körper
hält mich so feste wie sachte

Er kann tausend Arten von Sex
Und noch eine, noch eine, noch eine
Ich sage ihm, dass ich ihn liebe
Ich bin jetzt einfach so eine

# KATJA HOFMANN
## CRAZY EYES

Man muss schon zugeben, ich habe in Sachen Beziehung alles richtig gemacht. Mein Freund raucht nicht, schaut kein Fussball und ist zum Glück auch kein widerlicher Sexist.

Diese drei Dinge machen ihn zum vermeintlich besten Geschlechtsverkehrs- und Lebenspartner aller Zeiten. Er hilft im Haushalt, ist liebe- und verständnisvoll. Es schien anfangs alles so perfekt, wäre da nicht diese eine Sache gewesen, an die ich mich erst gewöhnen musste.

Mein Freund ist ein Gamer.

Als wir uns kennenlernten, fiel es mir gar nicht auf. Gamer hatte ich mir anders vorgestellt: nerdiges Brillengestell, ungestylt, blass und dünn. Er hingegen hat eine stylische Brille, die ihn zum Typ »Architekt« macht und ist recht muskulös. Seine Wohnung ist außerordentlich geschmackvoll eingerichtet. Da gibt es zwar diese PC-Ecke, doch dort stapeln sich weder Kaffeetassen noch Chipstüten. Sehr ordentlich lag alles an seinem dafür vorhergesehenen Platz.

Auch als wir schon ein halbes Jahr zusammen waren, wunderte ich mich nicht darüber, dass meine *WhatsApp*-Anfragen erst vierundzwanzig Stunden später von ihm beantwortet wurden. Ich schätzte ihn einfach als verplanten Typen ein, der eben nicht oft genug auf sein Handy schaut. Ich hatte gehört, dass es solche Menschen geben soll.

Irgendwann bekam ich dann den Zweitschlüssel zu seiner Wohnung. Eines Tages überraschte ich ihn mit meiner verfrühten Heimkehr und erwischte ihn in folgendem Szenario:

Nur mit einem Tanktop und einer Boxershorts bekleidet, saß er, die Ohren von zwei riesigen Kopfhörermuscheln bedeckt, vor seinem PC. Zwei klebrige Kaffeetassen dekorierten seinen Tisch. Auf seiner Tastatur und seinem Brusthaar konnte man die Reste seines Mittagessens erahnen. Die dicken Übergardinen waren zugezogen, er hatte mich nicht reinkommen hören, und so konnte ich mir die ganze Sache erst einmal aus sicherer Entfernung anschauen. Er schien, mir unverständliche Dinge zu reden.

Mit Stift und Papier bewaffnet schrieb ich alles mit. Folgenden Monolog führte er dabei durch sein Headset (Anmerkung an dieser Stelle: Ich habe mir einige Sätze erklären lassen, verstehe sie allerdings immer noch nicht.):

- Durchpushen und beenden.
- Die sollen's nicht übertreiben hier.
- Achtung, die seh'n das.
- Alter, really?

(Einer meiner absoluten Lieblingssätze:)

- Oh Dude, ich habe keine Laterne frei.
- It's a drake!

(Auch sehr verwirrend war folgender Satz:)

- Ich kann ja tower und dann drake oder machste solo?
- Alles klar.
- War das schon surrender?
- Jetzt hammer aber Druck.
- LOL
- Könn'mer 'n bisschen rauspushen.
- Wer ist dein Support, hä?
- FAIL
- Gut, das war's, ich bin dann mal wieder in der Promo.
- afk

Verstört, aber durchaus belustigt, schaute ich in seine, wie ich sie heute noch liebevoll nenne, »Crazy Eyes«. Von nun an war es ihm nicht mehr peinlich, auch vor mir zu spielen. Es war für ihn wie ein befreiendes Coming-out. So sprudelten förmlich Sätze aus ihm heraus, die ich allmählich zu verstehen begann.

Meine bisherigen Videospielerfahrungen bezogen sich lediglich auf's *Alex Kidd*-Zocken, auf der SEGA-MEGADRIVE-Konsole. Klar stand ich, wie jedes Neunzigerjahrekind, auch auf Sonic oder Die Ottifanten, aber keine virtuelle Figur verzückte mich mehr als Alex, dieses kleine, dicke Kind mit dem Igelschnitt und der Vorliebe für Burger. Am Ende jedes Levels musste man dann im Stein-Schere-Papier den Vorstufenendboss besiegen. Die Reihenfolge, um gegen die jeweiligen Bösewichte zu gewinnen, ist mir bis heute fest in Erinnerung geblieben:

- Stein – Schere
- Schere – Papier
- Papier – Papier
- Stein – Stein
- Stein – Schere
- Papier – Papier

Wer weiß, für was das später mal gut sein wird.

Mittlerweile bin ich in Sachen Gamersprache auch voll der »Pro« geworden.

An alle Menschen, die mit einem Gamer befreundet sind oder mit ihm schlafen:

Am Anfang seid ihr noch Noobs und fühlt euch von ihm vielleicht gerusht und vielleicht ist eure Skillung noch nicht gebalanced genug. Aber wenn ihr euch einmal traut mitzumercen, dann fraggt ihr durch das second life und stellt fest:

Auch wenn es aufgrund der »Crazy Eyes« zunächst nicht danach aussieht, sind Gamer auch nur ganz normale Menschen, in die man sich unbedingt verlieben sollte.

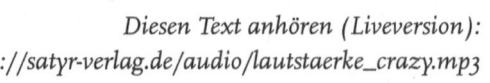

*Diesen Text anhören (Liveversion):*
*http://satyr-verlag.de/audio/lautstaerke_crazy.mp3*

# 5.
# ABSTRAHIEREN

## SANDRA DA VINA
## BESCHEID SAGEN

Am Morgen klingelt es an meiner Wohnungstür.

»Hallo. Wir wollten nur kurz Bescheid sagen, dass wir Ihr Auto geklaut haben.«

»Aber mein Auto steht doch da.«

»Ja, genau das ist das Ding. Wir haben es geklaut und dann einfach keinen besseren Parkplatz gefunden. Wissen Sie, wir sind jetzt auch nicht so gut im Einparken. Da haben wir uns gedacht, wir stellen es hier einfach wieder ab. Hier stand es ja gut, hier hat es vorher ja auch keinen gestört. Aber wir haben es halt geklaut.«

»Ach so. Das ist ja doof. Aber voll lieb, dass Sie mir da extra Bescheid geben. Mir wäre das heute Morgen sicher nicht direkt aufgefallen.«

»Ja, kein Problem. Tschüs.«

»Tschüs.«

Was für ein doofer Start in den Tag. Da wurde mir doch tatsächlich mein Auto geklaut. Direkt vor der Haustür, was für ein Schreck! Aber gut, dass mich die beiden rechtzeitig informiert haben. Es gibt eben doch noch anständige Menschen da draußen. Das wäre ja peinlich gewesen, wenn ich heute Morgen einfach in ein fremdes Auto gestiegen wäre. Nicht auszudenken, wie die Leute geguckt hätten! »Entschuldigen Sie mal, das ist doch gar nicht mehr Ihr

Auto! Das wurde Ihnen doch heute Nacht gestohlen!« Und dann hätte ich mich entschuldigen müssen, vielleicht sogar handschriftlich, per Karte, und hätte mich sicher noch sehr lange geschämt.

Manche Dinge bemerkt man eben nicht, wenn einen keiner darauf aufmerksam macht. Das ist wie das Mohnbrötchen, das noch eine Weile keck zwischen den Zähnen sitzt, während man gerade für ein Klassenfoto posiert. Es ist wie das Gramm Nutella, das einem noch frech am Kinn klebt, während ein sehr ambitionierter französischer Straßenmaler gerade ein Ölgemälde von einem fertigt, damit man endlich etwas hat, das man vor den hässlichen Stromkasten im Gemeinschaftskeller hängen kann. Und dann ist das Gramm Nutella im Gesicht für immer verewigt, und der Maler sagt: »Ja, ich dachte, das sollte so. Ich dachte wirklich, das gehört zu Ihnen.«

In solchen Momenten braucht es jemanden, dem auffällt, dass da etwas nicht stimmt. Der sicher weiß, dass all der Edding im Gesicht, all die Salami zwischen den Zähnen, die vielen Tomatenflecken auf dem T-Shirt und das trunkene Lallen gar nicht wirklich zu einem gehören. Der einem Bescheid sagt, dass etwas nicht in Ordnung ist. »Tschuldigung, aber Sie haben da was!« Oft ist es nur ein Fleck, den man da hat, und manchmal ist es Dummheit.

Denn auch das bemerkt man nicht selbst. Genauso wie man nicht bemerkt, dass man im Unrecht ist. Dass man ein schlechter Mensch ist. Dass man da Hass zwischen den Zähnen hat und blödsinnige Dinge im Internet teilt. Dass man sich verhält wie ein Arschloch, wenn man sagt »Ich melde mich« und sich dann doch nicht meldet, weil man zu feige ist, zuzugeben, dass einem in Wahrheit nichts am anderen liegt, und dann so tut, als hätte man sich alle Arme und Finger gebrochen und könnte das Handy nicht mehr halten, obwohl das vor drei Tagen noch erstaunlich gut ging, und man sogar in der Lage war, Bilder von seinem Körper zu machen, obwohl danach überhaupt nicht gefragt wurde. Dass man ein fieser Snob ist, wenn man Menschen verurteilt, die gerne im Pyjama einkaufen gehen. Dass man nicht »Ich liebe dich« zu jemandem sagen sollte, wenn man diesen jemand damit gar nicht meint. Und dass es auch nicht cool ist, zu sagen: »Wir haben Polli eingeschläfert«, weil bloß keiner gemerkt hat, dass der Wellensittich überhaupt nicht verletzt ist, sondern nur unglücklich in einen roten Filzstift geraten war. All diese Probleme ließen sich lösen, wenn Polli reden könnte, und auch all die anderen Menschen ihre Sprache wiederfänden und für einen Moment nur aufrichtig wären.

Doch auch mir gelingt es nicht immer, die Wahrheit zu sagen. Weil es nun mal verdammt schwer ist, den Menschen, die man liebt, Bescheid zu geben, dass da etwas nicht richtig läuft. Dann kommt es zu blöden Missverständnissen, und man hat drei Wochen Magendarm, weil niemand sich getraut hat, Oma Ursel mitzuteilen, dass ihr Sonntagsbraten irgendwie komisch schmeckt, und erst viel später rauskommt, dass Oma Ursel den Mülleimer mit dem Kühlschrank verwechselt hat. Es passiert auch schnell, dass man zu jedem erdenklichen Anlass von allen Freunden, Bekannten und Verwandten Deko-Eulen geschenkt bekommt, weil man irgendwann mal über ein YouTube-Video gekichert hat, in dem eine Eule vor einem Ventilator sitzt. Und dann haben einfach alle angenommen, dass man Eulen total super findet, dabei ist man eigentlich nur ein großer Fan von Ventilatoren. Aber niemand würde einem mehr als einen Ventilator schenken, denn dann heißt es: »Stopp! Sandra hat schon einen Ventilator. Wir müssen uns etwas Neues einfallen lassen.« Bei Porzellaneulen sagt komischerweise niemand »Stopp!«, das ist etwas, wovon man nie genug haben kann. Also bekomme ich zum Geburtstag, zu Weihnachten, zu Ostern und zu allen weiteren lebensbiografischen Ereignissen Eulen in jeglicher Form und Farbe. Und das liegt daran, dass ich einfach den richtigen Zeitpunkt verpasst habe, all den freudigen Schenkern mitzuteilen, dass der Anblick einer Eule in etwa so intensive Gefühle in mir auslöst wie der Blick auf die morgendliche A40 an einem grauen Wintertag, kurz bevor der Streuwagen kommt und kurz nachdem ein Laster voller Aspikwurst ins Schleudern geraten ist und seine Fracht verloren hat.

Warum fällt es so schwer, Menschen zu sagen, dass da irgendwas nicht richtig läuft? Weil es etwas mit Ehrlichkeit zu tun hat? Ja, bestimmt. Und mit dem richtigen Timing, der richtigen Wortwahl, einer angemessenen Stimmlage. Das ist unangenehm, weil es immer hierarchisch ist, weil einer mehr weiß, als der andere. Und man nie sicher sein kann, dass man nicht selber der Dumme ist, solange einem keiner Bescheid sagt.

Und ja, man muss auch all den guten Menschen Bescheid geben. Man sollte sie loben für all die Geduld und die Zuversicht, für ihren Mut und ihren Optimismus, für all den selbst gebackenen Kuchen und die handgeschriebenen Geburtstagskarten. Man sollte umarmen und »Ich brauche dich« sagen. Und ja, verdammt, man sollte auch dringend »Ich liebe dich« sagen, man darf es auch schreien oder brüllen, solange man es wirklich so meint. Nur um sicherzugehen, dass der andere darüber Bescheid weiß. Das ist wichtig, weil in diesen Zeiten Wissen und Nichtwissen darüber entscheiden, wer wir sind, wie wir die Welt sehen und wie wir uns dabei fühlen. Damit da ein wenig Wahrheit ist zwischen all den »Was ich nicht weiß, macht mich nicht heiß«-Sagern, all den »Dieser Vertrag ist das beste Angebot auf dem Markt!«-Lügnern, all den »Morgen haben Sie Internet«-Versprechenbrechern und den ewigen »Lügenpresse!«-Schreiern. Damit wäre doch schon viel getan, damit wäre doch schon wirklich viel getan.

Es klingelt erneut an meiner Wohnungstür.

»Hallo. Eine kurze Frage: Wir kriegen das Auto irgendwie nicht an. Haben Sie zufällig noch einen Ersatzschlüssel für uns?«

Und mich beschleicht das Gefühl, dass ich vielleicht selber ein wenig dumm bin und dass es mir nur noch niemand gesagt hat.

# KIRSTEN FUCHS
# CHARAKTERLOS

Eines Tages platzte mir mein Arsch, und mein Charakter fiel aus mir raus. Er fiel geradewegs auf die Straße. Ich war geradewegs unterwegs von A nach B oder von H nach M, C nach A, S nach M, von der U- zur S-Bahn. Da lag er nun, mein Charakter, mitten auf der Straße, er war nicht rund und kullerte nicht weg, er war nicht leicht und flog nicht weg, er war nicht dünn und rutschte nicht in einen Gulli, er lag einfach nur da, dieser Haufen Macken, Angewohnheiten, Ängste, Vorlieben, Erfahrungen, Schwächen und Stärken, einfach nur ein Haufen. So hatte ich das noch nie gesehen.

Ich dachte, mein Charakter wäre eher eine Masse – wie Hirsepamps, Mörtelklecks, Hundehäufli, Babynahrung. Aber was da vor mir lag, waren nur Einzelteile, keins schien zum anderen zu passen, niemand könnte ein Thema zu dieser Sammlung finden, falls sie im Museum ausgestellt werden sollte. Keiner würde es ausstellen, keiner dafür Eintritt bezahlen, keiner käme auf die Idee, das alles zusammenzupuzzeln. Es war kein Puzzle. Alles einzeln. Hätte ich noch Charakter in mir gehabt, ich wäre erschrocken gewesen, aber mein Schreck lag auf der Straße.

»Ihr Arsch ist geplatzt!«, sprach mich eine ältere Frau an, war sicher nett gemeint, ähnlich wie »Ihr Schutzblech klappert, Ihre Schnürsenkel sind auf, Ihr Kind stinkt.«

Ich sagte nur: »Ich weeß!«

Hätte ich noch Charakter gehabt, ich hätte mich geschämt, dass mein Arsch so weit offen stand, dass man vier Lichter am Ende des Tunnels sehen konnte, wenn ich den Mund aufmachte, fünf. Aber mein Schäm lag auf der Straße, ebenso mein Dankeschön,

sonst hätte ich mich bedankt, dass mich die alte Frau darauf hin-
wies, dass es so war, wie es war: Mein Arsch war geplatzt.

Das kam so: Ich hatte mich über Rüpel erbost. Die Rüpel hatten mich angerüpelt, derbe Worte wie Hanfgewebe, und ich hatte
einen sensiblen Tag mit empfindlicher Haut, ich war nicht in der
Lage, mich anrüpeln zu lassen und mir die derben Worte anzuzie-
hen, sie kratzten mich. Ich hatte erst versucht, sie wegzustecken,
aber mein Keller war vom Wegstecken voll, der ganze Arsch voll,
da ist er geplatzt. Darüber hatten die Rüpel auch noch gerüpelt,
mich ausgelacht, wie ich vor meinem Haufen Charakter stand
und nicht mal staunte, mein Staun lag auf der Straße. Und über
die Rüpel habe ich mich auch nicht mehr erbost, mein Bos lag auf
der Straße.

Die alte Frau, die mich darauf hingewiesen hatte, dass mein
Arsch geplatzt sei, wies mich weiterhin darauf hin, dass mein
Charakter aus mir rausgefallen sei.

»Ich weeß!«, sagte ich wieder. Es interessierte mich nicht die
Bohne, die Bohne lag auf der Straße. Ich kam gar nicht auf die
Idee, meinen Charakter aufzusammeln und in Sicherheit zu bringen. Ich kam auch nicht auf die Idee, einfach wegzugehen, wohin
denn, warum denn, wieso, weshalb, wer denn überhaupt? Wer
sollte wohin? Wer war ich denn?

Kam 'ne Freundin vorbei, fing an zu heulen, hatte Angst, Panik, Mitleid, Sorgen, Zuneigung, all diesen Ramschplundermist,
Ballastmüll, den ich nicht mehr hatte.

»Hallo des Weges!«, sagte ich, als wäre nichts.

»Kirsten, dein Arsch ist geplatzt, und dein Charakter liegt auf
der Straße«, kreischte sie und tropfte Tränen auf mich und nässte
Panik unterm Arm an mich ran.

»Ich weeß!«, sagte ich nur. »Hat mir 'ne alte Frau schon gesagt!«

Die Freundin hockte sich vor den Haufen Charakter, mit dem
sie sich mal angefreundet hatte und suchte darin mit hektischen
Händen herum. Sie nahm ein Plusminus, erkannte es als Vernunft und steckte es mir in den Arsch.

Ich fühlte mich sofort vernünftig und machte schnell viele Plusminus-Rechnungen auf. Mein Arsch war geplatzt. Minus. Das würde schon wieder heilen. Plus. Mein Charakter war rausgefallen. Minus. Aber es war ja noch alles da. Plus. Ich könnte mir jetzt aussuchen, was ich davon noch brauche und was nicht. Superplus. Diese Wahl hatte ich vorher noch nie. Richtig dolle Plus. Ich schaute mir das bunte Gerümpel auf der Straße an und entschied, dass ich nichts weiter davon brauchte.

»Das reicht, mehr will ich nicht!«, sagte ich der Freundin und wollte losgehen.

»Kirsten!«, schrie sie entsetzt. »Du musst das alles mitnehmen. Das ist alles deins!«

»Ich will das nicht mehr!«, sagte ich, aber dann hatte ich eine Idee: »Aber wir können es mitnehmen und auf dem Trödelmarkt verkaufen!«

Die Freundin schaute mich erschrocken an. »Sei doch vernünftig!«, sagte sie.

»Bin ich doch!«, sagte ich.

Bevor ich auf noch bessere Ideen kommen konnte, stopfte mir die Freundin behende ein Stück Knete und einen Piepmatz in den Arsch. Das hatte sie als Kreativität und Humor erkannt und dachte, das wären die wichtigsten Dinge, die mir fehlen würden, um wieder halbwegs so zu sein, wie sie mich kannte. Ich schaute mir den Charaktermüll auf der Straße an und fing an zu lachen wie eine Wilde. Gott, war das lustig, mir war der Arsch geplatzt und der Charakter rausgefallen, was Lustigeres war mir noch nie passiert! Ich lachte und lachte, bis meine Kreativität forderte, dass ich nach Hause eilen müsste, um eine Geschichte darüber zu schreiben. Meine Vernunft sagte Plus, kannst du Geld mit verdienen mit der Geschichte, Plus. Außerdem fand die Vernunft immer noch, dass es besser wäre, viele der vorherigen Insassen nicht wieder mit ins Körperboot zu lassen: Zweifel, Faulheit, Triebe und die ganze Bande, die besoffen in meinen Ecken rumhing und an sich selbst herumspielte, während die Vernunft versuchte zu steuern. Die Vernunft hatte es satt, dass ihr alle reinschrieen: »Da lang!

Fahr do' ma'n Umweg! Bleib do' ma' steh'n! Fahr do' ma' zurück! Fahr do' im Kreis! Fahr do' ma' nach links und rechts gleichzeitig!«

»Ich geh jetzt nach Hause!«, sagte ich der Freundin. »Ich schreib 'ne Geschichte, ein Theaterstück, einen Roman und ein Gedicht.« Ich ging los.

»Hast du den Arsch offen?«, rief mir die Freundin hinterher. und ich brach vor Lachen auf dem Bürgersteig zusammen. Sie hatte meinen Humor erwischt. Ich war K.O. Während ich lachte und lachte, sagte die Vernunft, Lachen ist gut, Plus, gesund, Plus, und lustig, Plus, aber jetzt hör auf, und hau ab, bevor sie dir den ganzen Scheiß in den Arsch steckt, der dich immerzu hemmt und belastet, Minus. Die Freundin steckte alles in mich rein, was sie zu fassen bekam. Alles, was sie identifizieren konnte und an mir mochte und darum dachte, es wäre etwas Gutes, nur weil sie es mochte oder zumindest nicht schlimm fand.

Ich rief der Freundin zu: »Hör auf! Hör auf! Ich will mitentscheiden. Stopp, was ist das?«

Die Freundin hielt eine Hand in der Hand. Die Hand war aus Gips. »Sieht aus wie deine Hilfsbereitschaft«, fand die Freundin und wollte sie mir in den Arsch stecken.

»Halt!«, schrie ich. »Ich will die nicht!« Meine Vernunft wollte die nicht, Minus, mein Egoismus wollte die nicht, mein Geiz, mein Zweifel, meine Angst. »Scheiß auf Hilfsbereitschaft!«, sagte ich und hielt meinen Arsch zu.

»Ich will, dass du die hast!«, sagte die Freundin, stopfte mir die Gipshand in den Arsch und fragte, ob ich mal einen Stuhl für sie reparieren könnte, ich hätte doch mal Tischlerin gelernt.

»Klar, reparier ich deinen Stuhl«, sagte ich, und ich fühlte mich wohl dabei. Die Vernunft brabbelte nur noch ganz leise ihre Minuszeichen in die Gegend und fütterte damit das fette schlechte Gewissen, es rülpste und schupperte sich an der Gemütlichkeit. »Kraul mir ma' den Rücken«, sagten sie gleichzeitig zueinander. »Nein, kraul du mir den Rücken!«, sagten sie wieder gleichzeitig. Die Vernunft war nur ganz leise zu hören. In einem völlig überfüllten Club, voller lauter Gestalten ging sie unter. Ich bin ein

Club. Ich bin ein Wartesaal, ein Café, eine Schule, ein Schwimmbad, ein Puff. Ich war wieder fast komplett. Der Rest meines Charakters bestand nur noch aus wenigen Dingen, die meine Freundin nicht einordnen konnte, von denen ich aber sofort ahnte, was sie waren: kleine kichernde Widerlichkeiten, von denen ich abhängig war. Bizarre Gegenstände wie Klappmuffen und Otteräuglein, Zieselkreisel und Fladen, und anderes Zeug, das ich gut kannte, schöne Stunden zusammen gehabt.

»Was'n das für Zeug?«, fragte die Freundin.

»Tja«, sagte ich, »hättste mich fragen müssen, bevor du mir die Scham in den Arsch gesteckt hast. Tja, tja.«

Ich verleibte mir die Reste meines Charakters ein und merkte, wie Frieden in den Club zog, keine Schlägerei, Geduld im Wartesaal, Neugierde in der Schule, warmes Wasser im Schwimmbad, Happy Hour im Puff, zwei ficken zum Preis von einem, yiieha! Ich war wieder komplett.

# KATHI MOCK
# DAS LEBEN DER KATJA M.

Katja wuchs in einem Waisenheim auf, ihre Mutter hatte die Verantwortung für Katjas Leben nach ihrer Geburt abgegeben. Katja machte es nichts aus, im Waisenheim aufzuwachsen, sie kannte es ja nicht anders. Die fehlende Nähe und Zuwendung störten sie nicht. Katja bevorzugte es, allein zu sein, sie mochte den Umgang mit Menschen nicht so sehr. Die meiste Zeit saß sie steif auf ihrem Bett und starrte aus dem Fenster nach draußen auf Bäume.

Man hätte sie für gefühlskalt oder psychopathisch halten können; das war sie nicht, sie war einfach neutral.

Als sie die Realschule mit einem mittelmäßigen Abschluss beendete, waren alle unschlüssig, wie es mit Katja weitergehen sollte. Es war klar, dass Katja keine Ausbildung annehmen konnte, wo sie im Kundenkontakt stehen würde. Die üblichen Berufe wie Fachverkäuferin und Bürokauffrau kamen nicht infrage. So blieb nur eine Sache übrig: Fleischerin in einem Schlacht- und Fleischzerlegebetrieb.

Katja gefiel es dort. Sie hatte keinen Kontakt mit Menschen, sondern mit toten Tieren. Die Arbeit erzeugte keinerlei Scheu oder Ekel bei ihr. Das Zerteilen und Zerlegen der toten Tiere bereitete ihr fast so etwas wie Freude. Sie mochte die klaren Abläufe, die glatten silbernen Stahlklingen, und das Größte war, wenn diese glatten silbernen Stahlklingen in das feste, rote Fleisch eindrangen und es wie Butter zerteilten. Es stellte sich heraus, dass Katja eine natürliche Begabung für den Umgang mit Messern und Beilen hatte.

Eines Tages änderte sich Katjas Leben ein wenig. Wie gewöhnlich war sie lange vor ihren Kollegen bei der Arbeit angekommen, sie bevorzugte die Stille und Einsamkeit. Als sie den Kühlraum öffnete, um eine Kuhhälfte zum Zerteilen rauszuholen, blieb sie verwundert stehen. Im Kühlraum stand ein Mann, der versuchte, einen anderen Mann an einen Haken neben die Kuhhälften zu hängen. Einer der Männer erschrak und schaute Katja an, der andere nicht.

»Was machen Sie da?«, fragte Katja.

Mann: »Ich ... ich ... wollte hier ... diese Leiche verstecken.«

Katja: »Das ist aber kein gutes Versteck, ich hab sie schon gefunden.«

Der Mann ließ die Leiche fallen, hob seinen Arm und richtete eine Pistole auf Katja.

Katja: »Wenn man die Leiche zerteilen und zerlegen würde und sie dann den groben Fleischresten zur Hackfleischherstellung untermischen würde, dann wäre sie gut versteckt.«

Der Mann schaute sie skeptisch und fragend an, dann entsicherte er seine Pistole.

Katja: »Das ergäbe nicht mal 1 Prozent Menschenanteil. Das ist wie beim Spinat, da gibt es auch immer einen gewissen Mausanteil bei der Ernte. Und es ist trotzdem vegetarisch und schmeckt nur nach Spinat.«

Mann: »Meinst du das ernst? Du bist ja gestört! Was für ein Spielchen ziehst du hier ab?«

Der Mann fuchtelte wild mit seiner Pistole rum.

Katja: »Ich spiele keine Spielchen. Ich zerteile und zerlege Fleisch. Die Herkunft und die Spezies interessieren mich nicht.«

Der Mann fasste sich ein bisschen und fragte: »Du würdest das wirklich machen?«

Katja: »Klar. Fleisch zerteilen und zerlegen ist mein Beruf.«

Mann: »Und du würdest niemandem davon erzählen?«

Katja: »Nein. Ich rede nicht gern mit Menschen.«

Mann: »Ich glaube, wir sind im Geschäft. Wenn du dich an alles hältst, lass ich dich am Leben.

Ich werde dich beobachten!«

Katja hörte dem Mann nicht mehr zu. Sie schleppte die Leiche zu ihrem Schlachttisch und entkleidete sie. Dann schnitt sie großzügig ihren Skalp ab und legte ihn auf die Kleidung – niemand mag Haare im Essen. Sie wetzte noch kurz ihr Lieblingsmesser und fing an, die Leiche zu zerteilen und zu zerlegen. Sie war schnell und gut in ihrer Arbeit – trotz der ungewohnten Spezies.

Nachdem sie die zerkleinerten Fleischstücke den Resten für die Hackfleischherstellung untergemischt, die Gedärme in den Gedärmabfall gestopft und die Knochen in die Knochenzermahlmaschine geschmissen hatte, um Knochenmehl zu erhalten (was einen super Biodünger ergibt), drückte sie dem Mann wortlos die Kleidung und den Skalp der Leiche in die Arme.

Dann ging sie in den Kühlraum und holte sich eine Kuhhälfte. Stumm wetzte sie wieder ihr Lieblingsmesser und versenkte die Klinge im toten Tier.

Der Mann blieb noch kurz stehen und schaute etwas verwundert, drehte sich dann um und ging.

Er beobachtete Katja noch ein paar Tage und kam zu dem Schluss, dass sie wirklich nur Fleisch zerteilte und zerlegte. Das brachte ihn auf die Idee, dass Katja seine Leichen nun immer so entsorgen könnte. Das würde ihm bei seinem Boss bestimmt Pluspunkte einbringen.

Also besuchte der Mann Katja erneut, frühmorgens im Kühlraum. Er fragte, ob sie nicht Lust hätte, häufiger Menschen zu zerteilen und zu zerlegen.

Katja zögerte nicht lange, sie wollte ihre Fleischzerteilungs- und zerlegungskünste gerne um eine zusätzliche Spezies erweitern. Und so wurden sie irgendwie Partner. Katja machte ihre Arbeit gut und gründlich, niemand bemerkte irgendwas.

Es hätte alles immer so weitergehen können, wenn nicht eines Tages der Boss von dem Mann, der ihr immer die Leichen brachte, aufgetaucht wäre und Katja ihn aufgrund eines Missverständnisses umgebracht und zerteilt und zerlegt hätte.

Ab da kam der Mann, der ihr immer die Leichen brachte, nicht mehr vorbei. Und so zerteilte und zerlegte sie nur noch Kuhhälften. Bis an ihr Lebensende.

CLARA NIELSEN
# SCHNEE

Eine Flocke taumelt friedlich
lieblich leicht hinab ins Tal
landet weich in meiner Hand
schmilzt dahin, hat keine Wahl

Doch es rieseln tausend Blumen
nun herab durch reine Luft
legen sich zum Bleiben nieder
hüll'n die Welt in weißen Duft

Über Nacht setzt sich die Decke
sanft, fast zaghaft auf das Feld
wird kein Wesen hier erwecken
bis die Sonn' den Tag erhellt

Und dann öffnen sich die Fenster
Köpfe aus den Häusern schauen
reiben schläfrig sich die Augen
Kinder jubeln vor Erstaun'

Dann – ein Spektakel! Man könnt meinen
alle sind heut wieder klein
sind so freudig, lustig, heiter
rodeln, rufen, jodeln, schrei'n

Und das Tal wird immer voller
Menschenmenge, Massenschnee
Iglubauten, Schlittenzüge
sind ein fröhlich Defilee

Und so schmücken sich die Tage
mit kristallem Eisgewand
zieren Flocken nun die Fenster
aus Papier von Bastlerhand

Doch hoch oben auf dem Berghang
da sieht keiner was passiert
meterhohe kalte Wände
– kurz vorm Umsturz – präpariert

Und auf einmal hört man's krachen
jeder Jubelruf verhallt
angesichts des Grummelgrollens
und der höheren Gewalt

Die weiße Masse donnert, dröhnt
rollt hinab, nimmt alles mit
schlägt nieder, was im Weg ihr ist
stürzt steilschnell mit Trommelschritt

Jedes noch so kleine Flöckchen
wird zum Stückchen, Teil Gewalt
die da größer wird als mächtig
Vehemenz und Wucht geballt

Und im Tal sieht man es kommen
jetzt – doch ist es schon zu spät
und sie rennen, und sie schreien
ist egal, ob man noch fleht

Bäume brechen, Autos fliegen
Menschen schleudern durch die Luft
klingt das Grollen wie ein Lachen
spielt der weiße Wüstling Schuft

Und der Schurke dringt durch Fenster
in die Häuser rigoros
marschiert die Kraft von Einheitseis
Flucht ist nunmehr aussichtslos

Presst sich vorwärts in die Lungen
lässt ersticken einfach so
ist der Herrscher über Leben
wenn nicht hier dann anderswo

Atemstillstand bringt kurz Ruhe
lässt erschaudern, Adern frieren
man muss bergen, man wird trauern
wird vergessen, ignorieren

Denn nach einer Weile wird es
wieder wärmer, und es taut
langsam schwindet das Monströse
schmilzt, verdunstet ohne Laut

Hängt dann irgendwo als Wolke
zieht vielleicht von Nord nach Ost
schäfchensanft und zuckerwattig
wartet artig auf Herrn Frost

Es ist ein Kreislauf dieser Welt
jedes Mal zur gleichen Zeit
was war, das geht und kommt erneut
wenn es friert, dann seid bereit

# RITA APEL
# WISCHEN IMPOSSIBLE

Als die große Flut kam, dachten viele, das versickert oder verdunstet bestimmt schnell.

Bald aber erhöhten sich sowohl die Menge als auch die Fließgeschwindigkeit und somit der Druck. Selbst in Gebieten, in denen noch gar kein Wasser *war*, machten die Leute sich nass und hatten Angst vorm Untergang.

Jetzt mussten schon größere Gefäße her, um das viele Wasser zu sammeln, und das war keine Aufgabe für Flaschen oder Waschlappen. Zuerst nahm man Kübel und Wannen, dann Planschbecken, dann Freibäder. In den Bädern arbeiteten viele Nichtschwimmer, die dennoch den Sprung ins kalte Wasser wagten. Sie schöpften und schöpften, bis einige völlig erschöpft das Handtuch warfen. Andere wiederum standen wie ein Fels in der Brandung und wiederholten ständig das Nichtschwimmer-Mantra: »Wir schaffen das!«

Bald schon wurden größere Gebiete geflutet. Wasserscheue Bürger reagierten besorgt und warnten vor Überbewässerung, bedachten aber nicht, dass es wenig nützt, wenn man zu Wasser sagt, es möge sich verdünnisieren. Zu allem Überfluss schwammen plötzlich überall Heulbojen. Sie verlangten nach zuverlässigerem Dichtungsmaterial, nach besseren Rückstoßventilen und vor allem danach, den Hahn zuzudrehen.

Entwässerungsexperten planten Deiche und Schleusen. Hastig und ohne Baugenehmigung wurden Staudämme errichtet.

Doch die Flut rann und strömte weiter und floss über und hatte auch überflüssigerweise eine belebende Wirkung auf verblühende Landschaften und braune Sümpfe, die viele für längst ausgetrocknet hielten. Zuerst tauchten Braunalgen auf, dann Narzissen und Kreuzblütler, dann Feuersalamander sowie Schmutzfinken und andere komische Vögel, die meinten, verschiedene Sorten von Wasser dürfe man nicht vermischen und die so taten, als könnten sie kein Wässerchen trüben.

Sie nannten sich Flutbürger und Pessimisten gegen die Instandhaltung deutscher Aquarien, denn bei Wasser dachten sie nicht an Auffangbecken, sondern an Säuberungen.

Viele Surfer fanden in der unerschöpflichen Informationsflut die perfekte Welle. Auf allen Kanälen wurde nicht nur *davon* berichtet, dass kein Land mehr in Sicht sei und alles ausufere, sondern auch von einer Woge der Hilfsbereitschaft, die die Wetterlage mitbringe.

Dann aber sickerte aus zuverlässiger Quelle Folgendes durch: Es handelte sich gar nicht um eine Flut, sondern um eine Schwemme. Denn es folgte ja gar keine Ebbe. Das brachte das Fass zum Überlaufen. Viele meinten sogleich, das Wasser stehe ihnen jetzt aber bis zum Hals, und sie würden gern in einem Land wohnen, in dem Milch und Honig fließen, aber doch nicht so viel Wasser, und sie hätten nun endgültig den Kanal voll, und irgendwer müsse jetzt doch mal den Stöpsel ziehen.

Eilig wurde beschlossen, dass möglichst große Mengen wieder zurückfließen sollten. Das war aber ein Schlag ins Wasser, denn die Ströme hielten sich nicht daran. Sie waren froh, endlich übern Berg zu sein und konnten nicht so einfach rückwärts fließen.

Mit der Festsetzung einer Obergrenze für Hochwasser ging man ebenso baden wie mit dem Bundestagsbeschluss, dass endlich mal wieder eine weiße Weihnacht stattfinden sollte. Die fiel ja bekanntlich auch ins Wasser. Die wichtigsten Beschlüsse wurden übrigens nicht in Wassernähe gefasst sondern auf Gipfeln.

Kurz vor Neujahr gab es dann einen gehörigen Wasserschaden in einem Bahnhof. Wir standen da wie begossene Pudel, und um uns herum schwammen die Zeitungsenten.

Da tauchten sofort die Bachmänner auf. Der Vorfall war Kölnisch Wasser auf ihre Mühlen. Anstatt den Bachmännern mal gehörig den Kopf zu waschen und ihren Redefluss zu stoppen, gerieten viele Leute in ihre Netze und begannen, sich den Anglergruß zuzurufen.

Irgendwann wurde dann ein wasserdichter Plan ausgearbeitet. Der Klempnermeister Erdogan, der ja bekanntlich mit allen Wassern gewaschen ist, sollte die Flut eindämmen. Sicherlich wird der uns aber eine Rechnung präsentieren, die sich gewaschen hat.

Bis sich die Wogen geglättet haben, werden wir zwar so manches Mal ins Schwimmen geraten und auch einige Bauchklatscher machen, aber es wird nicht alles den Bach runtergehen, und wir werden nicht absaufen, denn dies ist kein zerstörerischer Tsunami, dies ist einfach enorm viel Wasser.

Teile davon müssen sicher noch einmal gefiltert werden, und für Unklarheiten müsste es mehr Kläranlagen geben, aber wir sollten nicht vergessen, dass es sich doch überwiegend um Wasser handelt, das auf der Suche nach einer Feuerpause ist, und zwar in einer Gegend, in der man auch mal ungestraft gegen den Strom schwimmen darf.

## FRANZISKA HOLZHEIMER
# BISMARCKALLEE

Es liegt Laub hier,
wo die Straßen Namen großer Männer tragen.
Dass hier Bäume stehen!
Zur Zierde!
Steh dem Vorstandsmann Spalier, kleine Birke,
auf seinem Weg zur Wagentür!
Schwarz ist der
– der Anzug
und der Wagen!
Oder dunkelblau.
Wer kann das sagen
im diffusen Tagesanbruchsgrau?

Da draußen,
gar nicht mal so weit von hier,
war eine Nacht.

Bist du noch schlafwarm,
großer Vorstandsmann,
im Nacken
unterm Hemd?
Nahmst du dir den Schlaf auch von den Lidern?
Kam das Wasser heute hart aus deinem Duschkopf?
Komplett verglast ist alles:
Dusche,
Küche,
Bad,

Garten
und die Gattin
auf der Veranda
zur Bismarckallee.
Dass hier Bäume stehen!
Zur Zierde!
Steh Spalier, kleine Birke!

Da draußen,
gar nicht mal so weit von hier,
war eine Nacht,
weißt du?

Schwing den Herrenmantel auf die lederschwarze Rückbank!
Wärmt im Stand die Heizung vor, stinkt der Wagen immer noch
nach Neu.
Nieseln dringt dir durch die Poren, spürst du das?
Es ist der Tau, der dir die Sicht verwischt.
Sind deine Kinder auch gelangweilt?
Alles hier ist permanent am Glänzen!
Großer Vorstandsmann,
dass hier Bäume stehen
zur Zierde,
großer Mann!

Da draußen,
gar nicht mal so weit von hier,
war eine Nacht,
weißt du das?

Großer Vorstandsmann stellt sich vor, was eine Nacht entfachen
kann.
Großer Vorstandsmann spürt, wie viel PS sein Auto kann.
Hat den Schlaf und Tau vergessen,
klebt jetzt am Alleestamm dran.

Gattin lupft Gardinen,
lässt Masken wirken, kocht sich Tee.
Und draußen stehen sie und spalieren,
die Birken in der Bismarckallee.

Da draußen,
gar nicht mal so weit von hier,
geht eine Nacht zu Ende.

*Diesen Text anhören:*
*http://satyr-verlag.de/audio/lautstaerke_bismarckallee.mp3*

SANDRA DA VINA
# KANNST DU?

kannst du mich
da mal bitte kratzen?
es ist dringend.
ja,
warte,
da.
noch ein bisschen
höher.
da direkt neben dem
punkt.
dem anderen punkt.
ja, dem.
ein bisschen noch nach
oben.
ah, ja.
ja, genau da.
danke.

das ist keine lyrik.
das juckt wirklich.

# KIRSTEN FUCHS
# **SEHNSUCHT**

Halli, Hallo ...
Herzlich willkommen im ...
Dies ist dein ...
Du hast jetzt ein eigenes ...
Wir nennen es Leben.

Es soll schön sein.
Wir werden alles dafür tun.
Du wirst platziert. **Gut, gut.**
Europa, Deutschland, Mädchen, Kaiserschnitt. **Gut, gut.**
Und raus mit dir.
Es soll schön sein.
Wir werden alles dafür tun.
Du wirst platziert.
HINSETZEN, sagte ich. **Gut, gut.**
So, Kinderkrippe, Kindergarten, Schule, nachmittags in den HORT,
da wird gerutscht,
RUTSCH DOCH, DIE ANDEREN KINDER WOLLEN DOCH
AUCH GLÜCKLICH SEIN,
HUI – ist das schön!
**Gut, gut.**
Dann Schulabschluss, Ausbildung. **Gut, gut.**
Bäckerfachfraudings.
Ausziehen! Bei den Eltern!
Studium! Musst du aber nicht!
Lebensgefährte! Musst du!
Ausziehen! Auf dem Sofa von dem Typen!

**Gut, gut.**

Eine Weile probieren, ob andere Typen auch reinpassen,
und dann mal da bleiben.

Einfach mal nicht verlassen
oder sich verlassen lassen.

Der ist genauso gut wie jeder andere.

Den gäb es nur in größer oder kleiner.

**Gut, gut.**

Nach zwei Jahren ist der Honigmund abgenascht.

Einfach bleiben!

BLEIB!

KINDER KRIEGEN!

Kinderkrippe, Kindergarten, Schule, nachmittags in den Hort, da
wird gerutscht,

RUTSCH DOCH, MARIA, all die anderen Kinder hinter dir wollen
auch noch dran. HUI!


Und am Feierabend, wenn die Kinder im Bett sind und der Partner
sich in der bequemen Stellung vor dem Gerät abgelegt hat, da ist
dir nach was.

Nach irgendwas ist mir, nach irgendwas ist mir, nach irgendwas
ist mir, mir ist nach irgendwas. Hunger kann ich nicht haben, ich
habe gegessen, Appetit will ich nicht haben, ich bin schon zu dick.
Nach irgendwas ist mir.

Nicht **gut, gut.**

Gar nicht **gut, gut.**

Im Kühlschrank ist nicht das, was man erhofft hat, aber was anderes.

AHA!

Ganz hinten, gaaaanz gaaanz hinten, hinter dem Bier, da ist ein ...
Da sitzt ein ...

Es steht.

Es ist eine ...

»Sehnsucht? Bist du's? Was machst du da? Warst du die ganze Zeit
da?«

»Komm zu mir in den Kühlschrank«, sagt die Sehnsucht. »Komm rein, und schließ hinter dir die Tür. Hier findet dich keiner. Hier ist kein Empfang. Komm rein, und du bist einfach weg. Einer der tausend Leute im Jahr, die im Kühlschrank verschwinden.«

Es ist gar nicht so kalt im Kühlschrank, wenn man drin ist. Das kommt einem nur von außen so vor. Ich setze mich auf die Butter. Es sitzt sich dort gut, denn die Butter war den ganzen Abend auf dem Abendbrottisch und ist noch etwas weich. Mein Hintern schmiegt sich angenehm hinein. So wäre das ideale Bett, denke ich. Aber warm. Ich lehne meinen Rücken an die Kühlschrankwand.

»Ich sehe nichts«, sage ich.

Die Sehnsucht sagt: »Du musst auch nichts sehen. Du musst nur sehnen. Denk nach!«

Ich brauche die Augen nicht zu schließen. Es ist ja ohnehin dunkel.

Sehnsucht.

Etwas entdecken, etwas entdecken, das nach dir benannt wird.

Etwas erfinden, das deiner Oma alles erleichtert.

Etwas erfinden, das immer gut riecht, wenn ein guter Mensch vorbeikommt.

Fliegen können, aber mit dem Bauch nach oben.

Tauchen können, aber für immer.

Im Wald leben mit Pfeil und Bogen, einen Indianernamen haben.

Schleichendes Mädchen, lauschendes Pferd, lachender Fuchs. Die mit der Sehnsucht.

Sehnsucht.

Alles zu wissen, ohne zuhören zu müssen.

Die Sterne wirklich mal verbinden können, mit einem Lichtstift.

Sich trauen, allein im Garten zu übernachten.

Auf einem Schiff fahren, über ein Meer und dann irgendwo ankommen, wo andere Pflanzen wachsen.

Jemanden beim Älterwerden überholen.

Dass eines Tages dieser umgefallene Baum, auf dem du Pferd spielst, dass dieser umgefallene Baum, der auf zwei großen Ästen ruht und auf dessen dritten Ast du sitzt, auf einem Sattel aus einer alten Lederjacke, dass dieses, *dein* Pferd, dass es einfach eines Tages losläuft.

Sehnsucht.
Die Taschen leer, sollen sie voll sein.
Die Taschen voll, sollen sie leer sein.
Sehnsucht. Ein Tier ohne Kopf.
Viele Fenster zum Rausträumen, aber keine Tür zum Rausgehen.
Viele Wege und keine Zeit, sich für einen zu entscheiden.

»Merkst du«, sagt die Sehnsucht. »Die haben dich belogen.«
»Wer die?«, frage ich.
»Na, haben sie dir am Anfang deines Lebens gesagt, dass es schön werden soll?«
»Ja, da war was, da waren diese, sie haben gesagt ...«
»Sie haben gelogen«, flüstert die Sehnsucht. »Einfach gelogen. Komm. Bleib doch hier.«
Beziehung schön und gut ... NA UND!
Reisen hin und her. NA UND!
Kinder schön und gut ... NA UND! NA UND! NA UND!!!
»Weißt du, wie mein zweiter Vorname ist?«, fragt die Sehnsucht.
»Franziska vielleicht?«, frage ich.
»Nöööt«, sagt die Sehnsucht, »Unzufriedenheit. Jaaa, der war in meinem Jahrgang häufiger, als man denkt. Un-Un-Unzufrieden. Bist du oder bist du nicht?
Sag mal, bist du oder bist du nicht? Bist doch reingekommen zu mir. Hier.
Unzufrieden. Un-Un-Un- ...«

Ich stehe von der Butter auf, ich öffne die Kühlschranktür, ich sage Tschüss, lass das Un-Un-Un im Kühlschrank. Ich glaube, ich war un-un-unglaublich lange bei der Sehnsucht.

Der Mann liegt immer noch in der bequemen Stellung vor dem Gerät. Werbepause noch nicht zu Ende. »Wolltest du nicht was zu trinken holen?«

»Ja«, sage ich abwesend.

»Vergessen«, sage ich abwesend.

Der Mann erhebt sich, geht den Flur lang, kommt un- un- unglaublich lange nicht wieder.

Kommt wieder und hat nichts zu trinken dabei.

Ich frage ihn: »Wolltest du nicht was zu trinken holen?«

»Ja«, sagt er abwesend.

»Vergessen«, sagt er abwesend.

Dann grinsen wir uns an.

# MONIKA MERTENS
## HANTA YO[10]

Wenn du
nackte Tatsachen auch dort siehst
wo die Menschen noch angezogen sind
du Stimmen hörst
obwohl alles um dich herum still ist
und du viel lieber *Blade 1* bis *3*
anstatt *Titanic* gucken gehst
bist du hier
   richtig

Falls du
Bahnen hinterher*fährst*
die vor dir weg*laufen*
andere dich blöd angucken
weil du mit 'nem großen, vergoldeten Pony um den Hals
durch die Schanze läufst
bleib straight und ganz bei dir
denn das ist
   wichtig

Solltest du
Gelegenheiten nicht beim Schopf
sondern lieber an den Füßen packen
während um dich herum nur Friseure stehen
dich manchmal mit dir selbst überfordert fühlen

---

10 Aus dem Indianischen; heißt im engsten und weitesten Sinne so viel wie
»Mach den Weg frei«.

weil du nicht bringst
was andere von dir fordern
und denken, du bist damit allein
sag ich dir
das bist du
nicht | ich
bin Tiefflieger
in der Hochsaison
flieh mit Flieder
in 'nem Heißluftballon
in die kalte Jahreszeit
und mir wird warm ums Herz
wenn ich in meinem lila Daffedress
Pizzabrötchen mit Aioli | ess
geht bereits am Morgen los
da öffnen Lieder meine Augen
Singvögel wie Amsel, Specht und Fink und Star
scheißen auf das Gurr'n von Tauben
Lamellen roter Jalousien spreizen ihre Flügel | wie
Farnkraut seine Blätter
entblätter ich nun auch mein Wesen
und nehm statt Butter lieber LETTER
L.E.T.T.E.R. – und zwar Versalien
vergebe Körbe an Korbblütler
drapier mein' Körper über Dahlien
setz mich auf meine vier Großbuchstaben
tiefstapeln könn' andere
und das tun sie auch
egal, wohin ich wandere
sind sie da:

Menschen, die mir sagen
kannst du nicht
bist du nicht
wirst du nicht

DARFST du nicht
und überhaupt:
Zwei Brüste machen aus dir noch lange keine Frau
Im Ernst jetzt?! Hey Mann, mit 'ner Meinung wie dieser
entlarvst du dich
als jemand, der einfach keine Ahnung hat
was im Leben wichtig ist
und das bedeutet
was für dich so richtig | ist
für andere mentale und charakterliche Privatinsolvenz
wie hättest du deine Frauen denn gerne?!
mit Schleifchen um die Schamlippen?
so richtig gut durch | gefickt?
still?
mit Zucker | im Arsch?
und extra viel Milch | in den Tüten?
zum Mitnehmen?!
zum Abgewöhnen
ist deine Gemütsausrichtung
und wenn du dich mit deinesgleichen vor mich stellst
und abfällig verlauten lässt:
»Monika, du spinnst doch!«
dann gibt es darauf nur eine einzige richtige Antwort –
kurz und knapp

Ich
fang nicht an zu spinn'
ich habe nur acht Beine
zwei davon sind Ungeduld
»Patience« hab ich keine
also: Take that – nimm das
was du kriegen kannst
und lauf
ich krabble hinterher
gliedrige Gliederfüße

sind dir auf der Spur
lesen Braillezeilen
in deinen Augen
Pupillen erheben sich
Iriden pumpen
Reaktion auf
Aktion
hier auf dieser Bühne
ich
webe emsig Wortgeflechte
imaginiere Netze aus Flattersätzen
häkle mit Strickliesel Lingualgefechte
manchmal ist ein Schatz dabei
manchmal ist's ein Verschätzen
doch: LIEGEN tu ich niemals falsch
denn ich bin Arthropoda
und Arthropoda liegen nicht
sie stehen meistens so da
plötzlich und gern unerwartet
seilen sich ab am Hinterleib
die große Klappe geht voran
und viele Männer fragen sich:
geht das wirklich an?
            Ich sag klar: NEIN

Denn
wir gehen heute aus
ich zeig euch Teile meiner Seelenwelten
führe Menschen ganz weit raus
in perfide para | normal existierende Realitäten
wo Köter auf ihr'n Klöten flöten
und Homos auch mit Heten Feten | feiern – denn genauso
muss es sein
wie gesagt: kurz und knapp
denn DAS | ist MEINE Welt

und dieser Text ist MEIN Appell
an all die da draußen, die anders sind
an die, die manchmal Angst davor haben
den Weg zu gehen, der sie glücklich macht
und an die, deren Ohrmuscheln Verstärker sind für die missmu-
tigen Stimmen, die von innen und von außen kommen
Hanta yo – lass es raus, tu's für dich, es ist deins
es ist dein Weg zum Glück und zu deinem Ort des Seins
Hanta yo – schreit zur Tat, stell dich auf, schalt dich ein
halt die Ohren steif, und pisst dir jemand ans Bein, dann
mach's wie Amsel, Specht und Fink und Star:
             SCHEISS DRAUF!

Denn es geht hier um dich
und du
kannst
du bist
du wirst
und – lass es mich mit Wurst sagen: »Du darfst!«
und falls du nur mit Trockenfutter barfst
ist das deine Art zu essen?

Ich weiß: »Sei du selbst« ist leicht gesagt
denn es tut manchmal einfach verdammt weh, anzuecken
und oftmals fühle ich mich verloren
wenn mir anmaßende Menschen direkt ins Gesicht brüllen
überhöre dabei das beständige Flüstern derjenigen
die hinter und auch zu mir stehen
und ich weiß: »Geh deinen Weg« ist leicht gesagt
wenn du regelmäßig von links und rechts geschubst wirst
du dir immer wieder selbst ein Bein stellst
und dein verficktes Navi dich laufend in die Wüste Gobi lotst
trotzdem: gib keine Ruh und nicht auf
stell deine Frequenz auf »Flüstern«
deine Achselhöhlen auf Durchzug

und blende das Gebrüll aggressiver Löwen und blöder Affen
so gut es geht aus
»Unrat vorbeischwimmen lassen«
aber vor allem
Hanta yo – lass es raus, tu's für dich, es ist deins
es ist dein Weg zum Glück und zu deinem Ort des Seins
Hanta yo – du hast das im Gepäck, was du brauchst, was dich leitet
und wenn sich bei dir das Gefühl von Nichtigkeit ausbreitet
dann finde deinen Groove und
lass dir nicht dein' Beat breaken
von all den vielen Bäckern, die mit völlig falschem Breed baken
Zewa wisch und weg, was deinen Antrieb stört
Öffne Horizonte und liebe, wer zu dir gehört
Fahr die Ellenbogen aus
aber geh nicht über Leichen
nur lass nicht alles mit dir machen
fang an, Sensoren zu eichen | die dir zeigen
wann es angemessen ist, zurückzuschlagen
und kommt dir gradwinkliges krumm
denk dran: da bist du nicht der Einzige
das sind Phasen, die geh'n um
Hanta yo – hör' auf dein Herz, tu was du liebst
und bleib so echt wie nur möglich
kau auf Holz, klopf auf Gummi – ich weiß, das ist nicht üblich
aber so ist das eben: Manchmal muss man Dinge tun
Wege gehen, die nicht üblich sind
um sich selbst zu finden, Stärke zu erlangen
und irgendwann | anzukommen
Hanta yo!

# NUR EINE VARIABLE

Emily ist acht und lebt mit ihrer Familie auf dem kleinen Dorf nördlich der Stadt.

Sommer heißt für sie: den ganzen Tag draußen sein. Im Birkenwäldchen spielt sie Verstecken und auf der Kaninchenwiese Fangen. Wenn sie rennt, schwingen ihre geflochtenen Zöpfe im Rhythmus zu ihrem Schritt.

Das Baumhaus ist ihr Lieblingsort. Von da aus kann sie die Leute beim Baden im See beobachten, und wenn ihr zu warm wird, klettert sie runter und schwimmt selbst eine Runde. Sie klaut auch oft Obst aus Nachbars Garten, das sie dann auf der Wiese hinterm Haus mit ihrem kleinen Bruder teilt. Ihr Bruder mag Sauerkirschen am liebsten. Am Rand der Wiese ist eine Hecke, in der in jedem Frühling die Amsel brütet. Jetzt flattern Zitronenfalter darüber hinweg. Manchmal liegt Emily stundenlang im Gras, neben den riesigen Sonnenblumen und beobachtet die Schmetterlinge bei ihrem Tanz in der Luft. Emily lächelt jeden Tag, aber mit ihren acht Jahren weiß sie nicht, dass das vielleicht Glück ist.

*Doch das ist nur eine Geschichte, Emily gibt es nicht wirklich. Sie ist eine Figur, die ich gerade erschaffen habe. Emily, acht, Zöpfe, Lächeln – vier Worte und plötzlich existiert sie. Und dann gebe ich ihr ein Leben, indem ich Orte und Eigenschaften, die mir gerade mal gefallen, aneinanderreihe. Das geht so erschreckend leicht. Ich kann Emilys Leben auch ganz anders sein lassen, indem ich nur eine Variable verändere.*

Sagen wir beispielsweise: Emily und ihr kleiner Bruder haben den Vater nie gekannt. Er steht nicht mal in der Geburtsurkunde, zahlt keinen Unterhalt. Das Krankenschwestergehalt der Mutter reicht nicht für einen Kredit, sodass Emily, statt auf dem Dorf, noch immer im Plattenbau wohnt, mitten im schmutzigen Stadtviertel. Sommer heißt für sie: schmelzender Asphalt, stickig-heiße Straßenbahnen und Junkies auf dem Spielplatz der Siedlung.

Der Balkon ist ihr Lieblingsort. Von da aus kann sie die Hunde aus der Nachbarschaft beim Herumtollen auf der Wiese beobachten. Nur die Kampfhunde, von den Leuten aus der Wohnung über ihnen, die mag sie nicht, weil sie ihren Bruder oft zum Weinen bringen, und oft kann Emily auch nicht einschlafen, weil diese Leute bis spät in die Nacht laute Musik hören und dazu grölen. Deshalb hat die Achtjährige Augenringe und ist schlecht in der Schule, weil sie sich nicht konzentrieren kann.

Mutter macht immer Überstunden, weil das Geld, wie sie sagt, hinten und vorne nicht reicht. Deshalb muss Emily jeden Tag in den Ferienhort gehen und danach ihren Bruder vom Kindergarten abholen. Wenn Mutter Spätschicht hat, macht Emily auch das Abendessen. Ihr Bruder mag Spaghetti mit Ketchup am liebsten.

Einmal hat sich Emily beim Abgießen des Nudelwassers verbrüht, deshalb hat sie am Handgelenk eine Narbe. Ihre Haare trägt sie meistens offen, Zöpfe hat sie nur, wenn Mutter frei hat, weil sie selbst nicht flechten kann. Wenn Mutter frei hat, fahren sie auch manchmal zum Badesee nördlich der Stadt. Emily darf dann bis zur Boje schwimmen. Manchmal sitzt sie auch einfach nur im Sand und baut mit ihrem Bruder den ganzen Nachmittag lang Kleckerburgen. Emily lächelt an solchen Tagen, aber mit ihren acht Jahren weiß sie nicht, dass das vielleicht Glück ist.

*Aber das ist noch immer nur eine Geschichte. Ich kann Emilys Leben auch noch ganz anders sein lassen, indem ich wieder nur eine Variable verändere.*

Zum Beispiel kann ich ihre Mutter krank machen. »Emily sollte öfters ihre Hausaufgaben machen, um nicht den Anschluss zu verlieren«, steht in ihrem Halbjahreszeugnis. Das ist noch nett gesagt, denn Emily macht nie Hausaufgaben.

Sommer heißt für sie: keine Schule und damit auch keine Lehrer, die komische Fragen stellen oder mit Mutter reden wollen. Nachdem sie ihren Bruder vom Kindergarten abgeholt hat, wartet zu Hause die eigentliche Arbeit.

Während die anderen Kinder auf dem Spielplatz spielen, wäscht Emily die Wäsche und bringt ein paar Schnapsflaschen in den Hof. Der Ferienhort ist ihr Lieblingsort, denn da kann auch sie einfach nur mal spielen, und niemand schimpft oder stellt komische Fragen.

Weil Mutter die Sozialhilfe für Alkohol ausgibt, klaut Emily oft Geld aus Mutters Portemonnaie, um etwas zum Essen zu kaufen. Wenn kein Geld drin ist, bringt Emily Pfand weg. Ihr kleiner Bruder hilft ihr dabei und trägt die leichte Tüte mit den Plastikflaschen, sie trägt die schwere mit den Bierflaschen. Wenn kein Pfand zu Hause ist, gehen sie welches suchen. Auf dem Spielplatz bei den Junkies finden sie fast immer was. Im kleinen Park hinter der Kaufhalle essen sie dann Abendbrot. Ihr Bruder mag Toastbrot mit Sandwichkäse am liebsten. Nach dem Essen sitzen sie noch eine Weile dort im Grünen und lauschen dem Gesang einer Amsel. Einmal hat ihr Bruder gefragt, wo die Amsel wohnt. Da hat Emily ihm von einer kleinen Hecke erzählt, die am Rande einer Wiese steht, wo tagsüber immer tausende Schmetterlinge herumflattern.

Wenn sie später nach Hause zurückkommen, stinkt Mutter wieder nach Schnaps und redet mit dem Fernseher. Manchmal setzt sich Emily dann zu ihr auf die Couch, und dann gucken sie zusammen einen Trickfilm, und manchmal sagt Mutter dann, dass Emily ein liebes Kind ist und streicht über ihre zerzausten Haare. Dann lächelt Emily, aber mit ihren acht Jahren weiß sie nicht, dass das vielleicht Glück ist.

*Aber das ist nur eine Geschichte. Ich kann Emilys Leben auch noch ganz anders sein lassen, wenn ich nur wieder eine Variable verändere. Denn:*

*In einer Geschichte geht das so erschreckend leicht.*

*Diesen Text anhören:*
*http://satyr-verlag.de/audio/lautstaerke_variable.mp3*

# LEISTUNGSORIENTIERTE FREUDE

Es tropf, tropf, tropft
in das mit abgestandenem Abwasch gefüllte Edelstahlbecken,
aus dem sich halbvertrocknete Nudelarme
in Richtung Deckenlicht strecken.
Wir sitzen in der Küche, trinken Aufbaukakao,
und draußen streiten sich die Wolken um den schönsten Platz im
Grau.

Du sagst:
Eigentlich geht es mir ganz gut,
doch für mehr fehlt mir irgendwie der Mut.
Manchmal ist mein Kopf wie ein Kellerverlies,
in dem es unentwegt von der Schädeldecke tropft,
und ich zähle die Schläge,
die der Puls von innen arrhythmisch an die Schläfen klopft.
Dann ist es kalt, ich stehe mir die Beine in den Bauch,
weil ich denk, dass ich mehr Bodenhaftung brauch.
Doch alle sagen, es sei angebracht, mal wieder abzuheben,
mal eben zwischen Kondensstreifen erhaben abzuschweifen,
statt sich der Schwerkraft und der Trübsal zu ergeben.
Aber ich schaffe das nicht, die Welt dreht sich viel zu schnell,
und ich laufe irgendwie und sowieso im Kreis.
Manchmal bin ich wie ein Tanzbär in der Manege,
kann das alles nicht begreifen;
erst Männchen machen, dann Pirouetten drehen
und zuletzt der Sprung durch den brennenden Reifen.
Dazu spielt die Melancholie ihre Melodie, die alte Leier leise

an Lebenslied und Daseinsweise
um einen Halbton stets vorbei.

Ich habe ein Problem:
Ich glaub, ich kann nicht richtig glücklich sein,
sagst du, und ich sage: Nein!
Nicht du hast ein Problem, sondern die Welt,
die dein Glück für einen Wettbewerbsbeitrag
im Kampf ums Überleben hält.

»Survival of the glücklichst.«
Bitte schicken Sie Ihre Bewerbungsunterlagen
mit aussagefähigem Bildmaterial
am besten bis gestern
an die Pinnwand der Social-Media-Plattform Ihres Vertrauens.

Denn Glück erkennt man heute daran,
dass man es fotografieren und an die Facebook-Chronik posten kann.
Dort reiht sich dann beste Zeit mit den tollsten Leuten
an den schönsten Moment,
weil die Suche nach dem Glück nur noch den Superlativ kennt.

Wir inszenieren peace, love and endless happiness
und sind von den unbändigsten Lenden
bis zum Bersten gefüllt mit Glückseligkeit.
You only live once – nutze die Zeit.
Das Leben besteht nur noch aus Gartenedenpartys,
auf denen wirklich jeder am Start ist,
der dazugehören will
und bereit ist für den Freudentaumeldauerdrill.
Karriere, Spaß, Liebe und Tiefenentspannung nennen gleichzeitig
die Tanzfläche ihr Eigen;
stets bemüht, sich im Rundumsorgloscluburlaub
nicht gegenseitig auf die Füße zu steigen.
Und wer von draußen schüchtern zuschaut,

weil er sich das alles nicht zutraut,
dem rufen Glückskeksweise im Morgenmantel
und esoterische Teebeutelgurus aufmunternd zu:

»Hey, komm aus dir raus, und lass dich drauf ein!
Die Welt kann so wunderbar wunderschön sein!
Greif in die vollen, tollen Wogen der Wellen aus tollkühnem Erleben!
Mittendrin, statt nur dabei, ist nie daneben!
Pflücke das Real Life mit Händen und Füßen!
Du sollst den Tag, statt zu loben, mit Handkuss begrüßen,
und hör endlich auf,
irgendwo im Abseits mit dem Absatz am Boden zu kleben!
Mach die Augen auf und schlag zu: Fang an zu leben!«

Doch es helfen keine gutgemeinten Spruchweisheiten,
wenn dir die Login-Daten fehlen,
wenn von den vielen guten Momenten,
die du einst zufrieden dein Eigen nanntest,
nur noch die besten zählen.
Dieser ständige Heiterkeitsleistungsdruck
führt zum mentalen Wasserrohrbruch
und durchweicht, was dir bisher eigentlich reichte
mit dem immer weiter steigenden Glücksanspruch.
Einfach nur da sein ist nicht,
nein, das Dasein frisst dich
und deinen Terminkalender mit Haut und Haaren.
Jede Minute ist ein Zeitraum,
der gefüllt werden will mit dem Klang der Oden an die Freude
bis zur Decke und am besten darüber hinaus.
Und wehe, einer weint.

Auch ich kann nicht anders und schenk dir eine rosarote Brille,
doch was du siehst, ist nur die Rille,
in der dein Plattenspielertonarm hängt,
den Kopf schlaff gesenkt

und wie ein kleines Pferdchen immer wieder
die gleichen Hürden nimmt,
w-w-weil der Rhythmus nicht stimmt,
w-w-weil dein Rhythmus zwar mit muss,
sich aber zu gern eine Auszeit nimmt.

Jetzt stehst du mit ausgebreiteten Armen da,
wo man mit den Zehen, von unten gesehen,
bereits über dem Abgrund steht.
Dein Haar vom Winde verwegen verweht,
und in deinem Kopf,
in dem es gerade wieder von der Schädeldecke tropft,
reiht sich glücklicher Moment an glücklichen Moment,
doch das Leck in der Leitung kriegst du trotzdem nicht gestopft,
weil deine Wahrnehmung keinen Superlativ kennt.
Also entscheidest du dich gegen die Suche
nach dem leckersten Stück
vom süßesten Friedefreudeeierkuchen.

Mit geschlossenen Augen lässt du dich fallen –
und landest im Liegestuhl auf der Dachterrasse.
Mit einer Flasche Wein und Zeit für zwei
haben wir uns hier niedergelassen,
um die letzten sich aufbäumenden Sonnenstrahlen des Tages
nicht zu verpassen.
          Abendrot – Rotwein – Weitblick,
          Abendrot – Rotwein – Weitblick;
ziemlich abgedroschen, aber hilfreich bezüglich der Einsicht,
dass Glück manchmal schlicht
die Abwesenheit von Unglück bedeutet,
auch wenn man damit nicht den Spitzenplatz
auf dem Happinesstreppchen erbeutet.
Und wie wir so an unserem Rotwein schlürfen,
freuen wir uns ganz durchschnittlich,
diesen Moment genießen zu dürfen.

Mit gut zehn Metern über dem Boden
vielleicht nicht als das höchste Glück anzusehen,
aber immer noch hoch genug,
um einfach mal über dem Anspruch des Superlativs zu stehen.

*Diesen Text anhören:*
*http://satyr-verlag.de/audio/lautstaerke_freude.mp3*

# DIE AUTORINNEN
## & BIBLIOGRAFISCHE NOTIZEN

RITA APEL begann im zarten Alter von 50 in Bremen mit dem Slammen, und das ist nun auch schon eine Weile her. Früher war sie Grundschullehrerin, jetzt ist sie pensioniert und tourt recht erfolgreich durch das Land, mal solo, mal als Teil der wandernden Lesebühne »Dames Blonde«.

VICTORIA HELENE BERGEMANN (»VHB«) kommt aus einer Kleinstadt im Osten Hamburgs. Sie ist Vizemeisterin im deutschsprachigen U20-Poetry Slam, amtierende Schleswig-Holstein-Meisterin und mehrfache Preisträgerin des Bundeswettbewerbs »lyrix« für junge Dichter.

JOSEFINE BERKHOLZ wurde 1994 in Durham/North Carolina geboren und lebt in Bochum. Sie schreibt Lyrik, Dramatik, Performatives und Nonfiction.

ANNIKA BLANKE, geboren 1984 im ostfriesischen Leer. Seit mehr als zehn Jahren auf den Slambühnen zwischen Norderney und New York City unterwegs, Teil der wandernden Lesebühne »Dames Blonde« sowie der Lesebühnen »Metrophobia« (Oldenburg) und »The HuH!« (Bremen). Zuletzt erschienen: »Neulich war gestern noch heute« (Lektora: 2017), aus dem auch der hier publizierte Beitrag entnommen ist.

JOSEPHINE VON BLUETEN STAUB lebt als Slampoetin, Moderatorin und Workshopleiterin in Leipzig. Seit Anfang 2013 ist sie in der Poetry-Slam-Szene aktiv und tourte bereits zweimal mit ihren Texten durch Kalifornien. Zudem ist sie amtierende Leipziger Stadt-meisterin (2017).

SARAH BOSETTI ist eine Erfindung ihrer Eltern. Sie tritt auf Slam- und Kabarettbühnen, im Fernsehen (»Die Anstalt«, »Nuhr im Er-sten«, »ARD Ladies Night«) und im Radio (*radioeins*) auf. Ihr aktu-elles Buch heißt »Ich bin sehr hübsch, das sieht man nur nicht so. Von einer, die auszog, das Scheitern zu lernen«. Daraus ist auch der hier abgedruckte Text entnommen (© 2017 Rowohlt Verlag GmbH, Reinbek bei Hamburg).

KATINKA BUDDENKOTTE, geboren in Münster, Poetry-Slammerin seit 2001. Schreibt Kurzgeschichten, Kolumnen, Comedy und Ro-mane, wie z. B. jüngst »Eddie muss weg« (Satyr: 2017).

SIRA BUSCH nimmt seit ihrem 18. Lebensjahr an Poetry Slams teil. Seit 2013 lebt sie in Münster und studiert dort Mathematik mit be-sonderem Interesse für Gruppentheorie, Topologie und Geometrie.

LISA CHRIST, geboren 1991, wohnt in Olten/Schweiz. Seit 2007 ist sie als Slampoetin unterwegs. Nach ihrem Master folgt nun das erste Soloprogramm.

KADDI CUTZ lebt in Dresden, wo sie trotz beeindruckend schlech-ter Sächsisch-Skills vorbildlich integriert ist und als Redakteurin, Moderatorin und Texterin arbeitet. 2016 wurde sie Sächsische Vize-Landesmeisterin im Poetry Slam. 2017 erschien ihr zweites Buch »Warum ich meistens keinen Freund habe – und wenn, dann nur kurz« (Zwiebook), aus dem auch die hier abgedruckten Texte entnommen sind.

SANDRA DA VINA, geboren in Münster, Poetry-Slammerin seit 2012. Schreibt Prosa und Lyrik und ist damit auf Comedy- und Klein-kunstbühnen unterwegs. »Bescheid sagen« ist ihrem letzten Buch »Hundert Meter Luftpolsterfolie« entnommen (Lektora Verlag).

FEE war u. a. 2013 internationale deutschsprachige U20-Meisterin im Poetry Slam, 2016 Tassilo-Kulturpreisträgerin der *Süddeutschen Zeitung* und tourt mit ihren Texten durch den gesamten deutschsprachigen Raum. Ihr erstes Jugendbuch »Mach Fehler!« erschien 2015 bei Oetinger.

ANNETTE FLEMIG, Jahrgang 1979, lebt und arbeitet als Kindheitspädagogin in Berlin. Sie slammt seit 2008 und moderiert mit Max Gebhard den Tempel Slam.

FELICITAS FRIEDRICH, 1992 geboren im Essener Süden, heute wohnhaft im Bochumer Norden, studiert irgendwas Geisteswissenschaftliches, schreibt aber lieber kreative Texte über ihr eigenes Kopfkino und steht seit 2013 damit auf Deutschlands Slam- und Lesebühnen. Mag Italien, Elefanten und Schokokekse.

ANKE FUCHS, geboren 1973 in Wuppertal, lebt in Bonn und slammt seit 2006. Sie schreibt Lyrik und Kurzgeschichten, ihre erste CD »rasendlangsam« erschien 2011 im Lektora Verlag.

KIRSTEN FUCHS, 1977 in Karl-Marx-Stadt geboren, schreibt Lesebühnentexte (für »Fuchs & Söhne«, Berlin), Romane, Kolumnen, Theaterstücke, Kinderbücher. 2015 erschien der Roman »Mädchenmeute« (Rowohlt), der 2016 mit dem Deutschen Jugendliteraturpreis ausgezeichnet wurde.

PAULINE FÜG lebt in Würzburg und in den 2. Klasse-Abteilen der Deutschen Bahn. Sie gibt Poetry-Slam-Schreibworkshops. Schon 2007 wurde sie zur besten weiblichen Bühnenpoetin gekürt, bereist seitdem die deutschsprachigen Bühnen von Nord- bis Bodensee. Im Jahr 2011 erhielt sie den Kulturpreis Bayern, 2015 den Kulturförderpreis der Stadt Würzburg. Aktuelle Erscheinung: »langsamer als die dunkelheit« mit ihrem Elektropoesieprojekt *großraumdichten* (stellwerck Verlag).

SVENJA GRÄFEN, geboren 1990, steht seit 2010 auf Slambühnen. 2017 erschien ihr Romandebüt »Das Rauschen in unseren Köpfen« bei Ullstein fünf.

YASMIN HAFEDH a.k.a. Yasmo, geboren 1990 in Wien, ist seit über zehn Jahren aktive Slampoetin, Rapperin und Autorin. 2009 gewann sie als erste und bis dato einzige Österreicherin die deutschsprachigen Poetry-Slam-Meisterschaften in der Kategorie U20, 2013 holte sie sich den österreichischen MeisterInnentitel. Als Rapperin ist sie mit drei Studioalben, Charteinstieg und unzähligen Konzerten mit ihrer Liveband *Die Klangkantine* Österreichs erfolgreichste Rapperin. Außerdem liebt sie Feminismus und Kaffee.

ZOE HAGEN, geboren 1994 in Berlin, ist Autorin und Poetry-Slammerin und lebt zurzeit in Köln. 2014 wurde sie deutschsprachige U20-Vizemeisterin im Poetry Slam. 2016 erschien ihr Debütroman »Tage mit Leuchtkäfern« bei Ullstein.

THERESA HAHL, geboren 1989, wohnt in Bochum, arbeitet u. a. für Theater und Opernhäuser sowie für das Goethe-Institut. Veröffentlichungen z. B. in: »Ein Gedicht von mir« (Reclam: 2012).

MEIKE HARMS ist Bühnenpoetin und Poesiepädagogin aus dem Outback Münchens. 2015 erschien ihr Buch »Poesie kann Karate« im Tinx Verlag.

MONA HARRY ist Slampoetin sowie Veranstalterin und lebt in Kiel. Die Kunst- und Philosophiestudentin engagiert sich neben ihren Bühnenauftritten in diversen Bildungsprojekten.

JANA HEINICKE studierte Literarisches Schreiben in Bern. Sie ist Gründerin und Moderatorin des Puppetry Slam Berlin. Zuletzt erschien ihr Kinderbuch »Udo braucht Personal« (Haba: 2016).

KATJA HOFMANN ist Poetry-Slammerin, Moderatorin, Workshop-leiterin und Ukulelespielerin. Sie schreibt Texte über Liebe ... und Hass! Die 30-jährige Bühnenpoetin lebt und studiert in Halle an der Saale und wurde 2014 Thüringer Meisterin im Poetry Slam.

FRANZISKA HOLZHEIMER ist Initiatorin des Slammerinnen*-Netz-werks »Slam Alphas«. 2014 veröffentlichte sie zu »Bismarckal-lee« einen Poetry Clip, der bei zahlreichen Poesiefilmfestivals lief. Im gleichen Jahr veröffentlichte sie ihre wissenschaftliche Arbeit über Potery Slam »Strategien des Authentischen« bei Lektora.

KÄTHL slämt. Und schlemmt auch gern. Käthl ist unberrechenbar und verstört gern. Manchmal macht sie auch Rap und heißt dann »sweetK«. Sie mischt die Poetry-Slam-Szene schon seit 2012 auf. Sie ist Mitglied des Slamteams »Die zynischen Gossiphuren«.

NINIA LAGRANDE ist Autorin, Slampoetin und Moderatorin und lebt im Internet und in Hannover. Sie ist Teil der Lesebühne »Nachtbarden« und wurde mehrfach ausgezeichnet, u. a. mit dem Kabarett-Nachwuchspreis »Fohlen von Niedersachsen«. Ihr Buch »... Und ganz, ganz viele Doofe!« erschien 2014 (Blaulicht Verlag).

NHI LE lebt in Leipzig und arbeitet als Slampoetin, Bloggerin und Speakerin. Sie moderiert beim investigativen Rechercheformat »Jäger & Sammler«, ihre Arbeitsschwerpunkte sind Feminismus, Anti-Rassismus und Medienkultur.

SYLVIE LE BONHEUR lebt in Mannheim und schreibt seit 2009 Texte, die sie auf Bühnen vorträgt.

BONNY LYCEN, geboren 1991, lebt und arbeitet als Bühnenpoetin, Sprach-, Sprech- und Stimmtherapeutin in Leipzig. 2015 wurde sie sächsische Vizemeisterin im Poetry Slam, erreichte 2016 das Halbfinale der deutschsprachigen Meisterschaft und ist in regelmäßigen Abständen mit dem poetisch-musikalischen Trio *Vorwärts Herz!* deutschlandweit unterwegs.

DOMINIQUE MACRI aus Marburg ist Slampoetin, Schauspielerin, Moderatorin, Trainerin und Diplompsychologin. 2014 gewann sie mit ihrem Teampartner Dalibor als »Team Scheller« die deutschsprachigen Poetry Slam Meisterschaften.

MIEZE MEDUSA ist Pionierin der österreichischen Poetry-Slam-Szene. Zudem als Autorin, Rapperin und Herausgeberin tätig. Sie organisiert den dienstältesten Wiener Poetry Slam »textstrom«, den »Kultum« Slam in Graz und hat – gemeinsam mit Markus Köhle – sechsmal den Ö-Slam, die österreichischen Poetry Slam Meisterschaften, organisiert. 2017 haben sie »Slam, Oida! – 15 Jahre Poetry Slam in Österreich« herausgegeben. Eigene Texte findet man in »Meine Fußpflegerin stellt Fragen an das Universum« und »Alles außer grau – Texte to go« (jeweils Milena Verlag).

MONIKA MERTENS. Die gebürtige Hamburger Autorin und Bühnenpoetin ist seit Januar 2012 auf Poetry-Slam-, Lese- und Veranstaltungsbühnen, vor allem im norddeutschen Raum, unterwegs. Sie lebt, wohnt und isst in Hamburg. Zuletzt erschien im Jahr 2015 in der Rowohlt-Anthologie »Diesmal bleiben wir bis Silvester« ihre Kurzgeschichte mit dem Titel »Weyhnachtsfrau«.

KATHI MOCK (geboren 1984 am Bodensee) lebte lange Zeit in Tübingen, wo sie in Toxikologie promovierte und 2010 Poetry Slam für sich entdeckte. Mittlerweile wohnt sie in Erlangen, wo sie seit 2015 Moderatorin und Mitorganisatorin des U20-Poetry Slams ist. Sie spielt gerne Improvisationstheater und liebt die Performance.

FATIMA MOUMOUNI ist Spoken Word Poetin, kommt aus München und lebt in Zürich und in Amsterdam. Wenn sie nicht mit Texten auf der Bühne steht, schreibt sie Kolumnen, gibt Antirassismus-Workshops oder sitzt im Zug.

Anna-Lena Obermoser performt auf Bühnen, seit sie 15 Jahre alt ist. Gebürtig aus Salzburg, ist sie auf Bühnen innerhalb und außerhalb Österreichs sowie derzeit in Graz daheim.

Marie Sanders, gebürtig in einem beschaulichen Ort im Süden, schreibt über Schönes und Schreckliches, über das sie stolpert – auf langen Reisen durch nur anfangs fremde Länder oder vor der eigenen Haustüre im schönen Dresden, vor der sie gelegentlich auch literarisch kehrt.

Sabrina Schauer lebt als freie Autorin und Bühnenpoetin in Hamburg. Zuletzt ist ihre Kurzgeschichtensammlung »Löffelweise Alltagsscheiße« im formidabel Verlag erschienen.

Xóchil A. Schütz, geboren 1975, ist Autorin und Slampoetin. Im Jahr 2000 stand sie zum ersten Mal auf der Slambühne.

Marie-Theres Schwinn ist Schauspielerin, Slampoetin und Künstlerische Leiterin des »Spoken Word Theaters«. Sie steht bereits seit ihrem zehnten Lebensjahr auf der Bühne. Seit 2013 schreibt und performt sie ihre Texte auf Poetry Slams.

Leticia Wahl wurde 1993 in Kassel geboren und lebt seit 2013 in Marburg, wo sie ihr Studium absolvierte. Momentan ist sie im Kontext der Slam Poetry als internationale Reisepoetin unterwegs und führt des Weiteren verschiedenste kulturelle Projekte und Veranstaltungen durch.

Leonie Warnke, geboren 1991, arbeitet und lebt seit 2013 in Leipzig. Sie moderiert monatlich die »Livelyrix« Poetry Slams in Leipzig und Dresden und tritt im gesamten deutschsprachigen Raum auf. Letzte Veröffentlichung in der »Kampf-der-Künste«-Anthologie »Best of Poetry Slam #2«.

JULE WEBER, geboren 1993 in Bensheim, lebt und arbeitet in Darmstadt und Bochum. Sie ist Bühnenautorin und gehört zu den führenden Stimmen der deutschsprachigen Spoken-Word-Szene. 2012 gewann sie sowohl die Hessischen als auch die deutschsprachigen Meisterschaften im Poetry Slam im Bereich U20.

CARMEN WEGGE, geboren 1989, lebt in München. Wenn sie nicht gerade moderiert oder einen Poetry Slam mitmacht.

ADINA WILCKE, 1987 geboren in Berlin, aufgewachsen in Wien. Schauspielerin, Autorin, Regisseurin, Freizeitpädagogin und Slampoetin. Sie leitet die U20-Nachwuchsarbeit in Wien und ist Veranstalterin und Moderatorin von fünf regelmäßigen Slams. Sie ist die meisttourende Poetin Österreichs im deutschsprachigen Raum. 2017 erschien ihr Pop-up Buch »Jetzt mach' mal die Klappe auf!« im Tinx Verlag.

FRANZISKA WILHELM ist Slammerin, Romanautorin und Mitglied der Leipziger Lesebühne »Schkeuditzer Kreuz«. 2016 war sie Mitinitiatorin der *detektor.fm RadioPoeten* – dem ersten Poetry-Slam-Podcast im deutschen Radio. Seit 2017 moderiert sie die Crossmedia-Show *MDR Sputnik Slamedy*. 2018 erscheint ihr Slam-Geschichten-Buch »Die schönsten Abgründe des Alltags« (Zwiebook), aus dem der Text »Pumpkin Pie Penny Peckers« entnommen ist. Der Text »Lila Bänke, lila Zehen« entstand im Rahmen des Projekts »Literaturland Thüringen«.

MERAL ZIEGLER ist in Hamburg aufgewachsen und studiert Literatur-Kunst-Medien in Konstanz. 2015 veröffentlichte sie das Jugendbuch »Feier dich!« in der Jugendbuchreihe »#textgold« (Oettinger34) und gewann 2017 den Förderpreis der Stadt Konstanz in der Sparte Literatur.

# DANK
## & HINWEISE ZU DEN AUDIOLINKS

Die Herausgeberinnen und der Verleger danken allen Autorinnen für ihre Begeisterung für dieses Projekt! Ohne die wäre so eine umfangreiche Zusammenstellung nicht möglich. Tausend Dank!

Wir freuen uns, dass wir zu zahlreichen Texten in diesem Buch Audiolinks anbieten können. Diese Aufnahmen wurden uns größtenteils von den Autorinnen zur Verfügung gestellt. Auch dafür besten Dank!

Die folgenden Audiofiles basieren hingegen auf Tonspuren von Live-Auftritten:

Svenja Gräfen »Feminismus«, Mona Harry »Rauschen«, Yasmin Hafedh »Textbeispiel«, Jule Weber »Andromeda«, Josefine Berkholz »Für die anderen sind wir immer die anderen« und Zoe Hagen »An meinen Bruder«: mitgeschnitten vom *Kampf der Künste*, Hamburg/YouTube-Channel »Poetry Slam TV«,

Katja Hofmann »Crazy Eyes«, Meral Ziegler »Irgendwas zwischen High-Five und Hitlergruß« und Kaddi Cutz »Was ist nicht bin«: aufgenommen von Studierenden der Hochschule Mittweida (Campusfestival, bzw. MDR Sputnik *Slamedy*);

Annette Flemig »Nein«: aufgenommen vom *WestStadtStory*-Slam, Essen;

Carmen Wegge »Mädelsabend«: gefilmt beim *Bayernslam 2016*, Bayreuth.

Herzlichen Dank an die jeweiligen Slamveranstalter*innen und Videoproduzent*innen, dass wir die Audiospuren der Videos verwenden durften!

## 86 Texte – 55 Autorinnen und Autoren, darunter 18 Deutschsprachige Poetry-Slam-Champions – 20 Jahre Poetry Slam in Deutschland – 1 Sprache

Zum zwanzigsten Jubiläum der deutschsprachigen Poetry-Slam-Bewegung stellt diese Textsammlung die Sprache selbst in den Mittelpunkt.

Mit Beiträgen von Nora Gomringer, Marc-Uwe Kling, Bodo Wartke, Sebastian Krämer, Julian Heun, Theresa Hahl, Sebastian 23, Patrick Salmen, Lars Ruppel, Andy Strauß, Pierre Jarawan, Volker Strübing u. v. a. m.

Buch inkl. 22 Links zu Audio-Files: ausgewählte Texte, von den Poeten selbst vorgetragen.

**Bas Böttcher, Wolf Hogekamp (Hrsg.)**
**Die Poetry-Slam-Fibel**
Klappenbroschur, 288 S., 14,90 €
ISBN: 978-3-944035-38-3